Dirk Frenzel & Frank Bächle

Theorie im Schulsport

Band 1

2. Auflage

Basiswissen für die Klassen 8–10

hofmann.

Bibliografische Information der Deutschen Nationalbibliothek
Die Deutsche Nationalbibliothek verzeichnet diese Publikation in der Deutschen Nationalbibliografie; detaillierte bibliografische Daten sind im Internet über http://dnb.d-nb.de abrufbar.

Bestellnummer 8922

© 2015 by Hofmann-Verlag, 73614 Schorndorf

2. Auflage 2016

Alle Rechte vorbehalten. Ohne ausdrückliche Genehmigung des Verlags ist es nicht gestattet, die Schrift oder Teile daraus auf fototechnischem Wege zu vervielfältigen. Dieses Verbot – ausgenommen in § 53, 54 URG genannten Sonderfälle – erstreckt sich auch auf Vervielfältigungen für Zwecke der Unterrichtsgestaltung. Dies gilt insbesondere für Übersetzungen, Vervielfältigungen, Mikroverfilmungen und die Einspeicherung und Verarbeitung in elektronischen Systemen.

Druck und Verarbeitung: Media-Print Informationstechnologie GmbH, Paderborn

Printed in Germany · ISBN 978-3-7780-8922-4

Inhaltsverzeichnis

Vorwort		11
0	**Startschuss – über dieses Buch**	13
0.1	Wie wird mit diesem Buch gearbeitet?	14
0.2	Was bedeutet die fette und die kursive Schrift?	14
0.3	Was bedeuten die Symbole in diesem Buch?	15
0.4	Die Aufgaben (und die Lösungen)	16
0.5	Was bedeuten die Operatoren in der Aufgabenstellung?	16
0.6	Was zu den Quellen gesagt werden muss	18
0.7	Karikaturen	19

Was ist Sport? ... 21

1	**Warum Menschen Sport treiben**	23
1.1	Was bedeutet Leistungs-, Breiten- und Freizeitsport?	25
1.2	Wie sind die Sportvereine ausgerichtet?	26
1.3	Warum treiben Menschen Sport im Verein?	27
1.4	Warum treiben Menschen auch außerhalb des Vereins Sport?	28
1.5	Ein wenig Statistik zum Sportverhalten in Deutschland	30
2	**Sport – zwei Zugänge zu einer Definition**	33
2.1	Wie unterscheidet die Dachorganisation des organisierten deutschen Sports zwischen „Sport" und anderen Aktivitäten?	35
2.2	Was das Sportwissenschaftliche Lexikon zum Begriff „Sport" sagt	37
2.3	Den Begriff „Sport" auf den Punkt gebracht	38
2.4	Citius – altius – fortius?!	39

Der menschliche Körper und sportliche Aktivität ... 41

3	**Der passive Bewegungsapparat**	43
3.1	Wie lässt sich das menschliche Skelett gliedern?	45
3.2	Wie sind die oberen und unteren Gliedmaßen strukturiert?	49
3.2.1	Wie lässt sich die Funktionsweise des Fußes erklären?	50
3.3	Wie sieht eine Knochenverbindung aus?	51
3.3.1	Welche Gelenkarten gibt es?	52
3.3.2	Was sind echte Gelenke?	53

3.3.3	Was sind unechte Gelenke?	53
3.3.4	Wie ist das Knie aufgebaut?	54
3.4	Welche Funktion übernimmt die Wirbelsäule?	56
3.4.1	Was ist ein Bandscheibenvorfall bzw. was ist ein Hexenschuss?	58
3.4.2	Welche Risikofaktoren begünstigen einen Bandscheibenvorfall?	58
3.4.3	Wie hebe ich rückenschonend bei Arbeit und Sport?	60
4	**Der aktive Bewegungsapparat**	**61**
4.1	Wie ist ein Skelettmuskel aufgebaut?	63
4.2	Wie ist eine Muskelfaser aufgebaut?	64
4.2.1	Welche Muskelfasertypen gibt es?	65
4.2.2	Wie entsteht die Muskelfaseraktivität?	66
4.3	Skelettmuskel und Bewegung	67
4.3.1	Was sind Slow-Twitch- und Fast-Twitch-Muskelfasern?	67
4.3.2	Hat der Fasertyp Einfluss auf den sportlichen Erfolg?	68
4.4	Wie entsteht Muskelarbeit?	69
4.4.1	Welche Arbeitsweisen der Muskulatur gibt es?	70
4.4.2	Was zeichnet die isometrische Arbeitsweise aus?	70
4.4.3	Was zeichnet die konzentrische Arbeitsweise aus?	71
4.4.4	Was zeichnet die exzentrische Arbeitsweise aus?	72
4.4.5	Wie entsteht Muskelkater?	73
4.5	Wovon hängt die Kraftentfaltung eines Muskels ab?	75
4.5.1	Welchen Einfluss haben die Motoneurone und die Muskelgröße auf die Kraftentfaltung?	76
4.5.2	Wie verändert sich die Muskellänge?	77
4.5.3	Welche Rolle spielt die Geschwindigkeit einer Muskelaktion?	77
4.5.4	Welche Bedeutung hat der Gelenkwinkel?	78
5	**Kein Sport ohne Risiko! Oder – Risiko: Kein Sport?**	**81**
5.1	Welche typischen Sportverletzungen gibt es?	83
5.2	Was ist eine Sprunggelenksverletzung?	85
5.2.1	Wie wird eine Sprunggelenksverletzung behandelt?	86
5.3	Welche Arten von Knieverletzungen gibt es?	87
5.4	Wie sind Gelenkverletzungen verhinderbar?	90
5.5	Wie verhältst du dich in einer Unfallsituation?	92
5.6	Welche Erstmaßnahmen musst du bei einer Verletzung beachten?	93
5.7	Wie verhältst du dich nach einer Verletzung?	95
6	**Die Reaktionen des menschlichen Körpers auf sportliche Belastungen und Umwelteinflüsse**	**97**
6.1	Welche Mechanismen der Körpertemperaturregulation gibt es?	100

6.2	Wie kann der Körper Wärme abgeben?	100
6.2.1	Was ist Konduktion und Konvektion?	101
6.2.2	Was versteht man unter Abstrahlung?	101
6.2.3	Wie funktioniert der Verdunstungsmechanismus?	102
6.3	Wie reagiert der Körper bei sportlicher Aktivität in der Hitze?	103
6.3.1	Was ist ein Sonnenstich?	104
6.3.2	Was ist ein Hitzekrampf?	105
6.3.3	Was ist eine Hitzeerschöpfung?	105
6.3.4	Was ist ein Hitzschlag?	106
6.4	Wie reagiert der Körper bei sportlicher Aktivität in der Kälte?	108
6.4.1	Welche Gesundheitsgefahren können durch Kälte entstehen und was ist eine Unterkühlung (Hypothermie)?	110
6.4.2	Was sind Erfrierungen oder Frostbeulen?	110
6.4.3	Wärmt Alkohol wirklich?	111
6.4.4	Was kannst du gegen Kälte tun?	112
7	**Ernährung und Sport**	**115**
7.1	Bewegung braucht Energie!	117
7.2	Was ist der Brennstoff für körperliche Aktivität?	119
7.3	Was sind Nährstoffklassen?	120
7.4	Wo befinden sich die Energiespeicher des Körpers?	121
7.5	Welche Bedeutung haben Kohlenhydrate im Sport?	121
7.6	Welche Fette gibt es?	123
7.7	Welche Bedeutung haben Fette im Sport?	124
7.8	Wie erfolgt die Energiebereitstellung im Muskel?	125
7.9	Was sind Proteine?	130
7.10	Welche Bedeutung hat das Eiweiß im Sport?	131
7.11	Wofür benötigt der Körper Vitamine?	134
7.12	Welche Bedeutung haben Mineralien im Sport?	137
7.13	Wie funktioniert das menschliche Kühlsystem?	138
7.14	Wie wird der Wasserhaushalt geregelt?	140
7.15	Der Wasserhaushalt im Ruhezustand	140
7.16	Der Wasser und Elektrolythaushalt bei sportlicher Aktivität	141
7.17	Wie entsteht das Durstgefühl?	144
7.18	Was gehört zu einer sportgerechten Ernährung?	145
7.18.1	Wie sollte die Mahlzeit vor dem Wettkampf aussehen?	146
7.18.2	Hält die Sportgetränkewerbung was sie verspricht?	148
7.18.3	Welche Rolle spielen Nahrungsergänzungsmittel beim Sport?	151
7.18.4	Ist eine Nahrungsergänzung nötig und sinnvoll?	153
7.19	Doping	155

Inhaltsverzeichnis

Trainingslehre 161

8 Grundlagen der Trainingslehre 163
8.1 Was bedeutet Training? 164
8.2 Welche Trainingsziele gibt es? 166
8.3 Von welchen Faktoren hängt die sportliche Leistungsfähigkeit ab? . 168
8.4 Die Kondition – oder was mit dem Sport verbessert werden kann . 171
8.5 Welcher Unterschied besteht zwischen einer Belastung und einer Beanspruchung? 175
8.6 Welche Merkmale steuern die Belastung? 177
8.7 Wie wird die Belastung im Training gesteuert? 179
8.8 Was geschieht während und nach der sportlichen Belastung mit dem Körper? 181
8.9 Wann ist der richtige Zeitpunkt einen neuen Trainingsreiz zu setzen? 184
8.9.1 Prinzip der optimalen Relation von Belastung und Erholung 184
8.9.2 Welche Faktoren beeinflussen die Regenerationszeiten? 187
8.9.3 Wie können Trainingseinheiten in kurzer Zeit hintereinander durchgeführt werden? 189
8.10 Wie wird der Körper beim Sport richtig belastet? 190
8.11 Was ist Kraft? 195
8.11.1 Sollen Kinder und Jugendliche ihre Kraft trainieren? 195
8.11.2 Gefahren beim Krafttraining im Kindes- und Jugendalter 196
8.12 Was ist Maximalkraft? 196
8.12.1 Wie wird die Maximalkraft durch das Muskelaufbautraining (Q-Training) trainiert? 197
8.12.2 Wie wird die Maximalkraft durch das intramuskuläre Koordinationstraining (IK-Training) trainiert? 198
8.12.3 Wir wird die Maximalkraft mit der Pyramidenmethode trainiert? . 198
8.13 Was ist die Schnellkraft? 199
8.13.1 Wie wird die Schnellkraft trainiert? 200
8.14 Was ist die Kraftausdauer? 200
8.14.1 Wie wird die Kraftausdauer mit dem Zirkeltraining (auch Kreis- oder Circuittraining) trainiert? 201
8.15 Was ist die Ausdauer? 203
8.15.1 Sollen Kinder und Jugendliche ihre Ausdauer trainieren? 203
8.15.2 Welche Gefahren gibt es beim Ausdauertraining im Kindes- und Jugendalter? 204
8.16 Was ist die Grundlagenausdauer? 205
8.16.1 Wie wird die Grundlagenausdauer mit der extensiven Dauermethode (kontinuierlicher Dauerlauf) trainiert? 208

8.16.2	Wie wird die Grundlagenausdauer mit dem Fahrtspiel (Fartlek) trainiert?	209
8.16.3	Wie wird die Grundlagenausdauer mit der (extensiven) Intervallmethode trainiert?	210
9	**Der Aufbau einer Trainingsstunde**	213
9.1	Warum müssen Trainingsstunden gut geplant werden?	214
9.2	Wie wird eine Trainingsstunde aufgebaut?	216
9.3	Welche Ziele und Inhalte beinhalten die einzelnen Trainingsabschnitte und was ist dabei zu beachten?	216
9.4	Was muss man bei der Vermittlung einer bisher unbekannten sportlichen Bewegung beachten?	218
9.5	Beispiele aus der Praxis	218

Anhang		225
10	**Zieleinlauf**	227
10.1	Auflistung der vom DOSB anerkannten Spitzenfachverbände (zu Kapitel 2, Stand 2015)	228
10.2	Spiel Familie Meier – Geschichte (zu Kapitel 9.5)	229
10.3	Volleyball – 10erle (zu Kapitel 9.5)	229
10.4	Literaturverzeichnis	230
10.5	Abbildungsverzeichnis	232
10.6	Glossar und Sachregister	242

Übersicht über die Themen in Band 2

Bewegungslehre

1 Grundlagen der Bewegungslehre

Sport anleiten

2 Der Schülermentor
3 Sportveranstaltungen und Freizeiten organisieren
4 Sicherheit und rechtliche Aspekte

Sport im sozialen Umfeld

5 Sportvereine
6 Der organisierte Sport in Deutschland
7 Sport und Politik
8 Sportgeschichte
9 Sport und Medien
10 Sports und Wirtschaft

Sportpsychologie

11 Sportpsychologie

Vorwort

Die Vermittlung der Theorie im Schulsport in der Mittelstufe benötigt in der Unterrichtsvorbereitung eine zeitintensive Auseinandersetzung mit vorhandenen Lehrbüchern und Quellen. Ein Großteil des bisher vorliegenden Unterrichtsmaterials ist für die Oberstufe konzipiert und muss entsprechend für einen mittelstufenadäquaten Unterricht didaktisch reduziert werden.
Nach vielen Jahren der eigenen Unterrichtserfahrung im Schulsport an Gymnasien entstand daher bei uns der Wunsch, ein **Basiswissen für die Klassen 8–10** zu erstellen, welches für Schüler und Lehrer gleichermaßen einen erleichterten und altersgerechten Zugang zu sporttheoretischen Inhalten ermöglichen sollte.

Folgende Ziele hatten wir beim Erstellen des Lehrwerks im Blick:
- Das Buch bietet eine **angemessen aufbereitete** und **vielfältige** Sporttheorie für Schüler der **Mittelstufe**. Die Schüler werden durch eine ansprechende Gestaltung des Buches zum Lesen und selbstständigen Arbeiten motiviert und befähigt. Hierfür sind viele erklärende Darstellungen und Abbildungen verwendet worden. **Aufgaben** und **Schlüsselbegriffe** erleichtern zusätzlich das Erlernen der Theorieinhalte.
- Das Buch **unterstützt** Lehrerinnen und Lehrer bei der Vermittlung von sporttheoretischen Inhalten. Unser Anspruch bestand darin, ein Niveau zu finden, welches dem **Hauptfachcharakter** des **Sportprofils** in Baden-Württemberg mit den dafür geltenden **Bildungsstandards** entspricht. Es wurden aber auch bewusst Freiräume ausgestaltet, um bestimmte **Themenschwerpunkte** setzen zu können, die uns wichtig für Mittelstufenschüler erscheinen. Nicht alle Themen müssen zwangsläufig in der vorliegenden Tiefe behandelt, andere können wiederum individuell vertieft und erweitert werden.

Unser zentrales Anliegen ist die Vermittlung von Theorieinhalten, sei es im Hauptfach des Sportprofils oder im allgemeinen Sportunterricht aller Schularten. Dabei ist uns der Hinweis wichtig, dass **die zwei Bände nicht zur Vorentlastung der Oberstufe** (z. B. des Kernfachs in der Kursstufe) gedacht sind. Um Lerninhalte in den Klassen 8–10 verständlicher und leichter vermittelbar zu machen, müssen **didaktische Reduktionen und Vereinfachungen** vorgenommen werden. Teilweise führen die Vereinfachungen zu Darstellungen, die zwar korrekt sind, jedoch nicht immer und überall einer grundsätzlichen fachwissenschaftlichen Diskussion standhalten können (und in der Mittelstufe auch nicht müssen). Darüber hinaus kann in diesen umfassenden Themengebieten nicht der Anspruch auf Vollständigkeit erhoben werden.
Schnell stellte sich bei der Erarbeitung der Themengebiete heraus, dass allein das Zusammentragen eines **Basiswissens** der Sporttheorie vielfältigste Aspekte beinhaltet. Damit erschien es uns sinnvoller und schülergerechter, die Themengebiete auf zwei Bände zu verteilen.

Vorwort

Band 1 umfasst insbesondere die Themen rund um den **menschlichen Körper** im Kontext der **sportlichen Aktivität**. Dazu gehört auch die **Trainingslehre**.

Band 2 beinhaltet die **Bewegungslehre** und bildet außerdem sporttheoretische **Themen im gesellschaftlichen Kontext** ab.

Im Fokus unserer Überlegungen standen immer die Schülerinnen und Schüler, für die wir ein hoffentlich interessantes Buch erarbeitet haben.

F. Bächle und D. Frenzel

Sie finden **Lösungshinweise** zu den einzelnen Aufgaben im Internet.
Auf der Seite http://www.theorie-im-schulsport.de können Sie das Passwort anfordern und die Lösungshinweise einsehen.
Darüber hinaus steht Ihnen auf dieser Homepage die Möglichkeit zur Verfügung, dass **sie selbst erstellte Aufgaben, Klausuren** oder auch **Unterrichtsideen** zu einzelnen Themengebieten anderen Kolleginnen und Kollegen **zur Verfügung stellen**.
Das Ziel ist eine möglichst vielfältige Sammlung, von der alle gleichermaßen profitieren können. *Vielen Dank!*

Der Dank geht an ...
Die verschiedenen Themen werden durch Karikaturen und Illustrationen aufgelockert und auf den Punkt gebracht (siehe auch 0.7). Ein herzliches Dankeschön geht dabei an unseren Kollegen Simon Kratzer, der seinen Humor nicht nur im Deutsch- und Geschichtsunterricht, sondern auch mit diesen Karikaturen unter Beweis stellt.
Darüber hinaus wurden Auszüge des Buches von vielen verschiedenen Freunden und Bekannten gelesen und konstruktiv kritisiert. Hierfür danken wir Euch allen recht herzlich! Ihr habt uns immer wieder im richtigen Moment wichtige Impulse und Anregungen zum Weiterarbeiten gegeben.
Abschließend geht ein großer Dank an unsere beiden Partnerinnen, die uns über viele Abende und Wochenenden den Rücken freigehalten und uns immer unterstützt haben.

Im Kapitel 0 sind die wichtigsten Lesehinweise für diesen Band aufgeführt.

0 Startschuss – über dieses Buch

In diesem Kapitel geht es um

- den Aufbau des Buches.
- die richtige Verwendung von Operatoren.
- die Bedeutung der Symbole.

- Es ist dir vielleicht bewusst, dass es nicht optimal ist, wenn du vor einem Wettkampf eine Pizza zu dir nimmst – aber weißt du auch warum das so ist?
- Profifußballer verdienen teilweise Millionen – aber ist dir auch bewusst, dass die allermeisten Sportprofis nicht von ihrem Einkommen durch ihren Sport leben können?
- Ist dir bewusst, dass mehr dazu gehört, als nur den (runden) Ball ins Eckige zu befördern, um als Sportler erfolgreich zu sein?

Das Buch, das du gerade in den Händen hältst, bietet dir einen Einblick in die vielfältige Welt der Sporttheorie. Es soll dir helfen, einen Überblick zu bekommen und es soll dich für Hintergründe im Fach Sport begeistern. Es stellt eine Einführung in die verschiedenen Themenfelder des Sports dar. Manche komplexe Theorien werden verkürzt in einer verständlichen Sprache erklärt, sodass du leichter zu einem besseren Verständnis der Sporttheorie gelangen kannst. Dazu enthält das Buch viele Beispiele und Aufgaben.

0.1 Wie wird mit diesem Buch gearbeitet?

Auch wenn du jetzt gerade mit diesem ersten Kapitel beginnst, heißt das nicht, dass du dieses Buch auf jeden Fall der Reihe nach von Kapitel 1 bis 9 durchlesen musst. **Alle Kapitel stehen fast vollständig für sich** und können jederzeit unabhängig von anderen Kapiteln gelesen werden.

Innerhalb eines Kapitels bauen die Themen jedoch aufeinander auf. Vor allem sollten die **jeweiligen Aufgaben bearbeitet werden, bevor weitergelesen wird!** Im Weiteren werden u. a. die Symbole erläutert, die dir helfen sollen, Dinge schneller zu erfassen.

Falls du doch das Buch von vorne bis hinten vollständig gelesen hast, kannst du getrost spätestens das Literatur- und Abbildungsverzeichnis überblättern.

0.2 Was bedeutet die fette und die kursive Schrift?

Im Text werden manche Wörter **fett** dargestellt. Fett geschriebene Wörter sind **wichtige**, oft **zentrale Begriffe**, auf die du aufmerksam gemacht werden sollst.

Kursiv geschriebene Begriffe werden im sogenannten *Glossar* ab Seite 242 aufgelistet und dort kurz erklärt. Hier kannst du bei Unklarheiten nachschauen, was das eine oder andere Wort bedeutet.

0.3 Was bedeuten die Symbole in diesem Buch?

Überall in diesem Buch werden Symbole verwendet, um deine Aufmerksamkeit auf bestimmte Dinge zu lenken.

	„1 Schweißtropfen" Diese Kapitel sind zum Warmwerden und insgesamt für alle Klassenstufen gut zu schaffen.
	„2 Schweißtropfen" Bei diesen Kapiteln wird es zum Teil ein wenig anstrengender. Der Inhalt hat ein mittleres Niveau – der Puls geht langsam hoch!
	„3 Schweißtropfen" Diese Kapitel sind komplexer, bzw. beinhalten anspruchsvollere Abschnitte. Dabei kann es einem schon mal sehr warm werden. Daher sind diese Kapitel eher für die höheren Klassenstufen bzw. höhere Niveaustufen geeignet.
	Aufgaben Immer wenn das Mädchen mit dem Stift abgebildet ist, musst du selbst aktiv werden und Aufgaben erledigen oder Dinge notieren. So geht kein Gedanke verloren. Hinweis: Aufgaben am besten sofort lösen, bevor weitergelesen wird!
	Merke Dir! Der Knoten im Taschentuch signalisiert dir wichtige Inhalte, die du dir merken solltest.
	Vertiefung und Hintergrund Dieses Symbol weist auf eine Vertiefung hin. Damit werden komplexe Zusammenhänge verständlicher und es werden Hintergründe zu den Themen aufgezeigt.
	Schlüsselbegriffe Am Ende eines jeden Kapitels begegnet dir das Schlüsselsymbol. Hier werden die wichtigsten Begriffe aufgeführt. Überprüfe dich selbst: Kannst du alle Begriffe erklären?

0.4 Die Aufgaben (und die Lösungen)

Löse die Aufgaben nach folgenden Regeln:

- Bearbeite die jeweiligen Aufgaben sofort, bevor du im Buch weiterliest!
- Du bist nicht alleine auf der Welt – arbeite im Team!

Alleine kommt man vielleicht gar nicht auf die richtige Lösung. Zwei oder mehr Köpfe (aber nicht zu viele Köpfe!) erweitern den Horizont und du lernst plötzlich andere Perspektiven kennen und kommst auf Ideen, auf die du alleine eventuell nie gekommen wärst. Daher hilft es oftmals, mit einem Partner zusammen zu arbeiten. Viele Aufgabenstellungen sind auch so formuliert, dass du sie alleine gar nicht lösen kannst.

- Löse die Aufgaben gewissenhaft!
  Die selbstständig erarbeitete Lösung hilft dir dabei, den Stoff besser zu verstehen und ihn dir zu merken.

- Vergleiche die Lösungen mit deinen Nachbarn!
  Diese Regel gilt natürlich nur für die Aufgaben in diesem Buch und nicht für Arbeiten (Klausuren), die später benotet werden sollen.

- Sei kritisch – überprüfe stets die Richtigkeit dessen, was im Internet geschrieben steht und glaube nicht gleich dem ersten Treffer.

0.5 Was bedeuten die Operatoren in der Aufgabenstellung?

In vielen Aufgaben werden **Operatoren** verwendet. Diese *Operatoren* geben dir Hinweise, was von dir im Einzelnen beim Lösen der Aufgabe erwartet wird.

Operatoren sind dementsprechend **Handlungsanweisungen**, also Signalwörter oder Begriffe, an denen du dich genau orientieren solltest.

Im Folgenden werden ein paar *Operatoren* aufgelistet und es wird in Beispielen dargelegt, wie die Antwort bei dem jeweiligen *Operator* gestaltet werden sollte.

Startschuss – über dieses Buch

	Operator	Bedeutung	Beispielaufgabe	Mögliche Antwort
Wiedergabe von Kenntnissen	**Nenne** **Benenne**	Das Signalwort bedeutet eine **kurze Aufzählung**.	**Nenne** drei verschiedene Ballsportarten.	• Handball • Volleyball • Basketball
	Skizziere	In **groben Zusammenhängen** einen Sachverhalt darstellen.	**Skizziere** ein sinnvolles Verhalten nach einer Verletzung.	Gesetzmäßig läuft die Gewebsheilung nach einer Verletzung in 5 Phasen ab. Entsprechend kann man sein Verhalten danach ausrichten: Phase 1: Entzündungsreaktion kontrollieren Phase 2: … (Weiteres zum sinnvollen Verhalten nach einer Verletzung gibt es in Kapitel 5.7)
	Beschreibe **Stelle dar**	Eine Gegebenheit in **Einzelheiten** wiedergeben.	**Beschreibe** den Einfluss von Trainingsreizen auf Knochen und Gelenke.	Langfristig zeigt der Knorpel ein Dickenwachstum durch die erhöhte mechanische Belastung … (So etwas lernst du in Kapitel 3)
	Charakterisiere	Die **wichtigsten Punkte** einer Gegebenheit treffend darstellen.	**Charakterisiere** die drei verschiedenen Arbeitsweisen der Muskulatur.	Isometrische Arbeitsweise: Dabei handelt es sich um die Fähigkeit des Muskels, Kraft zu entfalten, ohne sich zu bewegen oder die Länge zu verändern. (Mehr dazu in Kapitel 4.4.1)
	Definiere	Eine **wörtliche Wiedergabe** der Begriffe aus dem Buch oder die Bestimmung eines Begriffs.	**Definiere** die Maximalkraft.	Die Maximalkraft stellt die höchstmögliche Kraft dar, die das Nerv-Muskel-System bei maximaler willkürlicher Kontraktion auszuüben vermag. (Schau in Kapitel 8.12 nach)
Anwenden von Kenntnissen	**Begründe** **Belege**	**Argumente, Beispiele** und Gründe für eine Gegebenheit angeben.	**Begründe**, warum viele Spitzensportler einer Nebentätigkeit nachgehen müssen.	Viele Spitzensportler können mit dem Einkommen aus dem Sport kaum ihren Lebensunterhalt bestreiten. Beispielsweise haben Ringer (im Spitzensport) ein durchschnittliches verfügbares Einkommen von 376 Euro im Monat. Von diesem Einkommen müssen Miete, Fahrtkosten, … (Das Interesse für Kapitel 10 in Band 2 geweckt?)
	Erläutere **Erkläre**	Eine Gegebenheit **ausführlich veranschaulichen bzw. begreiflich machen.**	**Erläutere**, welche Auswirkungen die Boykotte für den ausrichtenden Staat, die Athleten und das Sportereignis gehabt haben könnten.	Athleten trainieren teilweise jahrelang auf ein Sportereignis hin. Wenn die Athleten aufgrund eines Boykotts nicht an dem Sportereignis teilnehmen können, wird ihnen die Möglichkeit genommen, ihre Leistung zu präsentieren … (Über dieses Thema findest du etwas in Kapitel 7 in Band 2)

17

	Operator	Bedeutung	Beispielaufgabe	Mögliche Antwort
Problemlösen und Werten	**Finde Untersuche**	Etwas feststellen, **nachforschen**, vergleichend besprechen.	**Finde** heraus, was hinter den nachfolgenden Verbänden mit besonderen Aufgaben steckt. Was machen sie, was ist ihr Ziel etc.? a) Makkabi Deutschland b) ...	Makkabi Deutschland ist ein Verband, der ... (die Anwort kannst du im Internet leicht finden – vergiss aber nicht, die Richtigkeit der Angabe einer Quelle zu überprüfen!). (Was sind Verbände mit besonderen Aufgaben? In Kapitel 6 in Band 2 findest du die Antwort)
	Diskutiere	Eine Gegebenheit besprechen, **erörtern** und die Argumente abwägen	**Diskutiere** den Wert von Eiweißergänzungspräparaten im Kraft- und Ausdauersport.	Einerseits sind Eiweiße sehr wichtig für den Körper, da sie z. B. eine zentrale Ermüdung unterdrücken und ... Andererseits ... (Mehr zu Nahrungsergänzungsmittel findest du im Kapitel 7.18.3)

0.6 Was zu den Quellen gesagt werden muss

Selbstverständlich sind nicht alle Erkenntnisse in diesem Buch den Köpfen der beiden Autoren entsprungen. Und bei genauerer Betrachtung der vielfältig verwendeten Bilder wird auch deutlich, dass zum Erstellen der Bilder ein Menschenleben nicht ausreichen würde. Dementsprechend wurde auf verschiedene Quellen zurückgegriffen.

Da es sich im vorliegenden Buch **um ein Schülerbuch handelt**, ist eine Quellenangabe, wie sie in der Wissenschaft praktiziert wird, nicht sinnvoll. Der Lesefluss würde dadurch zu sehr unterbrochen. Um den Quellennachweis zu erfüllen, wird folgendes Verfahren angewandt:

Literaturangaben werden mit Hochzahlen angegeben (zum Beispiel[10]). Die Literatur kann dann im **Literaturverzeichnis** (im Anhang ab Seite 230) unter der entsprechenden Hochzahl nachgeschlagen werden. Muss bei der Literatur auch die Seite der Quelle mit angegeben werden, ist die Seitenzahl in der Hochzahl mit einem Komma getrennt aufgeführt (zum Beispiel[10, 135]).

Bildnachweise können unter der jeweiligen Abbildungsnummer im **Abbildungsverzeichnis** (im Anhang ab Seite 232) eingesehen werden.

Startschuss – über dieses Buch

0.7 Karikaturen

In **Band 1** werden folgende Karikaturen verwendet:

Kapitel 0 Startschuss – über dieses Buch		**Kapitel 1** Warum Menschen Sport treiben	
Kapitel 2 Sport – Zwei Zugänge zu einer Definition		**Kapitel 3** Der passive Bewegungs- apparat	
Kapitel 4 Der aktive Bewegungs- apparat		**Kapitel 5** Kein Sport ohne Risiko! – Oder – Risiko: Kein Sport?	
Kapitel 6 Die Reaktionen des menschlichen Körpers auf sport- liche Belastungen und Umwelt- einflüsse		**Kapitel 7** Ernährung und Sport	
Kapitel 8 Grundlagen der Trainingslehre		**Kapitel 9:** Der Aufbau einer Trainingsstunde	
Kapitel 10 Zieleinlauf		Abbildungs- verzeichnis	

Startschuss – über dieses Buch

In **Band 2** werden folgende Karikaturen verwendet:

Kapitel 1 Grundlagen der Bewegungslehre		**Kapitel 2** Der Schülermentor	
Kapitel 3 Sportveranstaltungen und Freizeiten organisieren		**Kapitel 4** Sicherheit und rechtliche Aspekte	
Kapitel 5 Sportvereine		**Kapitel 6** Der organisierte Sport in Deutschland	
Kapitel 7 Sport und Politik		**Kapitel 8** Sportgeschichte	
Kapitel 9 Sport und Medien		**Kapitel 10** Sport und Wirtschaft	
Kapitel 11 Sportpsychologie			

Was ist Sport?

1 Warum Menschen Sport treiben

In diesem Kapitel geht es um

- den Leistungs-, Breiten- und Freizeitsport.
- Gründe, warum Menschen Sport treiben.
- verschiedene Angebote des Vereinssports.
- Statistik zum Sportverhalten.

Was ist Sport?

Abb. 1-1

Abb. 1-2

Viele Menschen treiben Sport – aber viele Menschen treiben auch keinen Sport! Warum ist das so? Aus welchen Gründen messen und verausgaben sich Menschen beim Sport? Die Gründe Sport zu treiben können ganz verschieden sein. Man spricht auch von Motiven. Diese hängen von unterschiedlichen Interessen, dem Alter, den Rahmenbedingungen wie Vereinsangeboten am Wohnort, den Sportstätten, den Wetterbedingungen etc. ab. Im folgenden Kapitel gehen wir diesen Fragen nach und werden verschiedene Antworten finden. Das Wissen über die Gründe des Sporttreibens hilft dir weiter zu verstehen, warum Sport getrieben wird.

Abb. 1-3

Aufgabe 1-1

Warum treibst du Sport?
Nenne deine Motive (Beweggründe) und vergleiche diese mit deinem Partner. Sammelt anschließend aus der ganzen Klasse die verschiedenen Motive und gruppiert diese.

Warum bildet ihr die jeweiligen Gruppen?
Begründet eure Gruppenbildung.

Bei der Lösung der Aufgabe 1-1 wurden von dir bestimmt ganz unterschiedliche Gründe und auch verschiedene Sportarten genannt. Der eine geht eventuell gerne in ein Fitnessstudio, während der andere viel lieber im Wald für sich alleine joggt. Es gibt den Mannschaftssportler, der gemeinsam mit seinen Mannschaftskameraden den Sieg feiert und es gibt den Triathleten, der sein Ziel alleine erreichen möchte.
Viele **Motive** lassen sich in **Kategorien** einordnen, die wir im Folgenden genauer betrachten werden.

Warum Menschen Sport treiben

1.1 Was bedeutet Leistungs-, Breiten- und Freizeitsport?

Leistungssport
Der *Leistungssport* umfasst den organisierten **Wettkampfsport** („Liga") von der regionalen bis zu internationalen Ebene und schließt den Hochleistungs- oder Spitzensport mit ein.

Breitensport
Der *Breitensport* ist **nicht** in das **organisierte Wettkampfsystem** eingegliedert. Er umfasst ein sportartenbezogenes Angebot, das ohne Wettkampf auskommt, aber auch in Wettkämpfen auf Vereins- und Verbandsebene durchgeführt werden kann.

Freizeitsport
Der *Freizeitsport* ist **nicht wettkampforientiert** und ist **sportartenunabhängig**. Früher wurden die Begriffe *Freizeitsport* und Spaßsport gleich verwendet.

Die Differenzierung der Sportangebote wird in Deutschland sehr unterschiedlich gehandhabt. Insbesondere wird oft nur noch zwischen **Leistungs-** und **Breitensport** unterschieden. Der *Freizeitsport* zählt in diesem Fall zum *Breitensport*.

Manche Sportler orientieren sich eher am *Breitensport* andere eher am *Leistungssport*. Die Gegenüberstellung verdeutlicht das:[1-3]

Breiten- u. Freizeitsport	Leistungssport
Üben/Spielen wenige Male in der Woche	Teilweise mehrmals tägliches Training
Variable Trainingszeiten möglich	Vorgegebene Trainingszeiten
Erlebnisorientiertes Üben	Strapaziöses arbeitsähnliches Training
Bewegungen erleben und erfahren	Bewegungen automatisieren
Training selbstorganisert	Training nach Plan, Führung durch Trainer
Selbstorganisierte Betreuung	Überwachte Betreuung

Was ist Sport?

Aufgabe 1-2

Welche Sportarten betreibst du gerne?
Ordne deinen Sportarten den Kategorien Leistungs-, Breiten- und Freizeitsport zu.

Aufgabe 1-3

Finde weitere Punkte, in denen sich der Freizeit-/Breitensport gegenüber dem Leistungssport unterscheidet.

Aufgabe 1-4

Zu welcher Kategorie kann der gesundheitlich orientierte Sport („Gesundheitssport") zugeordnet werden?
Begründe Deine Aussage!

Bei der Zuordnung deiner bevorzugten Sportart zu den Kategorien ist es dir vielleicht nicht ohne Weiteres gelungen, diese nur einer Kategorie zuzuordnen. Auch wenn du beispielsweise gerne in der Liga mitspielst, möchtest du nicht nur ein strapaziöses und arbeitsähnliches Training erleben. Man spricht hier von unterschiedlichen **Sinndimensionen** (siehe S. 29), die nicht nur einer Kategorie zugeordnet werden können. Daher ist es wichtig, mit verschiedenen Angeboten die verschiedenen Beweggründe der Menschen zum Sporttreiben anzusprechen.
Diese Sinndimensionen werden in Deutschland unter anderem von Sportvereinen abgedeckt. Es gibt nicht „den einen Sportverein". Vielmehr sind Sportvereine sehr unterschiedlich ausgerichtet und sprechen daher unterschiedliche Menschen an.

1.2 Wie sind die Sportvereine ausgerichtet?

Vereine versuchen mit ganz unterschiedlichen Angeboten die oben dargestellten Kategorien auszufüllen. Im Folgenden sind verschiedene Vereinstypen mit ihren unterschiedlichen Zielen aufgeführt, die sich am Ende in den Vereinsangeboten niederschlagen.[1-1]

Breitensportorientierte Gesellschaftsvereine:

Ausrichtung:
- Geselligkeit und Tradition.
- Breites Angebot im Gesundheits-, Breiten- und Seniorensport (Abb. 1-4).

Eher unwichtig:
- Sportliche Erfolge und Leistungssport.

Abb. 1-4

Leistungs- und breitensportorientierte Vereine:
Ausrichtung:
- Wichtigstes Motiv: Leistung (Abb. 1-5).
- Aber auch Angebote im Breiten- und Gesundheitssport.

Eher unwichtig:
- Soziale Gemeinschaft, Tradition, Geselligkeit.

Leistungsorientierte Vereine:
Ausrichtung:
- Erfolg, Talentförderung.
- Tradition.

Mehrperspektivische Vereine:
Ausrichtung:
Alle bisher genannten Motive sind gleich wichtig!

Abb. 1-5

Aufgabe 1-5
In welchem der genannten Vereine würdest du gerne Sport treiben?
Begründe deine Aussage!

Aufgabe 1-6
Ordne deinen Verein einem Vereinstyp zu.
Stelle dar, ob die Motive deines Vereins sich mit deinen eigenen decken.

1.3 Warum treiben Menschen Sport im Verein?

Früher war im Verein lediglich der *Leistungssport* (auch *Wettkampf-* oder *Hochleistungssport*) möglich. Heutzutage wird auch Breiten- und Freizeitsport in Vereinen angeboten.

Warum gab es diese Weiterentwicklung?

Der Begriff *Breitensport* entstand in den 60er Jahren des letzten Jahrhunderts mit dem sogenannten **„Zweiten Weg"**. Der Zweite Weg bedeutete eine Abkehr der Sportvereine vom alleinigen Sport mit Wettkampforientierung. Unter den Mottos „Sport für alle", „Trimm Dich durch Sport" und „Ein Schlauer trimmt die Ausdauer" wurde verstärkt der **gesundheitliche Aspekt** des Sporttreibens in das Bewusstsein der Sporttreibenden gerückt.

Abb. 1-6

Was ist Sport?

Aufgabe 1-7
Finde weitere Mottos, die den gesundheitlichen Charakter des „Zweiten Weges" im Sport ausdrücken.

Der zweite Weg war erfolgreich und spiegelte sich in einer stark zunehmenden Mitgliederzahl bei den Sportvereinen wider. Ein Grund war, dass sich mit den verschiedenen Angeboten auch jene Menschen von einem Sportverein angesprochen fühlten, die Sport nicht nur aus dem Motiv der Leistung betreiben wollten.

Heutzutage muss ein Sportverein viele Angebote machen, um die **verschiedenen Motive zu bedienen**. Macht er das nicht, besteht die Gefahr, dass die Mitgliederzahlen längerfristig abnehmen.
Zur Veranschaulichung dient uns das Modell einer Wippe (vgl. Abb. 1-8).

Abb. 1-7

Auf der einen Seite der Waage „Sportverein" befindet sich die Kategorie „*Breiten-* und *Freizeitsport*" auf der anderen Seite die Kategorie „*Leistungssport*":

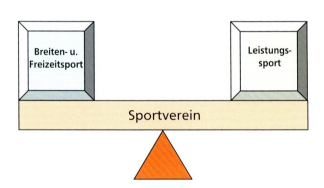

Abb. 1-8:
Der Sportverein im Gleichgewicht von Freizeit-, Breiten- und Leistungssport.

Die Wippe „Sportverein" befindet sich dann im Gleichgewicht, wenn die Angebote der Sportvereine entsprechend vielseitig gestaltet sind.

1.4 Warum treiben Menschen auch außerhalb des Vereins Sport?

Warum gehen Menschen nach einem anstrengenden Arbeitstag alleine zum Radfahren, Laufen, Schwimmen? Was treibt sie an, den ganzen Tag mit Skiern oder

Warum Menschen Sport treiben

Abb. 1-9

dem Snowboard eine Piste herunterzufahren? Warum treffen sich Menschen am Wochenende mit Freunden zu einem Kick auf dem Bolzplatz (Abb. 1-9)?
Es muss mehr geben als den Wunsch, sich in einem organisierten Wettkampf miteinander zu vergleichen. Es wird angenommen, dass sich Menschen für Sport und Bewegung entscheiden, weil sie weitere **Sinndimensionen im Sport** sehen. Es werden dabei viele verschiedene Sinndimensionen diskutiert.
Wir betrachten im Folgenden sechs ausgewählte Sinndimensionen näher.[1-2]

- **Leistung**
  Das ist die oftmals zentrale Motivation zum Sporttreiben, und stellt somit eine zentrale Sinndimension dar. Man will selbst sehr gut abschneiden. Kleine Kinder machen Wettrennen, sie vergleichen sich. Auch Erwachsene wollen wissen, wer der Beste in einer Sportart ist.

- **Spannung**
  Würde beim Fußball immer die bessere Mannschaft gewinnen, wäre der Sport sehr langweilig! Erst der Reiz des ungewissen Ausgangs, die Spannung, motiviert Menschen für den Sport.

- **Gemeinschaft**
  Für viele ist der Kontakt zu anderen Gleichgesinnten die Antriebsfeder.

- **Fitness und Gesundheit**
  Menschen können aus Eigenantrieb der Gesundheit wegen Sport treiben, da man sich z. B. besser fühlt. Manche üben erst Sport durch äußere Zwänge aus, wenn beispielsweise der Arzt dies fordert.

Abb. 1-10

Was ist Sport?

- **Wagnis**
  Vor dem Sprung über den Sprungtisch hat man Herzklopfen (Abb. 1-10). Traut man sich zu springen oder nicht? Beim Sport steht man immer wieder vor der Situation, dass etwas gewagt werden muss und man sich dieser Situation stellt.

- **Erlebnis**
  Positive Erlebnisse („besonders erreichter Sieg") bleiben ebenso intensiv haften wie negative Erlebnisse („nichts ging mehr"). Wenn Sportler im hohen Alter interviewt werden, kennen sie von ihren besonderen Siegen und Niederlagen teilweise alle Details.

Aufgabe 1-8

Interviewe deine Eltern, Opa, Oma usw., was sie noch von ihrer aktiven Sportzeit wissen. Sind in den Erzählungen einzelne Sinndimensionen erkennbar?
Ordne die Erzählungen den einzelnen Sinndimensionen zu.
Präsentiere deine Ordnung der Klasse.

Aufgabe 1-9

Diskutiere mit deinem Nachbarn über deine Sinndimensionen Sport zu treiben. Stimmen die Sinndimensionen mit denen deines Nachbars überein?
Nenne die Unterschiede

Aufgabe 1-10

Gibt es deiner Meinung nach noch weitere mögliche Sinndimensionen, die nicht genannt sind?
Finde zusammen mit der Klasse weitere Sinndimensionen des Sports.

1.5 Ein wenig Statistik zum Sportverhalten in Deutschland

Ist Sport ein Massenphänomen oder sitzen stattdessen mehr Menschen tagtäglich vor dem Fernseher auf dem Sofa? Solche und weitere Fragen können mit statistischen Erhebungen beantwortet werden. Uns hilft die Statistik weiter, um besser einschätzen zu können, warum Sport getrieben wird.

- **Wie viele Menschen betätigen sich sportlich?**
  Im Jahr 2007 waren die Sporttreibenden mit 56% noch in der Mehrheit. Eine Untersuchung von 2013 ergab dagegen, dass nur noch rund 46% der Menschen in Deutschland regelmäßig Sport treiben (vgl. Abb. 1-11). 27% sind 1–3 Stunden pro Woche und lediglich 6% mehr als 5 Stunden pro Woche aktiv. Die Mehrheit der Deutschen treibt keinen Sport (52%). Sportmuffel sind 32%, die

Warum Menschen Sport treiben

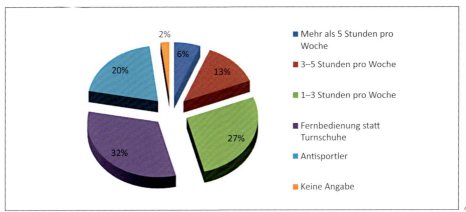

Abb. 1-11

Sport lieber im Fernsehen anschauen. 20% sind gar Antisportler, für die Sport eher ein Fremdwort ist (siehe Abb. 1-11).

- **Gibt es einen Zusammenhang zwischen sportlicher Aktivität und dem Alter?**
  Fast 80% der Jugendlichen sind sportlich aktiv – bei Kindern ist die Zahl sogar noch höher! Danach nimmt die Zahl der Aktiven ab. Nur noch ca. 40% der über 65-Jährigen betätigen sich noch sportlich. Das Erfreuliche ist, dass die Zahl derjenigen, die noch im höheren Alter Sport treiben, in den letzten Jahren immer mehr ansteigt.

- **Sind es mehr Frauen oder Männer?**
  Insgesamt sind etwas mehr Männer als Frauen sportlich aktiv – falls du ein Mädchen bist, kannst du in der Zukunft diese Statistik beeinflussen ...

- **Wo treibt man heutzutage Sport?**
  Es gibt einen Trend, der mehr und mehr zum individuellen Sporttreiben führt. Etwa 40% aller Sporttreibenden sind noch Mitglied in einem Sportverein. Von den anderen wählen zwischen 10% und 25% kommerzielle Angebote (also Angebote für die bezahlt werden muss, wie z. B. das Fitnesscenter). Diese Zahl hängt aber sehr stark von der Region ab. In Städten nehmen mehr Menschen kommerzielle Sportangebote wahr als auf dem Land.

- **Wer treibt Sport in Sportvereinen?**
  Mit 80% der Sportvereinsmitglieder sind vor allem Kinder in Sportvereinen aktiv (vgl. Abb. 1-12). Die Zahl nimmt dann mit zunehmendem Alter immer mehr ab. Bei Jugendlichen sind es noch ca. 65%, während bei den Erwachsenen nur noch etwa 40% der Männer und 30% der Frauen ein Sportangebot im Sportverein wahrnehmen.
  Insbesondere die zwischen 14- und 18-jährigen Vereinssportler wenden häufig dem Sportverein den Rücken zu und hören teilweise ganz mit dem aktiven

Es lebe der Sport!

Was ist Sport?

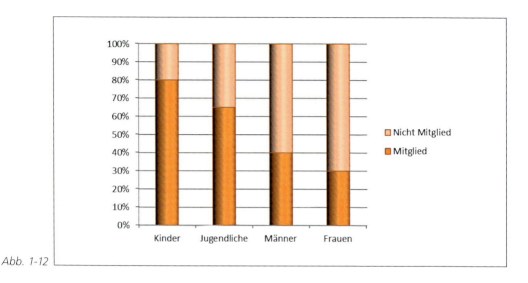

Abb. 1-12

Sport auf. Man nennt diesen Vorgang „Drop-out"-Phänomen (übersetzt heißt das „Ausfall"). Wenn du dich gerade in diesem Alter befindest, wirst du eher im Sportverein bleiben, wenn du jetzt schon *Leistungssport* betreibst.

- **Wie viel Geld wird für den Sport ausgegeben?**
  Laut einer Studie der Universität Mainz aus dem Jahr 2010 geben in Deutschland die aktiven Sportler fast 78 Milliarden Euro für den Sport aus. So gesehen ist Sport ein wirklich großer Wirtschaftsfaktor (vgl. Kapitel 10 in Band 2)!
  Das meiste Geld wird interessanterweise für Fahrten zu den Sportstätten ausgegeben (25,6 Milliarden Euro). Auf dem zweiten Platz stehen Sportreisen. Erst auf den Plätzen drei bis fünf stehen Sportschuhe und Sportbekleidung (10 Mrd. Euro), Sportgeräte (9 Mrd. Euro) und Beiträge/Eintritte (8,5 Mrd. Euro).

Schlüsselbegriffe
- Leistungs-, Breiten-, Freizeitsport
- Vereinsausrichtung
- Sinndimensionen

2 Sport – zwei Zugänge zu einer Definition

In diesem Kapitel geht es um

- den Begriff „Sport".
- die Frage, was zum Sport gezählt werden kann und was nicht.

Was ist Sport?

Hans und Michael sitzen vor dem Fernseher und schauen sich in der Formel 1 den Großen Preis von Abu Dhabi an.
Sebastian Vettel gewinnt vor Mark Webber und Nico Rosberg.
„Tolle Leistung, die Seb da bringt, er ist einfach ein Top-Sportler" äußert sich Michael.

Abb. 2-1

Da erwidert Hans: „Der hat nur gerade das beste Auto im Feld – das ist übrigens auch gar kein Sport!"
„Was erzählst du denn da?" empört sich Michael, „natürlich ist das Sport! Um so ein Rennen durchstehen zu können, musst du unheimlich fit sein – die körperlichen Belastungen sind viel größer als bei einem Langläufer. Außerdem wird die Formel 1 in der Sportschau gezeigt!"
„Ach was" sagt Hans, „das willst du mir jetzt doch nicht erzählen. Formel 1 ist nie und nimmer eine Sportart! Die Fahrer schwitzen doch nur, weil sie warm angezogen sind. Die bewegen sich nicht einmal mit eigener Muskelkraft fort."

Michael setzt an: „Du hast doch keine Ahnung, was Sport ist! Formel 1 ist eine Sportart, weil ..."
Eine lange Diskussion beginnt, in der verschiedene selbstentworfene Definitionen von Sport genannt werden.
Zum Schluss scheint trotz alledem keine Einigung möglich zu sein.

Abb. 2-2

Abb. 2-3
Abb. 2-4

Der Abschnitt „Was ist Sport?" liefert Hintergründe, die es dir ermöglichen, dich in einer Diskussion über Sportdefinitionen besser zu behaupten.

Abb. 2-5
Abb. 2-6

Sport – zwei Zugänge zu einer Definition

Nach diesem Kapitel wird dir bewusst sein, weshalb in manchen Fällen eine bestimmte Tätigkeit sehr leicht dem Sport zugeordnet werden kann, während dies bei anderen Tätigkeiten nur sehr schwer gelingt.
Im Folgenden werden zwei Zugänge zu einer Definition des Sports betrachtet.

2.1 Wie unterscheidet die Dachorganisation des organisierten deutschen Sports zwischen „Sport" und anderen Aktivitäten?

Der **Deutsche Olympische Sportbund (DOSB)** bildet sozusagen das Dach über den gesamten organisierten Sport wie Vereine, Verbände usw. (mehr dazu in Kapitel 6, Band 2). Der DOSB hat in einer Aufnahmeordnung festgeschrieben, wann ein **Spitzenfachverband** (damit eine Sportart) Mitglied in der Sportfamilie des DOSB werden kann. Die darin genannten Voraussetzungen geben

Abb. 2-7

einen ersten Anhaltspunkt, was für die Sportorganisation unter Sport zu verstehen ist.[2-1] Vor allem die Abgrenzung zu anderen Aktivitäten, die nicht zum Sport gezählt werden, kann dir weiterhelfen.
Folgende Punkte müssen gegeben sein, damit ein Spitzenfachverband beim DOSB aufgenommen werden kann:[2-1]

- So muss die Sportart eine eigene, **sportartbezogene motorische Aktivität** eines jeden zum Ziel haben (mit motorischer Aktivität ist eine Bewegung, die durch Muskelkraft erzeugt wird, gemeint).
  Diese motorische Aktivität fehlt bei Denkspielen, Bastel- und Modellbautätigkeiten und bei der Zucht von Tieren. Ebenfalls werden die Dressur von Tieren und die Bewältigung von technischem Gerät nicht als sportartbezogene motorische Aktivität anerkannt, wenn die Bewegung des Menschen nicht mit einbezogen wird.
- So muss die Ausübung dieser Aktivität nur für die im Sport gestellte Aufgabe zustande kommen. Dies nennt man auch den **Selbstzweck** der Betätigung.
  Dieser Selbstzweck fehlt beispielsweise bei Arbeits- oder Alltagsbewegungen.
- So muss die Sportart Chancengleichheit, Fairness und Verletzungsfreiheit durch ein **Regelwerk** und/oder **Wettkampf- und Klasseneinteilungen** gewährleisten. Wenn beispielsweise die Regeln eines Wettkampfes auf die tatsächliche oder auch lediglich simulierte Körperverletzung abzielen (Abb. 2-8), wäre dies kein Sport im Sinne des DOSB.

Abb. 2-8

Was ist Sport?

Eine Auflistung der Spitzenfachverbände, die Mitglied des DOSB sind, findet sich im Anhang (vgl. Kapitel 10).

Aufgabe 2-1
Nenne Gründe, weshalb das Decken eines Daches (Dachdecken) nicht zum Sport gezählt werden kann.

Aufgabe 2-2
Welche Abbildungen zeigen „Sport im Sinne des DOSB", welche nicht?
Übertrage alle Abbildungsnummern aus diesem Kapitel (2-1 bis 2-22) in eine entsprechende Tabelle.

Abb. 2-9
Abb. 2-10
Abb. 2.11

Abb. 2-12
Abb. 2-13
Abb. 2-14
Abb. 2-15

Abb. 2-16
Abb. 2-17
Abb. 2-18
Abb. 2-19

Aufgabe 2-3
Erkläre, inwiefern jene Aktivitäten, die du nicht zum Sport zählst, geändert werden müssen, damit sie als Sportart im Sinne des DOSB anerkannt werden können.

Aufgabe 2-4
Finde und **ordne** weitere Aktivitäten deiner erstellten Tabelle zu.
Vergleiche diese Zuordnung mit denen deines Nachbarn.
Diskutiere über Gegensätze und Übereinstimmungen?

Sport – zwei Zugänge zu einer Definition

Aufgabe 2-5

Im Anhang (Kapitel 10) sind die Spitzenfachverbände aufgelistet, die anerkanntes Mitglied in der Sportfamilie des DOSB sind.
Entsprechen deiner Meinung nach alle anerkannten Spitzenfachverbände (Beispiel Schach, Boxen und Motorsport) der Aufnahmeordnung des DOSB?
Bewerte die Liste.
Begründe deine Bewertung.

2.2 Was das Sportwissenschaftliche Lexikon zum Begriff „Sport" sagt

Das Sportwissenschaftliche Lexikon beschäftigt sich ebenfalls mit dem Begriff „Sport" und einer möglichen Definition. Ein erster Hinweis auf die Schwierigkeiten, den Begriff deutlich zu bestimmen, wird gleich zu Beginn gegeben.
„Da S. [Sport] ein umgangssprachlicher Begriff ist und in vielen Sprachen der Welt vorkommt, läßt sich eine präzise oder gar eindeutige begriffliche Abgrenzung nicht vornehmen".[2-2]
Nach dem Sportwissenschaftlichen Lexikon entsteht Sport immer dann, „wenn das reale Handeln hinsichtlich ihres echten „Nutzens" auf eine unwirkliche, an sich überflüssige und nicht notwendige, gleichsam scheinhafte Ebene bezogen wird".[2-2] Das bedeutet, dass sportliche Handlungen immer **unabhängig** von einer zweckhaften Bestimmung der **Alltags- und Arbeitswelt** sind.
Anhand von Beispielen kann man sich diese Unterscheidung zwischen Bewegungen im Alltag oder in der Arbeitswelt und Bewegungen im Sport verdeutlichen:

- Sprintet eine Frau eine Strecke von 400 m zum Bus, damit sie ihn erreicht, wird dies nicht als Sport angesehen, obwohl eine körperliche Belastung durchaus vorhanden ist.
  Sprintet die Frau die Strecke von 400 m gegen die Stoppuhr oder auch gegen Gegnerinnen, so bezeichnet man das als Sport. An sich ist diese Aufgabe sinnfrei, d. h. ohne jeglichen Sinn. Das wird deutlich, wenn man bedenkt, dass das Ziel beim 400-m-Lauf sich in der Regel genau beim Startpunkt befindet und die Sportlerinnen einmal im Kreis rennen, um am Ende vollständig erschöpft im Ziel anzukommen (Abb. 2-20).
- Fällt der Waldarbeiter mit einer Säge einen Baum, ist dies kein Sport im Sinne des Lexikons.

Abb. 2-20

Was ist Sport?

Durchtrennt ein Mann mit einer Säge gegen die Uhr einen Baumstamm beim „Timbersport" (Abb. 2-21), so bezeichnet man das als Sport (auch wenn „Timbersport" nicht Mitglied der Sportfamilie des DOSB ist).

- Fährt eine Angestellte jeden Tag mit dem Fahrrad zur Arbeit und wieder zurück, so ist dies kein Sport.
Fährt dieselbe Frau am Feierabend eine Runde mit ihrem Rad um sich zu bewegen, so bezeichnet man das als Sport.

Abb. 2-21

Die Abgrenzung des Sporttreibens von Alltags- und Arbeitshandlungen ist historisch gewachsen. Erst seit 1828 ist das Wort Sport aus dem Englischen („disport") nach Deutschland gekommen. Im Englischen bedeutet Sport ursprünglich „Zerstreuung", „Vergnügen" oder auch „Spiel". Das Wort „disport" ist aus dem mittelfranzösischem „(se) de(s)porter" abgeleitet, was „(sich) zerstreuen" oder „(sich) vergnügen" bedeutet.[2-2]

2.3 Den Begriff „Sport" auf den Punkt gebracht

Über die zwei vorgestellten Zugänge hast du Informationen erhalten, wann von Sport gesprochen wird. Mit diesen Hinweisen ist es nun möglich, eine weitere Eingrenzung für den Begriff des Sports vorzunehmen.

Wenn dementsprechend mindestens folgende Punkte erfüllt sind, wird in diesem Buch von Sport gesprochen.

1) Bei der Bewegung handelt es sich überwiegend um eine körperliche Aktivität (motorische Aktivität).
2) Sportliche Bewegung ist eine zweckfreie Bewegung, d. h. die Bewegung ist unabhängig von Alltags- und Arbeitsbewegungen (Abb. 2-22).
3) Die sportliche Bewegung ist durch eine im Sport anerkannte Bewegungsaufgabe bestimmt.
4) Die Bewegung muss sich an vom Sport künstlich festgelegten Zielen orientieren.
5) Die Ziele der Bewegung sind messbar und vergleichbar (vgl. Kapitel 1, Band 2).
6) Die Bewegung findet innerhalb festgelegter Regeln statt, die dazu führen, dass eine Gleichheit zwischen den Teilnehmern herrscht.

Abb. 2-22

Sport – zwei Zugänge zu einer Definition

7) Die Ziele und die Regeln für die Bewegung dürfen nicht zu einer vorsätzlichen Verletzung des Partners/Gegners hervorrufen.
8) Die menschliche Bewegung darf nicht durch maschinelle Vorgänge ersetzt werden.

Aufgabe 2-6
Finde zu jedem der acht oben genannten Punkte jeweils ein Beispiel, das den jeweiligen Punkt erfüllt und eines, das diesen Punkt nicht erfüllt.

2.4 Citius – altius – fortius?!

Wie man sieht, führen nur bestimmte Ziele einer Bewegung zu einer sportlichen Bewegung. Die **sportspezifischen Bewegungsziele** sind somit zentral für das Selbstverständnis des Sports. Deshalb lohnt sich ein intensiverer Blick auf die verschiedenen sportspezifischen Bewegungsziele.

Sportspezifische Bewegungsziele

Das Motto der olympischen Spiele der Neuzeit „citius – altius –fortius", übersetzt „höher – schneller – weiter" reicht schon lange nicht mehr, um die Vielfalt der Bewegungsziele im Sport zu erfassen.

> Eigentlich heißt „citius – altius – fortius" genau übersetzt „schneller – höher – stärker", im deutschen Sprachgebrauch hat sich aber „höher – schneller – weiter" durchgesetzt.

Wir betrachten hier aber ein übergeordnetes Ziel, das dieses Motto in vollem Maße erfüllt, die sogenannten **Vergleichsziele.**[2-3]

Die Vergleichsziele

Bei den Vergleichszielen wird eine **Rangordnung** erstellt.
Diese Rangordnung kann **unmittelbar** erfolgen, wie beispielsweise beim Einlauf eines Marathonlaufes – der Erste im Ziel ist auch der Erste in der Rangordnung.
Diese Rangordnung kann durch eine **mess- oder abzählbare Größe** erfolgen, wie beispielsweise der Weitenmessung beim Weitsprung oder der Punktevergabe beim Gerätturnen. Ebenso ist das über einen längeren Zeitraum bei Bestenlisten, Ranglisten etc. möglich.
Diese Rangordnung kann durch **nichtmessbare oder subjektive Größen** erfolgen. Das ist vor allem dann der Fall, wenn beispielsweise eine eigene sportliche Bewegung beim nächsten Mal „besser" sein soll, die Rückmeldung darüber aber lediglich das Gefühl ist.

Untergliederung/Unterklassen der Vergleichsziele

Die Vergleichsziele teilen sich in mehrere Klassen auf. Diese Untergliederungen verdeutlichen noch einmal mehr, wie eine Rangordnung hergestellt werden kann.

- **Zeitminimierung**
  Beispiele: 200-m-Lauf, Abfahrtsskilauf, 50-m-Delfinschwimmen, ...
- **Distanzmaximierung**
  Beispiele: Speerwurf, Wettkampfklettern, Kugelstoßen, ...
- **Trefferoptimierung**
  Beispiele: Fußball, Basketball, Fechten, ...
- **Schwierigkeitsoptimierung** (mit Fehlerminimierung und Schwierigkeitssteigerung)
  Beispiele: Hochsprung, Gewichtheben, Wettkampfklettern, ...
- **Verlaufsoptimierung** (mit Fehlerminimierung und Schwierigkeitssteigerung)
  Beispiele: Gerätturnen, Turmspringen, Snowboard-Halfpipe, ...

Aufgabe 2-7
Nenne weitere Beispiele von Alltags- oder Arbeitsbewegungen, die in einer anderen Durchführungsform als Sport bezeichnet werden.

Aufgabe 2-8
Nenne Sportarten, bei denen die Abgrenzung zu Alltags- oder Arbeitsbewegungen schwer fällt bzw. bei denen die Fairness, Chancengleichheit oder Verletzungsfreiheit teilweise nicht gegeben sind.

Aufgabe 2-9
Nenne Beispiele, die einerseits eine sportliche Bewegung beinhalten und bei einer Veränderung nicht mehr zu einer sportlichen Bewegung gezählt werden können.

Aufgabe 2-10
Finde weitere Beispiele zu den verschiedenen Unterklassen der Vergleichsziele.

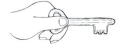

Schlüsselbegriffe
- DOSB
- Sportwissenschaftliches Lexikon
- Sportkriterien
- Definition von Sport
- Verlgeichsziele
- Bewegungsziele

Der menschliche Körper und sportliche Aktivität

3 Der passive Bewegungsapparat

In diesem Kapitel geht es um

- die oberen und unteren Gliedmaßen.
- verschiedene Knochenverbindungen.
- unterschiedliche Gelenktypen.
- das Knie.
- den Aufbau der Wirbelsäule.

Der menschliche Körper und sportliche Aktivität

Der menschliche Körper ist eine komplexe Konstruktion. Er besteht aus einer Vielzahl von unterschiedlichen Bauteilen. Während du hier sitzt und liest, arbeiten diese Bauteile miteinander, sie unterstützen sich gegenseitig, kommunizieren miteinander und greifen wie Zahnräder ineinander. Diese von dir unbemerkt ablaufenden Ereignisse ermöglichen es dir unter anderem zu sehen, zu hören und dich zu bewegen. Wenn du morgens aufstehst und in die Schule gehst, werden alle Bauteile aktiviert und das gesamte System Körper fängt an zu arbeiten. Der Körper stellt sich von Erholung auf Aktivität um. Wenn du nun deine körperlichen Aktivitäten über einen gewissen Zeitraum kontinuierlich steigerst, dann besitzt dein Körper sogar die Fähigkeit, sich immer besser an die jeweilige Belastung anzupassen (vgl. Kapitel 8). Diese und viele andere Eigenschaften des Systems Mensch beschäftigen die Wissenschaftler schon seit Jahrhunderten. Der Schlüssel für ein tieferes Verständnis der Funktionsweise des menschlichen Körpers liegt darin, den Grundaufbau und die Strukturen des menschlichen Körpers kennen zu lernen und zu verstehen.

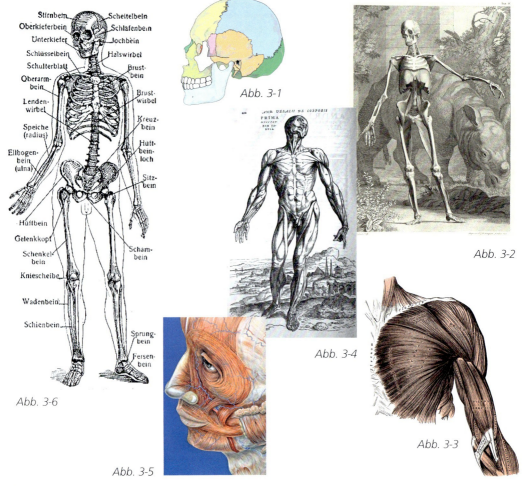

Abb. 3-1

Abb. 3-2

Abb. 3-4

Abb. 3-3

Abb. 3-6

Abb. 3-5

Der passive Bewegungsapparat

3.1 Wie lässt sich das menschliche Skelett gliedern?

Unser Skelett lässt sich in mehrere Abschnitte gliedern.

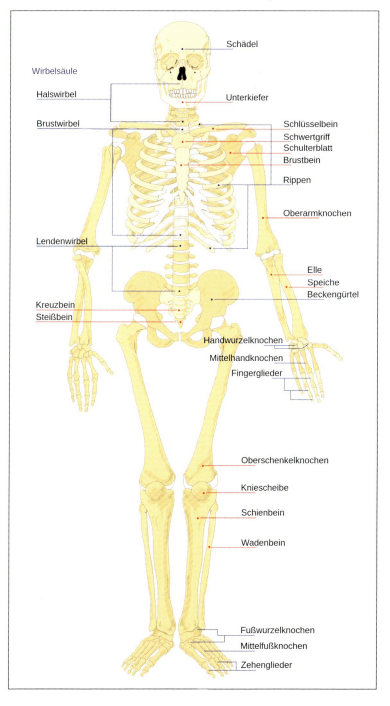

- Schädel
- obere Gliedmaßen mit Schultergürtel
- Rippen und Brustbein
- Rumpfskelett mit Wirbelsäule
- untere Gliedmaßen mit Beckengürtel

*Abb. 3-7:
Das Skelett*

Menschen unterscheiden sich durch bestimmte Merkmale voneinander und so gibt es auch beim Skelett einige Unterschiede. Betrachtet man den menschliche Körper unter dem Aspekt der Bewegung, so lässt er sich in funktionale Kategorien einteilen: Den **aktiven** und den **passiven Bewegungsapparat**. Auf den folgenden Seiten wirst du dich mit dem passiven Bewegungsapparat beschäftigen. Der passive Bewegungsapparat bezeichnet generell die **Knochen** des Skeletts, die **Knorpelanteile** und die **Bänder**. Die Knochen und **Knorpel** geben dem Körper seine Form, dienen den **Sehnen** als Ansatzpunkte und bilden den stabilen Rahmen für die Körperhöhlen, in denen geschützt die Eingeweide liegen. Die Knochen sind durch **Gelenke** miteinander verbunden und werden durch die **Muskeln** (d. h. aktiver Bewegungsapparat) bewegt (siehe Kapitel 4). Durch Trainingsbelastungen finden nicht nur im aktiven, sondern auch im passiven Bewegungsapparat Anpassungserscheinungen statt (vgl. Tab. 3-1).

Tab. 3-1: Anpassungserscheinungen durch Trainingsreize

	kurzfristige Anpassung	langfristige Anpassung
Knochen	—	Knochenstruktur passt sich den Hauptbelastungen an
Knorpel	Dickenzunahme durch Flüssigkeitsaufnahme	Dickenwachstum durch erhöhte mechanische Belastung
Bandapparat	Zug und Rissfestigkeit erhöht sich	Zug und Rissfestigkeit erhöht sich durch Dickenwachstum

Dennoch wird im Leistungssport der passive Bewegungsapparat oft zu einem **leistungsbegrenzenden Faktor**. Durch den eingeschränkten Stoffwechsel des passiven Bewegungsapparates stoßen diese Strukturen durch zu hohe Trainingsbelastungen häufig an die Grenze ihrer Leistungsfähigkeit (siehe Kapitel 8.5).
Schon seit sehr langer Zeit beschäftigen sich die Menschen mit dem Aufbau des menschlichen Körpers, um Rückschlüsse über Funktion und Leistung zu erhalten. Zu besonderer Berühmtheit gelangte die Darstellung des vitruvianischen Menschen, die im Folgenden kurz betrachtet wird.

Als **vitruvianischer Mensch** wird eine Darstellung des Menschen nach einer von dem antiken Architekten und Ingenieur Vitruv(ius) (1 Jhdt. vor Chr.) formulierten Proportionsregel bezeichnet. Das berühmteste Beispiel ist eine 34,4 × 24,5 cm große Zeichnung von **Leonardo da Vinci**, die um 1490 entstand (Abb. 3-8). Es handelt sich um eine Skizze mit Notizen aus einem seiner Tagebücher, die einen Mann mit ausgestreckten Extremitäten in zwei überlagerten Positionen zeigen. Mit den Fingerspitzen und

Abb. 3-8: Der vitruvianische Mensch

Der passive Bewegungsapparat

den Sohlen berührt die Figur ein sie umgebendes Quadrat bzw. einen Kreis. Die Zeichnung zeigt, wie sehr Leonardo an Körperbau und Körperproportionen interessiert war. Sie ist bis heute ein Symbol für die Ästhetik der Renaissance und eines der berühmtesten und am meisten vervielfältigten Bildmotive.

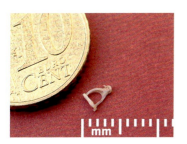

In der Regel haben Menschen zwischen **206** und **214 Knochen**. Die genaue Zahl lässt sich deshalb nicht genau benennen, weil manche Knochen im Laufe des Lebens zusammenwachsen können. Manche Menschen kommen durch Vererbung sogar mit sechs Fingern an den Händen auf die Welt oder manche Babys haben bei der Geburt ein verlängertes Steißbein. Säuglinge haben sogar über 300 Knochen, von denen einige dann im Laufe der Entwicklung zusammenwachsen, wie z. B. die einzelnen Schädelplatten. Der kleinste menschliche Knochen ist der so genannte Steigbügel im Mittelohr (Abb. 3-9). Er ist nur etwa 3 Millimeter lang und hat ein Gewicht von 3 Milligramm. Der größte Knochen im menschlichen Körper ist der Oberschenkelknochen. Je nach Größe hat er eine Länge von durchschnittlich 46 Zentimetern und kann in Längsrichtung ein Gewicht von 1650 kg (!) tragen (Abb. 3-10).

Abb. 3-9: Steigbügel

Abb. 3-10: Oberschenkelknochen des Menschen

„Ich habe kein Übergewicht, ich habe nur schwere Knochen!"

Diesen Satz hört man häufig Leute sagen, bei denen die Waage ein paar Kilogramm zu viel anzeigt. Über diese Ausrede kann man nur lachen und dabei ca. 15 Gesichtsmuskeln bewegen oder die Stirn runzeln und ca. 43 Muskeln betätigen ...

Was hat es nun mit obiger Aussage auf sich? Die Angaben zur Knochenmasse sind lediglich Schätzwerte und unterscheiden sich zwischen Männern und Frauen. Als Richtwerte gelten beim Mann ca. 15 Prozent und bei der Frau ca. 12 Prozent des gesamten Körpergewichtes. Das errechnete Ergebnis kann noch einmal individuell um 10 Prozent abweichen.
Die insgesamt 656 Muskeln des Menschen machen hingegen ca. 40 Prozent des gesamten Körpergewichts aus.

Wusstest du, dass Katzen 40 Knochen mehr als Menschen haben (Abb. 3-11)?

Abb. 3-11: Katzenskelett

47

Du benötigst den Skelettmenschen aus der Biologiesammlung!

Aufgabe 3-1
Nenne die fünf Abschnitte, in die sich das menschliche Skelett gliedern lässt.

Aufgabe 3-2
Warum besitzen der Mensch und ein Großteil der Tiere überhaupt ein Skelett? **Begründe** dies!

Aufgabe 3-3
Ertaste an deinem Körper möglichst viele der am Skelettmenschen vorkommenden Knochen und präge dir die Lage und den Namen ein.
Überprüfe ob dein Nachbar sich die Lage der Knochen gut eingeprägt hat. Nenne ihm 3-4 Knochen, deren Lage er dir an seinem Körper aufzeigen soll.

Aufgabe 3-4
Beschreibe den Einfluss von Trainingsreizen auf Knochen und Gelenke.

Aufgabe 3-5
Berechne das Gewicht deiner Knochen.
Berechne dabei auch den Bereich der individuellen Abweichung.

Aufgabe 3-6
Berechne den Anteil des Körpergewichts in Prozent, die die Knochen und die Muskeln zusammen ergeben.
Finde weitere mögliche Faktoren, die dein Körpergewicht zusätzlich ausmachen.

Aufgabe 3-7
Vergleichende Anatomie (**finde** mit Hilfe des Internets heraus):
Stelle Vermutungen **an**, warum eine Katze mehr Knochen als ein Mensch besitzt.

Der passive Bewegungsapparat

3.2 Wie sind die oberen und unteren Gliedmaßen strukturiert?

Die oberen (Arme) und unteren Gliedmaßen (Beine) werden auch als Extremitäten bezeichnet und sind über den Schulter- bzw. Beckengürtel mit dem Rumpf verbunden (siehe Abb. 3-7 u. 3-12).

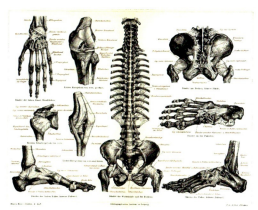

Abb. 3-12

Obere Extremitäten	Untere Extremitäten

Jede obere Extremität besteht aus mehr als 24 Knochen. Hier unterscheidet man Oberarm mit dem Oberarmknochen, Unterarm mit Elle und Speiche und die Hand mit den Handwurzel-, Mittelhand- und Fingerknochen.

- **Hand- und Ellenbogengelenke**
  Ellenbogen- und Handgelenke sind bewegliche Verbindungen.

- **Arme**
  Die Arme dienen vor allem als Tast- und Greifwerkzeuge. Sie sind über den Schultergürtel mit dem Brustkorb und der Wirbelsäule verbunden.

- **Schulterblätter und Schlüsselbeine**
  Die flachen, dem Brustkorb hinten aufliegenden Schulterblätter und die vor dem Brustkorb verlaufenden Schlüsselbeine mit ihrer Gelenkverbindung zum Brustbein, sichern die gut bewegliche Verankerung der Arme am Rumpf.

- **Schultergelenk**
  Das Schultergelenk wird von einer flachen Gelenkpfanne im Schulterblatt und dem runden Gelenkkopf des Oberarmknochens gebildet. Aufgrund der großen Beweglichkeit und einer hauptsächlich muskulären Stabilisierung des Schultergelenkes kann es in diesem Bereich leichter als in anderen Gelenken zu Sportverletzungen kommen.

Wie bei den oberen lassen sich bei der unteren Extremitäten drei Abschnitte unterscheiden: Oberschenkel, Unterschenkel und Fuß.

- **Sprung- und Kniegelenke**
  Sprung- und Kniegelenke sind bewegliche Verbindungen. Über dem Kniegelenk liegt die Kniescheibe, ein Knochengebilde, das in eine lange Sehne eingelagert ist.

- **Beine**
  Die Beine dienen der Stütze und Fortbewegung.

- **Ober- und Unterschenkel**
  Der Oberschenkel besteht aus dem Oberschenkelknochen, der Unterschenkel aus dem Schien- und Wadenbein.

- **Hüftgelenk**
  Das Hüftgelenk bildet die Basis für die Bewegung des Beines. Im Gegensatz zum Schultergelenk, das durch Muskelführung gesichert ist, hat es eine Knochenführung. Eine kräftige Kapsel und starre Bänder sichern das Gelenk zusätzlich und verleihen ihm eine hohe Festigkeit.

- **Beckengürtel**
  Der starre Beckengürtel ist dabei stabil mit der Wirbelsäule verbunden und gewährleistet dadurch eine aufrechte Haltung und einen sicheren Stand.

Der menschliche Körper und sportliche Aktivität

3.2.1 Wie lässt sich die Funktionsweise des Fußes erklären?

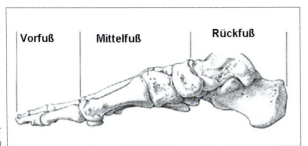

Abb. 3-13: Fuß seitlich

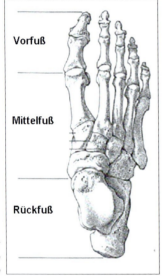

Abb. 3-14: Fuß von oben

Der Fuß im anatomischen Sinne reicht nicht wie im süddeutschen Sprachgebrauch von den Zehen bis zur Hüfte, sondern lediglich vom oberen Sprunggelenksspalt bis zu den Zehen. Der Fuß besteht aus der Fußwurzel mit sieben Fußwurzelknochen, dem Mittelfuß mit den fünf Mittelfußknochen und den fünf Zehen, bei denen die Großzehe zwei, die übrigen Zehen jeweils drei Knochen enthalten (Abb. 3-13 und Abb. 3-14). Die Knöchel gehören eigentlich zum Schienbein und Wadenbein, da sie aber Bestandteil des **Sprunggelenks** sind und Probleme mit diesem Gelenk meistens in einem Zusammenhang mit dem Fuß stehen, wird der Knöchel dem Fuß zugeordnet.

Das **Fußgewölbe** ist die natürliche Stütze des Fußes (Abb. 3-15). Es bildet sich aus einer knöchernen Struktur in Verbindung mit Muskeln und Bändern. Es bildet sich im Laufe der ersten Lebensjahre aus und sorgt dafür, dass der Fuß bei Bewegung flexibel bleibt. Der gesunde Fuß ist von der Ferse bis zu den Zehen an der Innenseite gewölbt. Das macht es dem Fuß möglich, Unebenheiten im Boden auszugleichen und den Auftritt zu dämpfen. Durch das Fußgewölbe wird das Körpergewicht nicht von der gesamten Fußfläche getragen, sondern hauptsächlich von der Ferse, dem Großzehenballen und dem Kleinzehenballen. Das Fußgewölbe ist für die einwandfreie Funktion des Fußes von großer Bedeutung, da es wie ein **Stoßdämpfer** wirkt. Einigen Erkrankungen des Fußes wie Plattfuß, Senkfuß und Spreizfuß liegt ein Absinken des Fußgewölbes zugrunde. Solche Erkrankungen lassen sich allerdings häufig vermei-

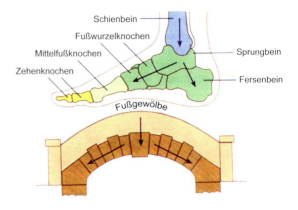

Abb. 3-15: Fußgewölbeaufbau

den, indem die Muskulatur gekräftigt (z. B. durch häufiges Barfußlaufen) wird. Durch diese **Trainingsreize** passen sich aber auch deine Knochen, Knorpel, Bänder und **Sehnen** an die Belastung an. Durch Bewegungsmangel hingegen schwächen sich die Strukturen ab.

Aufgabe 3-8
Beschreibe den Aufbau des Fußgewölbes.
Erläutere die Funktion des Fußgewölbes.

3.3 Wie sieht eine Knochenverbindung aus?

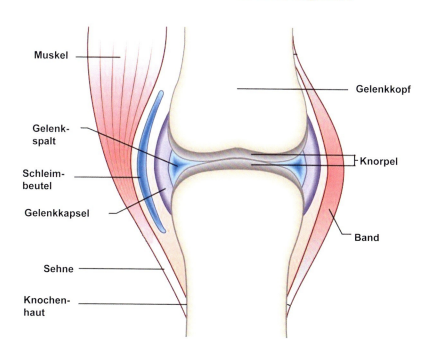

Abb. 3-16: Aufbau eines Gelenkes

Die bewegliche Verbindung zweier Knochen nennt man Gelenk (Abb. 3-16). Die Gelenkflächen sind zur Erhöhung der Gleitfähigkeit mit Knorpel überzogen und bilden einen **Gelenkkopf**, der in einer **Gelenkpfanne** eingebettet ist. Die **Gelenkkapsel**, die in die Knochenhaut übergeht, verbindet die durch den **Gelenkspalt** getrennten Knochen. Die innere Kapselschicht mit den Schleimbeuteln sondert die **Gelenkflüssigkeit** ab, die für die Gleitfähigkeit der Gelenkflächen sorgt. Die Gelenkkapsel bildet einen rundherum abgeschlossenen Hohlraum, die Gelenkhöhle. Sie ist mit einer Flüssigkeit gefüllt, der *Synovia* oder auch „Gelenkschmiere". Die faserige äußere Kapselschicht verleiht dem Gelenk Halt. Gelenkbänder sind der Kapsel aufgelagert und bestimmen zusammen mit der Form der Gelenkenden und der Muskulatur die Gelenkbeweglichkeit und die Stabilität.

3.3.1 Welche Gelenkarten gibt es?

Ein Gelenk ist aus anatomischer Sicht eine bewegliche Verbindung von zwei oder mehreren Knochen (siehe Abb. 3-17 u. Tab. 3-2). In der Anatomie wird zwischen **echten** und **unechten Gelenken** unterschieden (siehe Kap. 3.3.2 und Kap. 3.3.3).

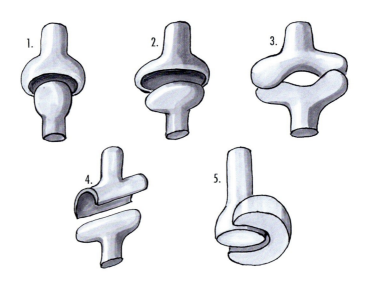

Abb. 3-17: Gelenkarten

Tab. 3-2	Gelenkart	Beispiele
1	Kugelgelenk	Hüftgelenk
2	Eigelenk	erstes Kopfgelenk zwischen *Atlas* und Schädel
3	Sattelgelenk	Daumen
4	Scharniergelenk	Ellenbogen
5	Zapfengelenk	Speichen-Ellen-Gelenk

Das Bewegungsausmaß eines Gelenks wird von mehreren Einflussgrößen bestimmt:
- Form der Gelenkflächen
- Länge und Dehnfähigkeit der über das Gelenk hinweg ziehenden Muskeln

Der passive Bewegungsapparat

- Weite der Gelenkkapsel
- Anwesenheit und Anordnung der Bänder
- Gelenkstoffwechsel (z. B. Versorgung des Gelenkknorpels)
- Externe Einflüsse (z. B. Alter, Temperatur)

Aufgabe 3-9

Finde am Skelett weitere Gelenke und **ordne** sie den Gelenktypen **zu**.

3.3.2 Was sind echte Gelenke?

Bei den echten Gelenken befindet sich zwischen den Knochenenden ein Spalt, der Gelenkspalt (Abb. 3-16). Die Gelenkflächen sind von einem Gelenkknorpel überzogen. Um das Gelenk befindet sich eine Gelenkkapsel. Verstärkungen der äußeren Membran bilden die Gelenk- oder Kapselbänder. Gelenkbänder können aber auch selbstständige Bindegewebszüge sein, wobei diese sich außerhalb der Gelenkkapsel (z. B. das Außenband des Kniegelenks), in der Wand der Gelenkkapsel (z. B. das Innenband des Kniegelenks) oder innerhalb der Gelenkhöhle (zum Beispiel die Kreuzbänder des Kniegelenks) befinden können. Letztere sind von einer Schicht der inneren Membran überzogen, die mit der Gelenkkapsel in Verbindung steht.

3.3.3 Was sind unechte Gelenke?

Zu den unechten Gelenken gehören Strukturen, die zwar ein geringes Maß an Beweglichkeit zeigen, aber nicht die Funktion eines echten Gelenkes übernehmen.

Knorpelige Knochenverbindungen
- Verbindung über Knorpel, zum Beispiel am Brustbein
- Verbindung über Faserknorpel, zum Beispiel Bandscheiben

Bindegewebige Knochenverbindungen
- zum Beispiel zwischen Schädelknochen
- zum Beispiel zwischen Elle und Speiche

Knöcherne Verschmelzungen
- zum Beispiel Kreuzbein, Steißbein

Der menschliche Körper und sportliche Aktivität

Woher kommt das Gelenkknacken?

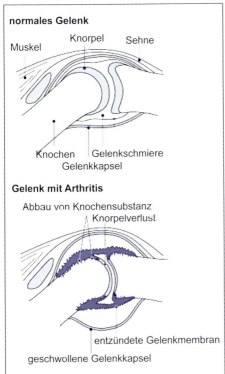

Abb. 3-18: Normales Gelenk und an Arthritis erkranktes Gelenk

Die Ursachen für das Knacken von Gelenken (zum Beispiel den Fingerknöcheln) sind noch nicht vollständig geklärt worden. Als häufigste Erklärung werden **Gasbläschen** in der Gelenkschmiere, die durch Blasenbildung bei Druckausgleich ein Geräusch verursachen, genannt. Auch Unebenheiten in der Oberfläche der Knöchel sind als mögliche Ursache denkbar. Gelenkknacken ist weit weniger schädlich, als allgemein angenommen wird. Das häufigste Argument gegen Fingerknacken ist die Verursachung von **Arthritis** (Gelenkentzündung, siehe Abb. 3-18), was jedoch nicht der Wahrheit entspricht. Allerdings kann forwährendes Knöchelknacken etliche andere Schäden verursachen, etwa die Überdehnung der umliegenden Bänder und eine Verminderung der Griffstärke, nicht aber eine Arthritis.

3.3.4 Wie ist das Knie aufgebaut?

Das **Knie** ist das größte Gelenk des Menschen. Es sorgt einerseits für Flexibilität, aber andererseits auch für Stabilität. Es ermöglicht dir zu gehen, zu stehen, deine Beine zu beugen und zu strecken. Das Knie besteht aus vielen Komponenten wie Knochen, Muskeln, Bändern, Knorpeln und Sehnen, die alle optimal aufeinander abgestimmt sind und ständig zusammenarbeiten.

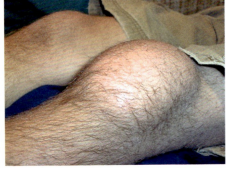

Abb. 3-19: geschwollenes Knie nach einer Sportverletzung

Das Knie verbindet den Oberschenkel *(Femur)*, das Schienenbein *(Tibia)* und die Kniescheibe *(Patella)*. Die Kniescheibe ist ein flacher, runder Knochen, der das Knie schützt, aber auch die Hebelverhältnisse für die Beinmuskulatur optimiert. Die Enden des Oberschenkels und der Kniescheibe sind von einer Knorpelschicht bedeckt (du kennst diese weiße Schicht sicherlich vom Ende einer Hühnerkeule!). Diese Gelenkknorpelschicht dient als Schutzschicht und Gleitschicht und verhindert, dass die Knochen direkt aufeinander reiben. Am oberen Ende des Schienenbeins befinden sich der **Meniskus** bzw. die Menisken. Die Menisken haben die gleiche Funktion wie der Gelenkknorpel. Jedes Knie hat zwei Menisken: einen inneren (medialen) und einen äußeren (lateralen) *Meniskus*.

Der Muskel auf der Oberschenkelvorderseite, der das Knie teilweise umgibt, wird als *Quadri-*

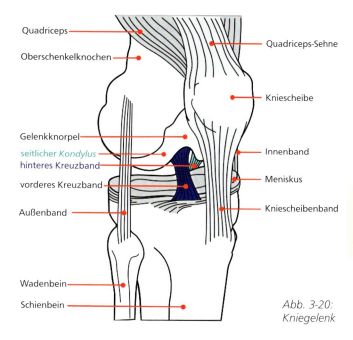

Abb. 3-20: Kniegelenk

ceps bezeichnet. Er besteht aus vier Anteilen. Die rückseitige Oberschenkelmuskulatur wird als ischiocrurale Muskelgruppe oder auch als Oberschenkelflexoren bezeichnet. Der Quadriceps streckt dein Bein und die **ischiocrurale Muskelgruppe** beugt dein Bein. Um diese Art der Bewegung ausführen zu können, benötigt das Knie nicht nur die Muskeln sondern auch Sehnen und Bänder. Sehnen sind vergleichbar mit Kabeln, bestehend aus einem festen Gewebe. Sie verbinden den Muskel mit dem Knochen.

Die wichtigsten Kniesehnen sind die Quadrizepssehne und das Kniescheibenband (Patellasehne). Die Quadrizepssehne setzt an der Patellaoberkante an und ermöglicht dir die Beinstreckung. Die Patellasehne setzt an der Unterkante der Kniescheibe und am Schienenbein an und ermöglicht dir die Beinstreckung.

Aufgabe 3-10

Finde mit Hilfe des Internets oder Lehrbüchern die Gelenkart des Kniegelenks heraus!
Beschreibe die möglichen Bewegungsrichtungen, die das Knie zulässt.
Nenne die Muskulatur, die das Knie bewegt.
Nenne die Funktionen der Kniescheibe.

3.4 Welche Funktion übernimmt die Wirbelsäule?

Abb. 3-21

Der Rumpf hat mit der Wirbelsäule eine stützende, verbindende und gleichzeitig bewegliche Achse, an der die Rippen sowie der Schulter- und Beckengürtel befestigt sind. Die Wirbelsäule besteht aus einzelnen, meist beweglich miteinander verbundenen Wirbeln und stellt das zentrale Element des passiven Bewegungsapparates dar. Sie besteht aus 7 Hals-, 12 Brust-, 5 Lendenwirbeln (und weiteren 5 Kreuz- und 4–5 Steißwirbeln) (Abb. 3-22). Die S-Form der Wirbelsäule ist zum einen durch den aufrechten Gang bedingt, zum anderen erfüllt diese Form eine dämpfende Wirkung. Zum Rücken hin bilden die Bögen der einzelnen Wirbel einen Kanal, in dessen Innerem das empfindliche Rückenmark gut geschützt vom Gehirn bis zum Steißbein zieht.

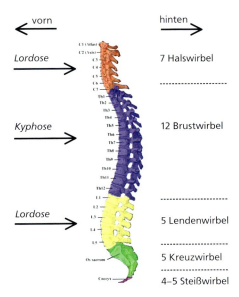

Abb. 3-22

Abb. 3-23
Abb. 3-24

- Frühstück um 7 Uhr ...
- Mittagessen um 12 Uhr ...
- Abendessen um 5 Uhr ...
- ???

Auf der Wirbelsäule ruht der Kopf, der durch die besondere Gestaltung der oberen beiden Wirbel eine große Beweglichkeit gegenüber dem Rumpf hat. Im Brustbereich bilden die zwölf gelenkig mit den Wirbeln verbundenen Rippen zusammen mit dem Brustbein den Brustkorb. Zum Einatmen kann der Brustkorb angehoben, zum Ausatmen gesenkt werden. In den Lücken zwischen den Rippen befindet sich die Zwischenrippenmuskulatur, die das Atmen unterstützt.

Die Wirbelsäule liegt eingebettet in ein komplexes System von kräftigen Bändern, Sehnen und Muskeln. Sie geben dem Rumpfskelett Halt und ermöglichen Bewegungen und Drehungen. Die Rückenmuskulatur ermöglicht eine aufrechte Haltung. Ohne sie würde der Mensch ständig durch das Gewicht von Brustkorb und Organen nach vorn kippen. Direkt an der Wirbelsäule und seitlich davon liegen mehrere Muskelschichten übereinander: tief unten kurze, darüber längere Muskelstränge. So bilden sie ein kräftigendes Korsett für das Rumpfskelett, das die *Bandscheiben* entlastet. Zu schwache oder verspannte Muskeln führen dagegen zu Schonhaltungen, die die *Bandscheiben* häufig stark belasten. Oft wird unterschätzt, dass auch die Bauchmuskeln den Rücken stützen. Zum Teil entlasten sie die Rückenmuskulatur, etwa bei Seitwärtsneigungen oder Drehbewegungen. Bei Vorwärtsbeugungen wirken die Bauchmuskeln als *Gegenspieler* zur Rückenmuskulatur. Gut trainierte Bauchmuskeln vermindern zudem den Druck auf die *Bandscheiben*. Vor allem beim Heben schwerer Lasten helfen die Kraftpakete auf der Rumpfvorderseite: Wer einatmet und die Bauchmuskulatur anspannt, bevor er eine schwere Last hebt, reduziert den Druck, der auf den *Bandscheiben* lastet, um bis zu 50 Prozent.

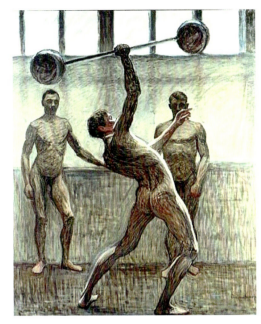

Abb. 3-25: Historisches Gewichttraining

Aufgabe 3-11
Beschreibe die Abschnitte der Wirbelsäule und nenne die dazugehörige Wirbelanzahl.

Aufgabe 3-12
Nenne die Funktionen der Wirbelsäule.
Nenne die Krümmungen der einzelnen Wirbelsäulenabschnitte.

Aufgabe 3-13
Beschreibe die Hauptbewegungsrichtungen der Wirbelsäule.

Aufgabe 3-14
Untersuche die Beweglichkeit der einzelnen Wirbelsäulenabschnitte und **diskutiere** die Wirbelsäulenstellung bei Abb. 3-25.

Der menschliche Körper und sportliche Aktivität

3.4.1 Was ist ein Bandscheibenvorfall bzw. was ist ein Hexenschuss?

Abb. 3-26: Mittelalterliches Bild zum Hexenschuss

Der Begriff Hexenschuss verdeutlicht die mittelalterliche Vorstellung, dass Krankheiten von übernatürlichen Wesen (z. B. Hexen, Alben, Elfen) einem Menschen mittels eines Pfeilschusses zugefügt werden (Abb. 3-26). Doch was steckt wirklich dahinter?
Bandscheiben liegen wie Kissen zwischen den knöchernen Wirbeln. Sie wirken als Stoßdämpfer und Abstandshalter und sind fest mit den Wirbelkörpern verbunden. Im Innern enthalten die *Bandscheiben* einen weichen **Gallertkern**, der wie ein Wasserkissen wirkt. Dieser Kern wird von einem Faserring umgeben, damit er bei Druckbelastung nicht zur Seite entweicht.
Fehlbelastungen oder altersbedingte Veränderungen können den Faserring so weit schwächen, dass der Gallertkern bei Druckbelastung nicht mehr wie ein Kissen wirkt, sondern eine Beule bildet, die auf den *Spinalnerv* drückt. Das Ergebnis ist dann ein schmerzhafter Bandscheibenvorfall oder eben der **Hexenschuss** (Abb. 3-26 rechts).

Abb. 3-27: Aufbau/ Wirbelkörper mit Bandscheiben und rechts mit Bandscheibenvorfall

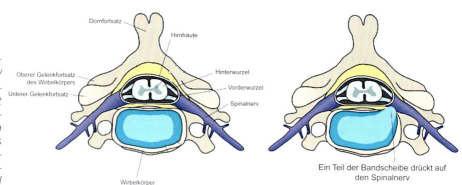

3.4.2 Welche Risikofaktoren begünstigen einen Bandscheibenvorfall?

Auch wenn die genauen Ursachen für einen Bandscheibenvorfall ungeklärt sind, gibt es einige Risikosportarten, die das Auftreten befördern, wie beispielsweise Gewichtheben, Turnen, Reiten, Tennis.
Exemplarisch wird das Gewichtheben betrachtet. Dabei wird die Wirbelsäule innerhalb kurzer Zeit mit einem hohen Gewicht belastet. Spezielle Techniken beim

Gewichtheben sollen diese Belastung reduzieren. Ebenfalls schützen sich Gewichtheber mit einem speziellen Gürtel, um eine Überbelastung der Lendenwirbelsäule zu verhindern (Abb. 3-28). Dennoch lässt sich eine erhöhte Belastung nicht ganz vermeiden. Gefährdet für Bandscheibenvorfälle sind vor allem untrainierte Gewichtheber und Anfänger, die mit einem zu hohen Gewicht oder der falschen Technik trainieren.

Weitere Risikofaktoren sind:

Abb. 3-28

- **Alter**
  Bandscheibenvorfälle betreffen häufig Menschen zwischen 35 und 45 Jahren, da erste Abbauprozesse die *Bandscheiben* angreifen und gleichzeitig häufig noch eine hohe Belastung stattfindet.

- **Übergewicht**
  Hohes Körpergewicht erhöht die Belastung der Wirbelsäule und der *Bandscheiben*. Eine schnellere Abnutzung der *Bandscheiben*, bevorzugt im Lendenwirbelbereich ist die Folge.

- **Rauchen**
  Rauchen führt zu Verengung und Verstopfung von Blutgefäßen. Davon sind auch die *Bandscheiben* betroffen: Es resultiert eine schnellere Degeneration, da die Nährstoffversorgung eingeschränkt ist.

- **Größe**
  Männer über 1,80 m und Frauen über 1,70 m leiden häufiger an Bandscheibenvorfällen.

- **Berufliche Tätigkeiten**
  Körperlich beanspruchende Arbeiten erhöhen das Risiko für einen Bandscheibenvorfall. Aber auch Tätigkeiten, bei denen über längere Zeit die Körperposition nicht verändert wird (PC-Arbeit), erhöhen das Auftreten von Bandscheibenvorfällen.

Aufgabe 3-15
Kennst du jemanden, der einen Bandscheibenvorfall hatte?
Führe mit der betroffenen Person ein Gespräch. **Erörtere** dabei mögliche Risikofaktoren.

3.4.3 Wie hebe ich rückenschonend bei Arbeit und Sport?

- Du musst dich so dicht wie möglich an den Gegenstand heranstellen (Abb. 3-29).
- Bringe dich in eine stabile Ausgangsposition.
- Wichtig ist, dass du deine Füße hüftbreit aufstellst.
- Der Rücken muss gerade bleiben und die Muskulatur muss angespannt werden. Das heißt, gehe in die Knie und beuge dabei nur die Hüft- und Kniegelenke.
- Umfasse den Gegenstand mit gestreckten Armen.

Abb. 3-29: falsche (links) und richtige (rechts) Hebetechnik von schweren Gegenständen

- Spanne deine Bauchmuskulatur dabei an.
- Trage den Gegenstand körpernah.
- Halte den Oberkörper gerade.
- Schiebe dein Brustbein nach vorne und halte deinen Kopf geradeaus.
- Als letztes gehe beim Abstellen in die Knie und halte deinen Rücken gerade.

Aufgabe 3-16
Dein Partner soll eine Last (z. B. die Schultasche) regelgerecht anheben. **Beobachte** und **korrigiere** ihn nach obiger Checkliste.

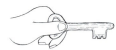

Schlüsselbegriffe
- Bandscheibe
- Bandscheibenvorfall
- Fußgewölbe
- Gelenkarten
- Gelenkverbindung
- Kniegelenk
- Passiver Bewegungsapparat
- Wirbelsäule

4 Der aktive Bewegungsapparat

In diesem Kapitel geht es um

- die Struktur und Funktion des Skelettmuskels.
- verschiedene Muskelfasertypen.
- den Muskelfaseraufbau und die Muskelfaseraktivität.
- den Skelettmuskel und seine Arbeitsweisen.
- die Muskelarbeit.
- verschiedene Kontraktionsarten.

Der menschliche Körper und sportliche Aktivität

Du hast im vorherigen Kapitel bereits den passiven Bewegungsapparat kennengelernt. Im folgenden Kapitel wirst du dich dem aktiven Bewegungsapparat widmen und verstehen lernen, wie Knochen, Gelenke und Muskulatur zusammenarbeiten.

Jede menschliche Bewegung, vom Blinzeln bis hin zum Marathonlauf, hängt von einem optimalen Zusammenspiel der Skelettmuskeln ab. Unabhängig davon, ob ein Gewichtheber versucht seine Hanteln zu stemmen oder eine Prima Ballerina eine Ballettfigur tanzt, körperliche Aktivität kann nur durch den Einsatz von Muskelkraft erreicht werden.

Zuerst wirst du die grundlegende *Anatomie* und *Physiologie* eines Muskels betrachten. Dann wirst du den Muskel in mikroskopischen Details genauer kennenlernen und anschließend kannst du Überlegungen anstellen, wie der Muskel während einer sportlichen Belastung funktioniert und wie die Kraftentwicklung zu erklären ist.

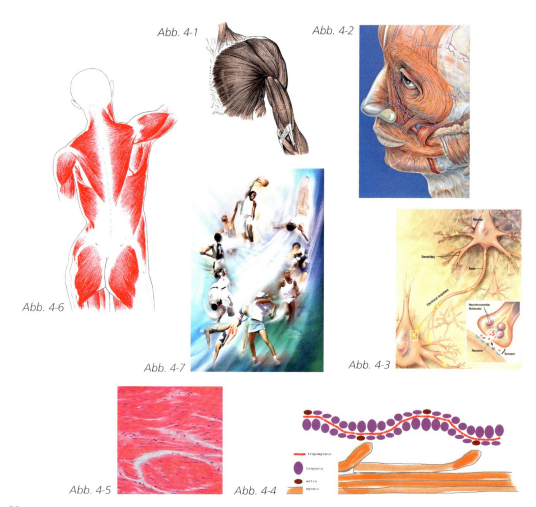

Abb. 4-1
Abb. 4-2
Abb. 4-6
Abb. 4-7
Abb. 4-3
Abb. 4-5
Abb. 4-4

Der aktive Bewegungsapparat

Der dreizehnjährige Tim wog gerade mal 50 kg, dennoch schaffte er es das Auto der Familie um wenige Zentimeter anzuheben, damit sein Vater befreit werden konnte. Was war geschehen? Tims Vater hatte das Auto aufgebockt, um die Räder zu wechseln. Er arbeitete unter dem Auto, als plötzlich einer der Stützböcke umkippte und Tims Vater eingeklemmt wurde. Er drohte zu ersticken. Der Achtklässler hob den Wagen so an, dass seine herbeigeeilte Mutter einen weiteren Wagenheber unter das Auto schieben konnte *(diese Geschichte lässt sich so oder so ähnlich im Internet finden ...)*.

Wie kann so ein kleiner Junge ein so großes Gewicht stemmen? Im folgenden Kapitel wirst du Informationen darüber erhalten wie es Tim gelingen konnte, so viel Muskelkraft zu entfalten, damit er das Leben seines Vaters retten konnte.

Der Bewegungsapparat ist das Gerüst des menschlichen Körpers. Wenn es diese Stützpfeiler nicht gäbe, könnte der Mensch nicht aufrecht stehen.[4-1]

- Der Körper wird vom Bewegungsapparat getragen, gestützt und zusammengehalten.
- Knochen, Knorpel und Gelenke sind die passiven Teile des Bewegungsapparates.
- Die Skelettmuskeln machen ihn aktiv.

4.1 Wie ist ein Skelettmuskel aufgebaut?

(Eine Zusammenstellung ausgewählter Skelettmuskel findest du unter www.theorie-im-schulsport.de)

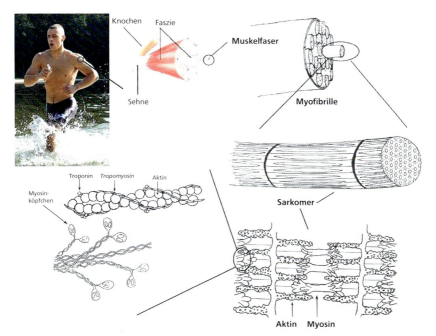

Abb. 4-8: Feinstruktur eines Muskels

Wenn du an **Muskeln** denkst, dann denkst du meist an einen Muskel als einzelne Einheit. Das erscheint auch sinnvoll, da ein Skelettmuskel von außen betrachtet als ein Gesamtgebilde zu agieren scheint. Jedoch ist die Funktionsweise eines Skelettmuskels deutlich komplexer.

Solltest du mal einen Muskel *sezieren*, würdest du als Erstes durch die äußere faserige weißlich erscheinende Bindegewebeschicht *Faszie* schneiden (Abb. 4-8). Sie umhüllt den gesamten Muskel und hält ihn zusammen. Wenn du diese Gewebeschicht durchtrennt hast, siehst du kleine **Faserbündel**. Diese Faserbündel sind eine Vereinigung von bis zu zwölf **Muskelfasern**. Letztendlich würdest du nach dem Durchschneiden dieser Gewebsschicht, wenn du ein Vergrößerungsgerät benutzen würdest, die einzelnen Muskelfasern erkennen, die man auch als einzelne Muskelzelle bezeichnet.

Unter dem Lichtmikroskop sehen diese einzelnen Muskelfasern gestreift aus. Durch diese Anordnung in einzelne **Kompartimente** kann die längste menschliche Muskelzelle bis zu 12 cm lang sein, was ca. 500 000 **Sarkomeren** entspricht.

4.2 Wie ist eine Muskelfaser aufgebaut?

Einzelne Muskelfasern sind aufgrund ihrer Größe von lediglich 10–80 Mikrometer (1 µm = 0,000001 m) mit dem bloßen Auge nicht zu sehen.

Das Ende der Muskelfaser geht in die Sehne über, die am Knochen ansetzt. Die Sehnen bestehen aus festem Bindegewebe, welches die Kraft der Muskeln auf den Knochen überträgt und somit Bewegung in den Gelenken entstehen lässt. So ist jede Muskelfaser über die Sehnen mit den Knochen verbunden.

Mit Hilfe eines Mikroskops ist zu erkennen, dass eine Muskelfaser, wie in Abbildung 4-9 dargestellt, aus immer kleiner werdenden Einheiten besteht. Die größte dieser Einheiten ist die *Myofibrille*, die du noch in einem folgenden Teil gesondert betrachten wirst. Zwischen diesen *Myofibrillen* befindet sich eine Gelatine ähnliche Flüssigkeit. Es beinhaltet gelöste Proteine, Mineralien, Fette und andere wichtige Substanzen, die für die Versorgung der Zellen notwendig sind.

Abb. 4-9: Lichtmikroskopisches Bild einer Muskelfaser

Jede einzelne Muskelfaser besteht aus mehreren hundert bis mehreren tausend *Myofibrillen*. Dies sind die kontraktilen (sich zusammenziehenden) Elemente des Skelettmuskels. Die *Myofibrillen* erscheinen unter dem Lichtmikroskop mit dem typischen Streifenmuster – den *Sarkomeren* (Abb. 4-9).

Der aktive Bewegungsapparat

- Eine einzelne Muskelzelle wird auch als Muskelfaser bezeichnet!
- Eine Muskelfaser besteht aus vielen Myofibrillen
- Die Sarkomere sind die kleinsten funktionalen Einheiten eines Muskels!

Aufgabe 4-1
Beschreibe den Aufbau eines Skelettmuskels.

4.2.1 Welche Muskelfasertypen gibt es?

Wenn unser Herz schlägt, wenn du atmest und wenn du irgendeinen Teil deines Körpers bewegst, sind Muskeln beteiligt. Der **aktive Bewegungsapparat** umfasst die gesamte Skelettmuskulatur, die durch Kontraktion die Knochen mit Sehnen, Sehnenscheiden und Schleimbeuteln in den Gelenken bewegen kann. Sportliches Handeln beinhaltet immer Bewegung und die Bewegung des Körpers wird durch die Aktivität der Muskeln ausgelöst. Die vielfältigen Funktionen unseres muskulären Systems werden von **drei Muskelfasertypen** bestimmt: den quergestreiften Muskelfasern (Abb. 4-10), den Herzmuskelfasern (Abb. 4-11) und den glatten Muskelfasern (Abb. 4-12).

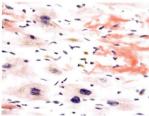
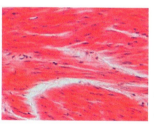

Quergestreifte Muskulatur — Herzmuskulatur — Glatte Muskulatur

Abb. 4-10
Abb. 4-11
Abb. 4-12

Normalerweise schenkst du nur den Muskeln Aufmerksamkeit, die du auch willkürlich kontrollieren kannst. Dies sind die **quergestreiften Skelettmuskeln**. Sie heißen so, weil sie ein typisches Bandenmuster haben. Die meisten sind am Knochenskelett befestigt, um einzelne Körperteile zu bewegen. Der menschliche Körper besitzt bis zu 600 Skelettmuskeln. Alleine der Daumen wird von 9 unterschiedlichen Muskeln bewegt.

Die **Herzmuskulatur** stellt eine **Sonderform der quergestreiften Muskulatur** dar. Sie findet sich, wie der Name schon vermuten lässt, nur im Herzmuskel wieder. Sie teilt sich einige Merkmale des Skelettmuskels aber wird genau wie die glatte Muskelfaser nicht willkürlich kontrolliert. Der Herzmuskel kontrolliert sich selbst und wird durch das Nervensystem feinjustiert.

Die **glatten Muskelfasern** werden auch als unwillkürliche Muskelfasern bezeichnet, da sie nicht direkt unserer willkürlichen Steuerung unterliegen. Sie befinden sich in den Wänden der Blutgefäße, damit sie sich je nach Bedarf weiten oder zusammenziehen können und somit den Blutfluss kontrollieren können. Ebenso finden sich glatte Muskelfasern in den meisten inneren Organen, damit diese sich zusammenziehen und ausdehnen können, um beispielsweise Nahrung durch den Darmtrakt zu transportieren, um Urin auszuscheiden oder um ein Kind auf die Welt zu bringen.

Für den Sport und für das Sporttreiben, liegt unser Hauptinteresse in der Betrachtung der Skelettmuskeln. Obwohl sich die anatomischen Strukturen der quergestreiften Muskulatur, der Herz- und Skelettmuskulatur etwas unterscheiden, sind die funktionalen Grundprinzipien dieselben.

4.2.2 Wie entsteht die Muskelfaseraktivität?

Die Abläufe, die dazu führen, dass sich eine Muskelfaser **kontrahiert** (sich zusammenzieht), sind sehr komplex. Diesen Mechanismus wirst du nun etwas genauer anschauen.

Jede Muskelfaser wird von einem sogenannten **Motoneuron** versorgt (innerviert) (vgl. Abb. 4-13). Der Prozess wird durch einen elektrischen Impuls vom Gehirn oder dem Rückenmark ausgelöst, der den Befehl zur Kontraktion darstellt. Ein einzelnes *Motoneuron* und alle davon versorgten Muskelfasern werden als

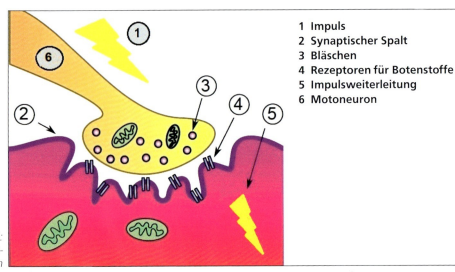

1 Impuls
2 Synaptischer Spalt
3 Bläschen
4 Rezeptoren für Botenstoffe
5 Impulsweiterleitung
6 Motoneuron

Abb. 4-13: Motoneuron

motorische Einheit bezeichnet. Das *Motoneuron* mit seinem Endköpfchen stellt die Schnittstelle zwischen der Muskulatur und dem Nervensystem dar.
Der Impuls erreicht das Motoneuron und führt dort zur Ausschüttung eines Botenstoffes (Abb. 4-13). Das *Motoneuron* ist durch einen dünnen Spalt, dem *synaptischen Spalt*, von der Muskelfaser getrennt. Der Botenstoff ermöglicht trotz des Spaltes die Übertragung des Impulses und führt zu einer Kontraktion des Muskels. Man spricht hier auch von einer elektrisch-chemischen Erregungsleitung.

Aufgabe 4-2
Nenne die Eigenschaften und die Funktionen der unterschiedlichen Muskelfasertypen.

Aufgabe 4-3
Beschreibe den Aufbau einer Motorischen Einheit und nenne deren Funktion.

Aufgabe 4-4
Erläutere den Mechanismus der Impulsübertragung am synaptischen Spalt.

4.3 Skelettmuskel und Bewegung

Nachdem du die Grundstrukturen und die **funktionalen Mechanismen** der Muskulatur kennengelernt hast, kannst du dir die Funktionsweise des Muskels während des sportlichen Trainings genauer anschauen. Deine Ausdauer und Geschwindigkeit während einer sportlichen Aktivität hängen sehr stark von der Fähigkeit des Muskels ab, Kraft zu entwickeln. Schau dir im Folgenden an, wie Muskeln dies schaffen.

4.3.1 Was sind Slow-Twitch- und Fast-Twitch-Muskelfasern?

Wie du bereits gelernt hast, sind nicht alle Muskelfasern gleich.
Ein einzelner Skelettmuskel besteht aus zwei Grundtypen, dem **hellen (weißen)** und dem **dunklen (roten) Muskelfasertyp**, die sich in einigen Eigenschaften unterscheiden (vgl. Tab. 4-2). Die roten Muskelfasern (auch Slow-Twitch- oder **ST-Fasern**) sind langsam kontrahierende Fasern. Diese sprechen auf Reize langsamer an, besitzen eine längere Kontraktionszeit, ermüden aber auch sehr viel langsamer. Die weißen Muskelfasern (auch Fast-Twitch- oder **FT-Fasern**) reagieren schneller auf Reize, sind deshalb schnell kontrahierende Fasern, die aber auch schneller als die ST-Fasern ermüden.

Der dritte Muskelfasertyp ist der **Intermediärtyp**, der mit seinen Eigenschaften zwischen dem hellen und dem dunklen Muskelfasertyp liegt.

Weltrekordler im Marathon besitzen 93% bis 99% ST-Fasern in ihren Wadenmuskeln. Weltklasse Sprinter jedoch haben nur ca. 25% ST-Fasern in diesem Muskel!

4.3.2 Hat der Fasertyp Einfluss auf den sportlichen Erfolg?

Abb. 4-14: Emil Zatopek

„Zum Sprinter wird man geboren, zum Läufer wird man gemacht!"
(Emil Zatopek, ehemaliger 10 000-m-Olympiasieger, Abb. 4-14)

Was sagt dir dieser Spruch? Ob ST- oder FT-Fasern bei dem einzelnen Sportler überwiegen, scheint weitgehend in den frühen Lebensjahren festgelegt zu werden, wahrscheinlich sogar bereits in den ersten Lebensjahren. Studien mit Zwillingen haben ergeben, dass die **Faserzusammensetzung** hauptsächlich genetisch vorgegeben ist. Der amerikanische Springer und Sprinter Carl Lewis soll 90% FT-Fasern gehabt haben. Im Gegensatz zum schnellen Muskelfasertyp, der jedoch kaum vermehrt werden kann, spricht vieles

Tab. 4-2: Eigenschaften der ST- und FT-Fasern

Eigenschaften	Slow-Twitch (ST)	Fast-Twitch (FT)
Ausdauer	+++	+
Mitochondrienanzahl	+++	+
Durchblutung	+++	+
Myoglobingehalt	+++	+
Fettspeicher	+++	+
Glykogenspeicher	+	+++
Phosphatspeicher	+	+++
Durchmesser	+	+++
Kontraktionszeit	+	+++
Kraft	+	+++

für die Möglichkeit der Umwandlung der FT-Fasern durch Ausdauertraining in ST-Fasern. Es scheint so, dass sich gerade dieser Fasertyp durch Training tendenziell in die eine oder andere Richtung beeinflussen lässt. Allerdings liegen hierzu noch zu wenige wissenschaftliche Untersuchungen vor.

Die Faserzusammensetzung alleine reicht aber nicht aus, um über Erfolg oder Misserfolg einer Sportlerkarriere zu urteilen. Andere Faktoren wie die Leistungsfähigkeit des Herz-Kreislaufsystems, Motivation, Talent, Trainingsumfänge und die Größe des Muskels tragen einen wesentlichen Anteil zur Fähigkeit der Kraft- und Geschwindigkeitsentfaltung bei (siehe auch Kap. 8).

- Die meisten Skelettmuskeln bestehen aus ST und FT Fasern!
- Die unterschiedlichen Fasern sind unterschiedlich schnell in ihrer Energiebereitstellung!
- ST Fasern sind für ausdauernde Belastungen geeignet!
- FT Fasern sind für schnelle, explosive Belastungen geeignet!

Aufgabe 4-5

Erläutere den Einfluss der Genetik auf die Muskelfaserzusammensetzung.

Aufgabe 4-6

Nenne die grundlegenden Eigenschaften von FT und ST Fasern.

Aufgabe 4-7

Stelle einen Bezug zwischen typischen Sportarten und der dazu benötigten Faserverteilung **her**.

4.4 Wie entsteht Muskelarbeit?

Du hast nun die unterschiedlichen Muskelfaserarten betrachtet. Du hast verstanden, dass alle Fasern mit *Motoneuronen* in Verbindung stehen. Wenn die *Motoneuronen* durch einen Nervenimpuls gereizt werden, werden sie aktiviert und können Kraft entwickeln. Jetzt kehrst du wieder zur Ausgangsfrage zurück und betrachtest, wie der gesamte Muskel funktioniert, um Bewegung zu produzieren. Alle 600 Muskeln im Körper unterscheiden sich in ihrer Größe, Form und Funktion. Jede Bewegung benötigt den Einsatz von Energie, die am Ende eine Muskelkraft erzeugt.

Dies wird erreicht durch den
- **Agonisten. Dies ist der für die Bewegung primär zuständige Muskel.**
- **Antagonisten. Dies ist der Gegenspieler zum primär zuständigen Muskel.**
- **Synergisten, der den primären Muskel unterstützt.**

Der menschliche Körper und sportliche Aktivität

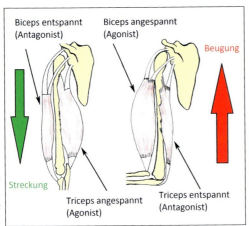

Abb. 4-15: Antagonist/ Agonist (Bizeps/ Trizeps)

Wie in Abbildung 4-15 zu sehen ist lässt sich der Arm beugen, indem sich der Bizeps **(Agonist)** verkürzt und dabei der Trizeps **(Antagonist)** gedehnt wird. Der Oberarmspeichenmuskel (lat. Brachioradialis, nicht in der Abbildung eingezeichnet) wird in diesem Fall als **Synergist** bezeichnet, da er das Beugen im Ellenbogengelenk unterstützt. Der Agonist produziert die meiste für die Bewegung benötigte Kraft und zieht die Knochen aufeinander zu. Der Synergist unterstützt und ermöglicht manchmal noch eine weitere Feinjustierung der Bewegung. Der Antagonist spielt eine schützende Rolle und verhindert ein Überdehnen der Muskeln. Diese gegensätzliche Spannung ist auch für die Entstehung des *Muskeltonus* zuständig.

4.4.1 Welche Arbeitsweisen der Muskulatur gibt es?

Die Kontraktionsformen bzw. Arbeitsweisen eines Muskels lassen sich in drei Typen einteilen (siehe Abb. 4-21):

- **Isometrisch (Statisch)**
- **Konzentrisch**
- **Exzentrisch**

Häufig überlagern sich beim Sport alle drei Kontraktionsformen, um eine geschmeidige und koordinierte Bewegung zu erreichen. Um eine gewisse Abgrenzung der drei Arbeitsweisen zu ermöglichen, werden diese im Folgenden genauer betrachtet.

4.4.2 Was zeichnet die isometrische Arbeitsweise aus?

Muskeln können auch Kraft entfalten, ohne sich zu bewegen und ihre Länge zu verändern. Dies wird als **statische** oder **isometrische** Arbeitsweise bezeichnet, da sich der Gelenkwinkel nicht ändert. Eine statische Arbeitsweise liegt vor, wenn du versuchst, einen Gegenstand hochzuheben, der schwerer ist als die dir zur Verfügung stehende Kraft oder wenn du an einer Reckstange versuchst, dein Gewicht

Der aktive Bewegungsapparat

zu halten. In beiden Fällen spürst du, wie sich deine Muskeln anspannen, aber sie können das Gewicht nicht bewegen, somit findet auch keine Verkürzung statt. Bei der statischen Arbeitsweise kommt es zu einer Aktin-Myosinbindung. Dies erzeugt eine Kraftentfaltung, allerdings ist die äußere Kraft so groß, dass keine Verschiebung der Aktinfilamente stattfindet. Wenn im weiteren Verlauf weitere motorische Einheiten rekrutiert werden können, kann eine statische Arbeitsweise in eine dynamische Arbeitsweise überwechseln.

Beispiel:
Eigengewicht halten

Hier wird haltend (statisch) gearbeitet. Bei dieser Arbeitsweise ist die Kraft, die der Muskel entwickelt (innere Kraft) der äußeren Kraft gleich. Der Muskel wird in den angespannten Zustand gebracht, jedoch bleibt die Muskellänge dabei konstant (Abb. 4-21).

Abb. 4-16

4.4.3 Was zeichnet die konzentrische Arbeitsweise aus?

Die grundlegende Fähigkeit eines Muskels, sich zu verkürzen, wird als **konzentrische** Arbeitsweise bezeichnet. Diese Eigenschaft der Verkürzung wurde bereits im vorangegangen Kapitel erläutert. Da hierbei im Endergebnis Gelenkbewegungen stattfinden, wird auch von einer **dynamischen** Arbeitsweise gesprochen.

Beispiel: Eine Kugel wegstoßen

Hier wird überwindend (konzentrisch) bzw. positiv-dynamisch gearbeitet. Bei dieser Arbeitsweise ist die Kraft, die der Muskel entwickelt (innere Kraft) größer als das Gewicht der Kugel (äußere Kraft). Die Muskulatur verkürzt sich bei dieser Arbeitsweise (Abb. 4-21).

Abb. 4-17

4.4.4 Was zeichnet die exzentrische Arbeitsweise aus?

Muskeln können Kraft entwickeln, während sie sich verlängern. Dies wird als **exzentrische** Arbeitsweise bezeichnet. Da Bewegung im Gelenk stattfindet, ist dies ebenfalls eine dynamische Arbeitsweise. Ein Beispiel hierfür wäre das Absenken des Unterarms mit einem schweren Gewicht in der Hand.

Abb. 4-18

**Beispiel:
Nach einem Sprung landen**

Hier wird nachgebend (exzentrisch) bzw. **negativ-dynamisch** gearbeitet. Bei dieser Arbeitsweise ist die Kraft, die der Muskel entwickelt (= innere Kraft) kleiner als die Kraft, die von außen wirkt. Der Muskel fängt das Körpergewicht ab und wird dabei gegen seinen Widerstand verlängert (Abb. 4-21).

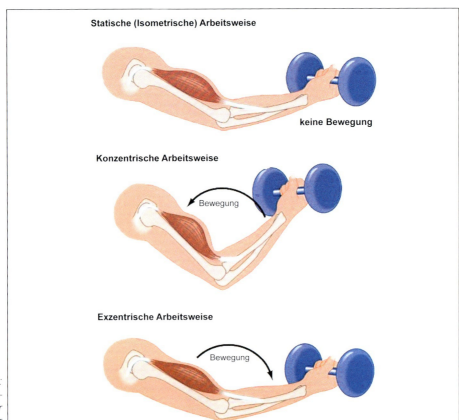

Abb. 4-19: Arbeitsweisen der Muskulatur

4.4.5 Wie entsteht Muskelkater?[4-2]

Jeder kennt das Gefühl – nach einer anstrengenden sportlichen Aktivität bekommt man spätestens am nächsten Tag schmerzende und steife Muskeln. Warum der **Muskelkater** meist erst ein oder zwei Tage nach einer intensiven Belastung entsteht, ist noch nicht vollständig geklärt. Allerdings

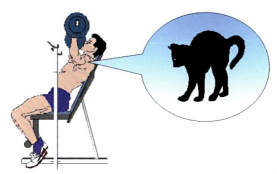

Abb. 4-20

gibt es einige Untersuchungsergebnisse der letzten Jahre, die dir helfen dieses Phänomen besser zu verstehen.

Du musst zwei Erscheinungsformen unterscheiden: Zum einen den Schmerz, der im Muskel während bzw. kurz nach einer intensiven Belastung entsteht und innerhalb weniger Minuten wieder abklingt. Hier wird vermutet, dass sich Stoffwechselendprodukte im Muskel ansammeln, die dann schnell wieder abgebaut und abtransportiert werden. Die zweite Erscheinungsform ist der **zeitlich verzögert** einsetzende Muskelschmerz.

Du wirst im Folgenden Erklärungsansätze zur zweiten Erscheinungsform kennenlernen. Gleichwohl muss dir klar sein, dass diese Theorien nach wie vor noch nicht endgültig belegt werden konnten. Fast alle aktuellen Theorien konzentrieren sich auf exzentrische Belastungsformen als Auslöser für den Muskelkater. Dies wurde durch Studien belegt, in denen die Beziehung zwischen auftretendem Muskelkater und konzentrischer, exzentrischer und statischer Belastung untersucht wurde. Diese Studien fanden heraus, dass eine Gruppe von Trainierenden, die ausschließlich **exzentrische** Übungsformen durchführte, erheblichen Muskelkater bekam, während Kontrollgruppen die konzentrische und statische Übungsformen durchführten, nur geringen Muskelkater bekamen. Diese Erkenntnisse wurden durch eine weitere Untersuchung bekräftigt, bei der Sportler an zwei unterschiedlichen Tagen je eine 45-minütige Trainingseinheit auf einem Laufband absolvieren mussten. Die Besonderheit hierbei war das eine Trainingseinheit auf ebener Lauffläche und die Folgeeinheit mit einem 10%-Gefälle durchgeführt wurde. Keiner der Probanden hatte nach der Einheit in der Ebene Muskelkater. Nach der „Bergab"-Einheit, die eine extensive (ausgedehnte) exzentrische Belastung darstellte, entstand innerhalb von 24 bis 48 Stunden Muskelkater.

Werden Muskeln mit Muskelkater mikroskopisch betrach-

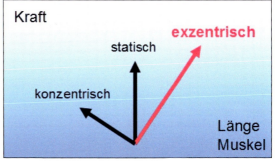

Abb. 4-21

tet, ist eine Veränderung in den Faserstrukturen feststellbar. Es ist daher davon auszugehen, dass die Muskelfaserstruktur bei exzentrischem Training kurzzeitig verletzt werden könnte.

Warum werden die Muskelstrukturen geschädigt?

Die Anwesenheit von bestimmten Muskel*enzymen* (Proteine die biochemische Reaktionen unterstützen) im Blut nach intensiven Belastungen zeigt, dass bestimmte Zellstrukturen geschädigt werden. Bei Messungen wurde ein Anstieg der Enzyme im Blut um das bis zu 10-fache des Normalwertes nach einer Trainingseinheit festgestellt. Weitergehende Untersuchungen von Gewebeproben von Marathonläufern haben gezeigt, dass Teile der Muskelfasern nach dem Training und nach dem Wettkampf geschädigt waren. Diese untersuchten Schädigungen gingen zeitlich genau einher mit dem subjektiven Schmerzempfinden der Sportler. Natürlich stellt sich die Frage, warum im Augenblick der Verletzung kein Schmerz verspürt wird. Der Grund ist einfach. Die Nervenendigungen liegen außerhalb der Muskelfasern im Bindegewebe. Nur wenn auch dort Risse entstehen, fühlt man sofort Schmerz. Anderenfalls müssen erst die beschädigten Strukturen in der Zelle abgebaut werden, die Spaltprodukte können die Schmerznerven nach dem Austritt unmittelbar reizen oder mittelbar dadurch, dass sie Wasser in die Zelle ziehen. Das führt über Zellschwellungen zu Gefäßeinengung; damit verschlechtert sich die Durchblutung, was ebenfalls Schmerz verursacht. **Muskelschmerz** führt außerdem zu einer *reflektorischen* Verspannung (Muskelhärte), die die Durchblutung weiter vermindert und so in einer Art Teufelskreis den Schmerz verstärkt.

Was kann man gegen Muskelkater tun?

Ist bei dir doch ein Muskelkater entstanden, dann solltest du schonende Maßnahmen ergreifen, die die Durchblutung der betroffenen Muskeln erhöhen. Sanfte

Abb. 4-22
Abb. 4-23

Der aktive Bewegungsapparat

Massagen, Saunabesuche und leichte Belastungen wie Schwimmen oder Gymnastik haben sich als positiv unterstützend für ein schnelleres Abklingen der Beschwerden gezeigt. Bei all diesen Aktivitäten wird der Muskel dabei unterstützt, Stoffwechselendprodukte abzutransportieren, was zu einer schnelleren **Regeneration** führt.

- Akuter Muskelkater entsteht zeitlich verzögert nach einer Belastung!
- Eine exzentrische Belastung der Muskulatur scheint hierfür die Hauptursache zu sein!
- Strukturelle Schädigungen der Muskeln sind zeitlich begrenzt und reversibel!
- Muskelkater kann durch eine Reduktion von exzentrischen Belastungskomponenten vermindert werden. Bei sportlich Ungeübten durch eine langsame Steigerung der Intensitäten!

Aufgabe 4-8
Charakterisiere die Abbildung 4-21.

Aufgabe 4-9
Stelle die Hypothesen zur Muskelkaterentstehung **dar**.

Aufgabe 4-10
Begründe die zeitliche Verzögerung der Schmerzempfindung beim Muskelkater.

Aufgabe 4-11
Nenne Regenerationsmöglichkeiten bei einem Muskelkater.

4.5 Wovon hängt die Kraftentfaltung eines Muskels ab?

Die Kraftfähigkeit deines Muskels spiegelt sich in der Fähigkeit wider, maximale Kraft zu entfalten. Doch wie entfaltet ein Muskel seine maximale Kraft?

> **Definition**
> Unter der Maximalkraft versteht man die größtmögliche Kraft, die dein Nerv-Muskel-System willkürlich gegen einen Widerstand auszuüben vermag (siehe auch Kap. 8.12, S. 196).

Der menschliche Körper und sportliche Aktivität

Wenn du die Kraft hast, 150 kg hochzuheben, sind deine Muskeln in der Lage, so viel Kraft zu entwickeln, diese 150 kg zu bewältigen. Aber auch wenn du keine Gewichte bewegst, müssen deine Muskeln immer noch genügend Kraft entwickeln, um deine Gelenke zu bewegen. Die Fähigkeit, Kraft zu entwickeln, hängt von vielen verschieden Faktoren ab, unter anderem von:

- der Anzahl der aktivierten *Motoneurone*.
- der Dicke des Muskels.
- der Ausgangslänge des Muskels vor der Aktivierung.
- dem Gelenkwinkel.
- der Geschwindigkeit der Muskelaktion.

Abb. 4-24

Diese einzelnen Faktoren werden im Folgenden genauer betrachten.

4.5.1 Welchen Einfluss haben die Motoneurone und die Muskelgröße auf die Kraftentfaltung?

Vorne hast du bereits die Funktionsweise der *Motoneurone* und der motorischen Einheit als die kleinste funktionelle Einheit eines Skelettmuskels kennen gelernt. Du hast dabei gelernt, dass

- ein Muskel mehr Kraft entwickeln kann wenn gleichzeitig möglichst viele Motoneurone aktiviert werden (siehe unten: autonom geschützte Reserven).
- FT-Motoneurone produzieren mehr Kraft als ST-Motoneurone, weil jede FT-Einheit mehr Muskelfasern aktiviert als eine ST-Einheit.
- dickere Muskeln können mehr Kraft entwickeln als kleine Muskeln.

Die autonom geschützten Reserven sind die Reserven, die der Körper gesondert geschützt bereithält, um im Notfall darauf zugreifen zu können. Dadurch werden lebenswichtige Funktionen aufrechterhalten. Dazu gehören z. B. Atmung, Gehirn und Herz-Kreislauf-System. Hierbei handelt es sich also um einen körpereigenen Schutz- und Kontrollmechanismus. In

Abb. 4-25

der Medizin geht man von einer Reserve von ca. 20 Prozent aus. Das heißt, dass du ohne Notsituation in der Regel nur 80% deiner Maximalkraft nutzen kannst. Deine autonom geschützten Reserven kannst du nur in (echter) Lebens-/Todesgefahr oder unter Drogeneinfluss (Doping) einsetzen. Vermutlich benötigten unsere Vorfahren diese autonom geschützte Reserve, um sich z. B. in lebensbedrohlichen Situationen zu retten (Abb. 4-25).

4.5.2 Wie verändert sich die Muskellänge?

Muskeln und ihr Bindegewebe sind elastische Strukturen. Wenn sie gedehnt werden, wird in diesen Strukturen Energie gespeichert, die dann in einer Folgebewegung abgegeben werden kann, was zu einer höheren Kraftentfaltung führt. Die **Muskellänge** ist durch anatomische Gegebenheiten vorgegeben. Normalerweise befindet sich ein ruhender Muskel in einem nur leichten Dehnungszustand **(Grundtonus)**. Messungen haben gezeigt, dass sich die Maximalkraft eines Muskels dann entwickelt, wenn der Muskel auf eine Länge von 120% des Ruhezustands gedehnt wird. Wenn der Muskel durch eine Belastung auf diese Länge gedehnt wird, kann die Kombination aus gespeicherter Energie und der Kraftentwicklung im Muskel in einer maximalen Leistung resultieren.

Abb. 4-26

Liegt die Dehnung des Muskels dagegen deutlich über oder unter 120% des Ruhezustands, reduziert sich die maximal mögliche Kraftentwicklung. Wird der Muskel zum Beispiel auf die zweifache Länge des Ruhezustands gedehnt, ist kaum mehr eine Kraftentwicklung möglich.

4.5.3 Welche Rolle spielt die Geschwindigkeit einer Muskelaktion?

Die Fähigkeit einer **maximalen Kraftentwicklung** hängt auch von der möglichen Geschwindigkeit der Muskelaktion ab. Während konzentrisch durchgeführten Belastungen reduziert sich die Maximalkraft kontinuierlich bei zunehmend höheren Geschwindigkeiten. Stell dir vor, du möchtest ein schweres Gewicht hochheben. Du wirst das Anheben des Gewichts langsam angehen und versuchen, kontinuierlich deine Maximalkraft aufzubauen. Wenn du versuchst, das Gewicht ruckartig hochzureißen, wird dir dies vermutlich nicht gelingen und du kannst dich dabei sogar noch im schlimmsten Fall verletzen. Bei einer exzentrischen Belastung ist jedoch das Gegenteil der Fall. Schnelle exzentrische Aktionen erlauben eine maximale Kraftentwicklung, wobei auch hier, vor allem bei weniger trainierten Personen, die Verletzungsgefahr berücksichtigt werden muss.

4.5.4 Welche Bedeutung hat der Gelenkwinkel?

Da Muskeln ihre Kraft über die Sehnen auf Knochen übertragen und dabei eine beträchtliche Hebelwirkung entsteht, ist es sehr wichtig dieses Zusammenspiel zu verstehen. Die Ansatzstelle der Bizepssehne ist ca. 6 cm vom Drehpunkt des Ellenbogengelenks entfernt (Abb. 4-27). Diese Ansatzstelle kannst du sogar an deinem Arm spüren. Strecke dazu deinen rechten Arm und drücke mit dem Daumen deiner linken Hand in die Ellenbogenbeuge. Wenn du nun den rechten Arm beugst, drückt die Bizepssehne gegen deinen Daumen.

Wird ein Gewicht von 5 kg (50 N) in der Hand (bei einem Erwachsenen ca. 35 cm vom Ellenbogengelenk entfernt) mit einem gebeugten Arm gehalten, muss der Bizeps eine Kraft von ca. 30 kg (korrekter 300 N) aufbringen.

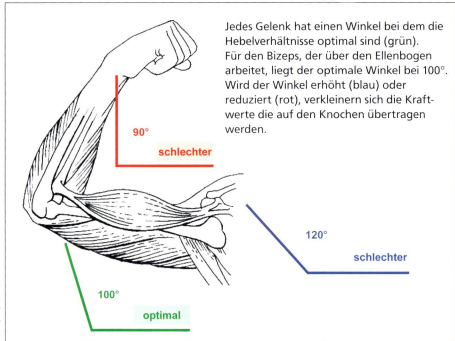

Jedes Gelenk hat einen Winkel bei dem die Hebelverhältnisse optimal sind (grün).
Für den Bizeps, der über den Ellenbogen arbeitet, liegt der optimale Winkel bei 100°. Wird der Winkel erhöht (blau) oder reduziert (rot), verkleinern sich die Kraftwerte die auf den Knochen übertragen werden.

Abb. 4-27: Gelenkwinkel (Bizeps/Oberarm/Unterarm)

So wie bei der **optimalen Muskellänge** kann ein **optimaler Gelenkwinkel** die entfaltbare Kraft die auf den Knochen übertragen werden kann maximieren. Dieser Winkel ist abhängig von der relativen Position der Ansatzstelle der Sehnen und der Last, die bewegt werden soll.

Aufgabe 4-12
Beschreibe den Zusammenhang zwischen Kraftentwicklung im Muskel und der Rekrutierung von FT und ST Fasern.

Aufgabe 4-13
Charakterisiere die drei Arbeitsweisen des Muskels und nenne jeweils Beispiele.

Aufgabe 4-14
Erläutere den Zusammenhang von der optimalen Länge eines Muskels und seiner maximalen Kraftentwicklung.

Aufgabe 4-15
Skizziere die Beziehung zwischen maximaler Kraftentwicklung und der Geschwindigkeit bei konzentrischer und exzentrischer Belastung.

- Muskeln die an einer Bewegung beteiligt sind werden in Agonist (primärer Beweger), Antagonist (Gegenspieler) oder Synergist (Unterstützer) eingeteilt!
- Es gibt drei Arbeitsweisen des Muskels: Die konzentrische, bei der sich der Muskel verkürzt. Die statische, bei der der Muskel Kraft entwickelt, aber der Gelenkwinkel gleich bleibt und die exzentrische, bei der sich der Muskel dehnt.
- Die Maximalkraft ist abhängig von der Anzahl der rekrutierten motorischen Einheiten!
- Die Maximalkraft kann gesteigert werden, indem der Muskel bei der Belastung auf 120% des Ruhezustands gedehnt wird.
- Die Kontraktionsgeschwindigkeit beeinflusst die maximale Kraftentwicklung. Bei konzentrischen Belastungen wird die maximale Kraft mit einer langsamen Kraftentwicklung erreicht. Je stärker sich die Kontraktionsgeschwindigkeit reduziert und sich in Richtung statische Arbeitsweise verschiebt, desto höher fällt die Kraftentwicklung aus. Bei exzentrischen Belastungen jedoch ermöglichen schnellere Muskelaktionen eine erhöhte Maximalkraft!
- Alle Gelenke haben einen optimalen Winkel bei dem die Kraftentfaltung der beteiligten Muskeln optimal ist!

Betrachte abschließend noch einmal die Geschichte von Tim von Seite 63. Du hast nun viele Informationen bekommen, wie deine Muskulatur aufgebaut ist und wie sich die Kraft in deiner Muskulatur entfaltet.

Abb. 4-28

Lässt sich Tims außergewöhnliche Leistung nun wirklich erklären?

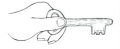

Schlüsselbegriffe
- dynamisch
- exzentrisch
- Fast-Twitch
- Gelenkwinkel
- konzentrisch
- Motorische Einheit
- Muskelfaser
- Myofibrille
- Slow-Twitch
- statisch

5 Kein Sport ohne Risiko!
Oder – Risiko: Kein Sport?

In diesem Kapitel geht es um

- typische Sportverletzungen.
- die Entstehung von Sportverletzungen.
- das richtigen Verhalten vor, während und nach Sportverletzungen.

Der menschliche Körper und sportliche Aktivität

„Kein Sport ohne Risiko" Ein altbekannter Spruch!
Du kannst dir beim Skifahren deinen Oberschenkel brechen oder beim Fußballspielen das Sprunggelenk verletzen. Ein Fitnesssportler kann durch falsche Übungsausführung einen Bandscheibenvorfall provozieren. Ein Reiter kann sich den Hals brechen, ein Tennisspieler sich eine *chronische* Ellenbogenerkrankung zuziehen, ein Läufer einen Riss der Achillessehne erleiden, usw. Das alles sind ganz normale sportliche Aktivitäten, die mit einem bestimmten Risiko verbunden sind. Ist Sport treiben deshalb gesundheitsschädlich?
„No Sports" ist die vielfach zitierte Antwort, die **Winston Churchill** angeblich einem Journalisten auf die Frage gegeben haben soll, wie er, als begeisterter Zigarrenraucher und Whiskyfan, sein hohes Alter erreicht habe.
Ist dies wirklich die bessere Alternative zum Sporttreiben?
Nein, denn fest steht, dass du durch regelmäßige sportliche Betätigung stärker, aktiver, klüger, attraktiver, gesünder, weniger gestresst sein kannst. Fest steht aber auch, dass du durch Bewegung und körperliche Aktivität immer ein Restrisiko trägst dich zu verletzen. Du wirst in diesem Kapitel einige typischen Sportverletzungen kennenlernen, einiges über deren Entstehung erfahren, lernen warum du Regeln im Sport beachten solltest und wie du dich im Falle einer Verletzungen verhalten solltest.

Abb. 5-5

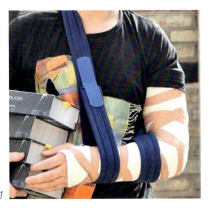

Abb. 5-1

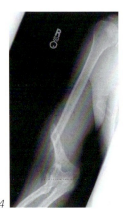

Abb. 5-4

Abb. 5-3

Abb. 5-2

Kein Sport ohne Risiko! – Oder – Risiko: Kein Sport?

5.1 Welche typischen Sportverletzungen gibt es?

Du denkst vielleicht, dass beim Sport hauptsächlich dein Rücken, deine Arme oder Beine verletzt werden können? Abhängig von der Sportart können auch alle möglichen anderen Körperteile wie Gesicht, Nacken, Kopf, Geschlechtsteile, Hände und Füße betroffen sein.

Solche Verletzungen können unterschiedliche Ursachen haben, z. B. Falsche Trainingsmethoden, schlechte Ausrüstung, schnelles Wachstum in der Pubertät oder auch einfach nur eine unglückliche Situation.

Es gibt im Allgemeinen zwei Typen von Sportverletzungen, die **traumatischen** Verletzungen und die **Überlastungsschäden**.

Abb. 5-6

Traumatische Verletzung	Überlastungsschäden
Akute traumatische Verletzungen entstehen in der Regel durch einzelne, **punktuelle Krafteinwirkungen** z. B. durch einen massiven Schlag gegen eine Körperpartie, der durch einen Gegenspieler verursacht wird.	Überlastungsschäden sind ein Ergebnis durch eine zu hohe Belastung, einer Fehlbelastung oder einer verminderten Belastbarkeit. Sie entstehen meist im **Laufe der Zeit** und können sich zu einer *chronischen* Verletzung entwickeln. Häufig liegt die Ursache in einer Überschreitung der Grenze zwischen Belastung und Belastbarkeit (Beanspruchung) des Körpers (vgl. 8.5).

- **Abschürfungen** – oberflächliche Hautverletzung.
- **Platzwunden** – ein Schnitt oder Riss.
- **Brüche** – Riss, Bruch oder Zertrümmerung des Knochens.
- **Prellung** – ausgelöst durch eine punktuelle Krafteinwirkung. Häufig verbunden mit einer Schwellung oder einer Einblutung in den Muskel oder anderem Körpergewebe.
- **Bänderzerrung** – ist eine Überdehnung der Kapsel-Bandanteile eines Gelenks. Die Bänder behalten aber ihre führende und stabilisierende Funktion. Auch hier kommt es zu einer Schwellung, einem Bluterguss und Schmerzen. Ist ein Band vollständig durchtrennt, spricht man von einem **Bänderriss**.

- **Ermüdungsbrüche** – entstehen durch eine übermäßige Belastung über einen langen Zeitraum.
- **Sehnenentzündungen** – *Tendinitis* (entzündliche Erkrankung) z. B. Tennisellenbogen, Golferellenbogen, Kalkschulter (Abb. 5-7).

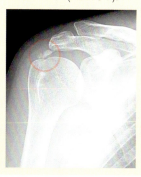

Abb. 5-7: Tendinitis im Schultergelenk

Traumatische Verletzung	Überlastungsschäden
• **Muskelzerrung** – Überdehnung des Muskels. • **Muskelfaserriss** – einzelne Muskelfasern reißen durch sehr große Krafteinwirkung. • **Muskelbündelriss** – ein komplettes Muskelbündel wird durch Stöße/Schläge auf einen gedehnten Muskel durchtrennt. • **Luxation** (Auskugeln): Wenn ein Gelenk vollständig entgegen der normalen Bewegungsrichtung ausgekugelt wird, spricht man von einer Luxation.	• *Epiphysitis* – Überbeanspruchungen der kindlichen Wachstumszonen. • *Apophysitis* – Schäden und Entzündung im Knochengewebe. Dies kann z. B. im Bereich des Achillessehnenansatzes im Fersenbein vorkommen. Häufig sind beide Füße betroffen. [Als Apophyse bezeichnet man übrigens Knochenvorsprünge für den Ansatz von Sehnen.]

Überlastungsschäden werden häufig nicht so ernst genommen wie akute Verletzungen. Vielleicht neigst du ja manchmal ebenfalls dazu, leichte Schmerzen im Handgelenk (vom vielen Spielen mit der Spielekonsole) oder ein, bei bestimmten Bewegungen schmerzendes Knie zu ignorieren. Aber nur weil eine Verletzung nicht so dramatisch erscheint, solltest du nicht davon ausgehen, dass sie unwichtig ist oder gar von alleine verschwinden wird. Ohne richtige Behandlung kann aus einer kleinen Verletzung eine *chronische* Verletzung werden, die sich häufig weiter verschlimmert und dann sehr viel schwerer zu behandeln ist.

Abb. 5-8

Aufgabe 5-1
Erläutere die zwei typischen Verletzungsformen des Muskelapparates im Sport.

Aufgabe 5-2
Diskutiere mit deinem Nebensitzer über Ursachen von Sportverletzungen, häufig betroffene Körperregionen und Häufungen bei bestimmten Sportarten.

Aufgabe 5-3
Finde mit Hilfe des Internets **heraus**, was der Unterschied zwischen einem Tennis- und einem Golferellenbogen ist.

5.2 Was ist eine Sprunggelenksverletzung?

Wie oben dargestellt ist eine Bänderzerrung im Sprunggelenk eine bei Sportlern, aber auch bei Nichtsportlern sehr häufig vorkommende Verletzung. Sie entsteht, wenn die Bänder, die den Knöchel stützen und führen, überdehnt werden oder reißen. Dies kann einerseits durch eine muskuläre Ermüdung entstehen oder aber auch durch eine plötzliche Lageveränderung des Fußes oder des ganzen Körpers. Das Landen auf dem Fuß eines Gegners oder eine plötzliche schnelle seitliche Stopp- bzw. Drehbewegung sind typische Bewegungsmuster, die zu einer Bänderverletzung führen können.

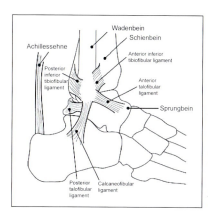

Abb. 5-9: Seitenansicht des oberen und unteren Sprunggelenks mit Bändern

Manche Sprunggelenksverletzungen heilen ohne spezielle Behandlung, andere können ernsthafter sein. Die Grenze zwischen Bänderzerrung und einfachem Bänderriss sind fließend. Eine genaue Diagnose ist daher meist schwierig. Bänder stabilisieren ein Gelenk (Abb. 5-9). Je schwerer die Verletzung, umso größer ist die Möglichkeit, das Gelenk aufzuklappen. Geübten Medizinern gelingt die Diagnose der Schwere der Bänderverletzung mit dem **Schubladentest**. Bei dieser Methode fixiert der Untersuchende die Ferse mit einer Hand und bewegt dann das Schienenbein vorsichtig gegen das Wadenbein. Liegt lediglich eine Zerrung des vorderen Außenbandes vor, ist keine Schubladenbewegung möglich. Dagegen kann der Fuß bei einem Riss deutlich gegenüber dem Schien- und Wadenbein nach vorne (bei liegendem Patienten nach oben) aus dem Gelenk geschoben werden. Da sich die normale Schubladenbewegung im oberen Sprunggelenk im gesunden Zustand von Mensch zu Mensch stark unterscheidet, ist es wichtig, die Untersuchung zuvor am gesunden Sprunggelenk des anderen Beins durchzuführen.

Mit **bildgebenden Verfahren** wie dem Röntgen, können vor allem knöcherne Verletzungen ausgeschlossen werden.

Die auftretenden *Hämatome* und Schmerzen müssen nicht immer mit der Schwere der Verletzung übereinstimmen. Bänderdehnungen schmerzen manchmal mehr als Risse und bilden große *Hämatome*. Selten, aber doch immerhin möglich, sind beim selben Unfallhergang *Frakturen*. Dabei reißen keine Bänder. Dagegen wird die Kraft auf das Wadenbein übertragen, welches dann brechen kann.

Man versucht mit **drei Stufen** den Schweregrad der Verletzung einzustufen.

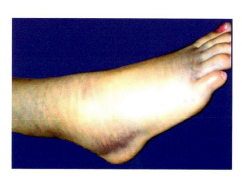

Abb. 5-10: Sprunggelenksverletzung, Grad 3, mit Schwellung und Bluterguss

Grad 1: Leicht gezerrte Bänder mit leichtem Schmerz und leichter punktueller Schwellung.

Grad 2: Mittlere Bänderzerrung. Bänder teilweise gerissen. Sprunggelenk zeigt eine Überbeweglichkeit. Schmerz und Schwellung halten länger an. Das Auftreten und Abrollen des Fußes ist nur unter großen Schmerzen möglich.

Grad 3: Schwere Bänderzerrung/Bänderriss. Bänder sind teilweise oder ganz gerissen. Sehr schmerzhafte großflächige Schwellung mit Blutergüssen (Abb. 5-10). Sprunggelenk ist stark überbeweglich. Das Auftreten und Abrollen des Fußes ist nicht mehr bzw. nur unter sehr großem Schmerz möglich.

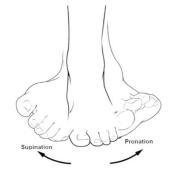

Abb. 5-11

Die häufigste Verletzung im Sprunggelenk entsteht durch das sogenannte *Supinationstrauma*. Es handelt sich hierbei um eine Verletzung, der Außenbänder, die durch eine Hebung des inneren Fußrandes (*Supination* und *Pronation*, Abb. 5-11) bei gleichzeitiger Krafteinwirkung entsteht (vgl. Kap. 1.2, Band 2).

5.2.1 Wie wird eine Sprunggelenksverletzung behandelt?

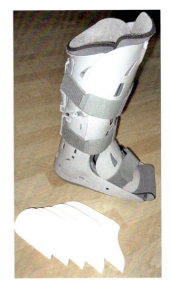

Umfangreiche klinische Studien haben gezeigt, dass eine **konservative Therapie** der operativen Variante häufig vorzuziehen ist. Die *konservative Therapie* besteht meistens aus dem Tragen von Bandagen und aus **Neuromuskulärem** Training (siehe S. 91). Dennoch kommt es häufig zu *chronischen* Knöchelbeschwerden, wodurch das Risiko einer erneuten Bandverletzung deutlich erhöht bleibt. Akute Knöchelverletzungen lassen sich sehr effektiv *physiotherapeutisch* durch intensive *Lymphdrainage* früh behandeln. Nachdem die Schwellung am Sprunggelenk abgeklungen ist, sollte eine Schiene getragen, sowie die Gewichtsbelastung nur schrittweise erhöht werden. Im weiteren Verlauf sind Übungen (*Neuromuskuläres* **Training** siehe 5.4), die die Muskelkoordination schulen und so den Muskel- und

Abb. 5-12: Beispiel für eine Unterschenkelorthese

Bandapparat um den Knöchel stabilisieren, wichtig und sehr zu empfehlen. Die Bewegungsintensität sollte an den Schmerz angepasst sein und unmittelbar, spätestens aber am 3. Tag wieder aufgenommen werden. Damit soll der Bewegungsumfang des Sprunggelenks wiederhergestellt und ein Verkleben des Gelenks vermieden werden. Ab der Frühphase sollte ein Tapeverband (Abb. 5-13) angelegt oder eine geeignete Sprunggelenksbandage getragen werden. Je nach Schweregrad kann nach 2–4 Wochen die Rückkehr ins Training bei ca. 80% Leistungsfähigkeit erreicht sein.

Abb. 5-13: Anlegen eines Tapeverbandes

Aufgabe 5-4
Erläutere die Entstehung von Bänderzerrungen im Sprunggelenk.

5.3 Welche Arten von Knieverletzungen gibt es?

Solltest du jemals eine Knieverletzung gehabt haben, weißt du, dass man für die meisten Sportarten gesunde Knie benötigt und dass eine Knieverletzung das Sitzen auf der Reservebank bedeutet.

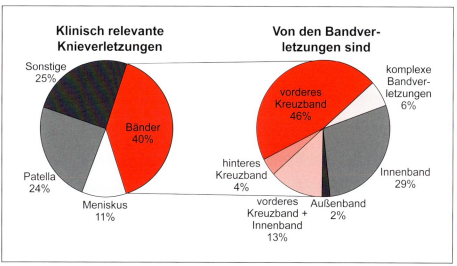

Abb. 5-14

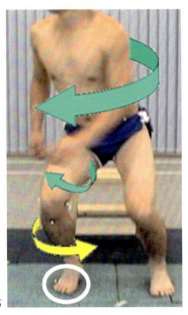

Abb. 5-15

Wie du obiger Abbildung entnehmen kannst, stellen die Bandverletzungen den überwiegenden Teil der Verletzungen im Knie dar. Die Kreuzbänder oder andere Bänder können gedehnt oder gezerrt werden, ein- oder durchreißen. Häufig entstehen kombinierte Verletzungen, die zum Beispiel das innere Seitenband nebst **Meniskus** oder Kreuzband betreffen. Als Unfallmechanismus kommen alle am Knie möglichen Bewegungen infrage, die es ruckartig und mit Wucht treffen, vor allem Drehen, Kippen, Strecken, Beugen. Das **vordere Kreuzband** wird häufig – und viel häufiger als das hintere – verletzt, meistens auch zusammen mit anderen Strukturen. Nach einem vorderen Kreuzbandriss hat der Oberschenkel mehr Spielraum, wenn er auf dem Unterschenkel gleitet. Daher kann es bei bestimmten Belastungen zu einem Schwächegefühl im Knie („Wackelknie" oder „Schublade") und später zu Schäden am Gelenkknorpel oder Meniskus kommen. Häufigster Verletzungsmechanismus ist eine Drehung über den fest stehendem Unterschenkel mit seitlicher Kippung im Knie (siehe Abb. 5-15). Das passiert häufig beim Ballsport, aber in „Nicht-Kontakt-Situationen", etwa bei plötzlichen Stopp-Bewegungen oder beim Aufsetzen nach einem Sprung, und bei Verletzungen im alpinen Ski-Sport.

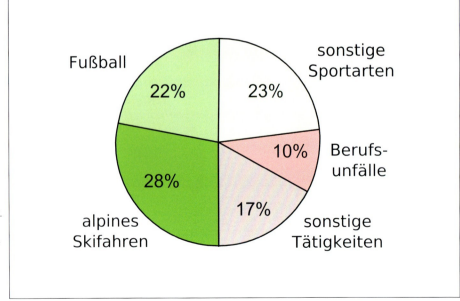

Abb. 5-16: Prozentuale Verteilung von Kreuzbandrissen bei verschiedenen Tätigkeiten in der Schweiz.

Ein **hinterer Kreuzbandriss** entsteht dagegen bei einem direktem Aufprall auf das gebeugte Knie. Das Innenband des Knies zieht auf der Innenseite vom Oberschenkelknochen zum Schienbein und ist sowohl mit der Gelenkkapsel als auch mit dem Innenmeniskus verwachsen (Abb. 3-20, S. 55). Das Außenband verläuft außen am Kniegelenk vom Oberschenkelknochen bis zum Wadenbein. Es hat keine Verbindungen zur Gelenkkapsel. **Inneres und äußeres Seitenband** – sie werden hier vereinfacht „Innen"- und „Außenband" genannt – stabilisieren das gestreckte Knie und bremsen die Drehung. Daher ist es einleuchtend, dass der häufigste Verletzungsmechanismus der Seitenbänder durch ein Verdrehen im Knie, verbunden mit einer seitlichen Kippstellung des Unterschenkels ausgelöst wird. Das passiert zum Beispiel häufig im Fußball (Abb. 5-16). Auch plötzliche starke Streck- oder Beugebewegungen oder eine Kniegelenkverdrehung durch einen schweren Sturz beim Skifahren sind typische Abläufe.

Die Menisken bzw. der Knorpel, die als Lastüberträger und Stabilisatoren im Knie wirken, werden ebenfalls häufig geschädigt. Diese Schädigungen entstehen allerdings unter verschiedenen Voraussetzungen. Zum Ersten durch Abnutzung durch langjährige Beanspruchung im Beruf (zum Beispiel bei Gärtnern, Fliesenlegern, Arbeitern im Bergbau), zum Zweiten bedingt durch ältere Verletzungen oder aber zum Dritten aufgrund einer akuten Verletzung, zum Beispiel beim Sport. Es kann den Meniskus indirekt treffen, etwa bei plötzlicher Überstreckung oder Beugung im Knie, sodass er im hinteren Bereich eingeklemmt wird. Bei zusätzlicher Drehung des Unterschenkels kann er im vorderen Bereich einreißen. Oder es kommt zu einer direkter Krafteinwirkung bei einer Gelenkverletzung, zum Beispiel bei einem Bruch. Erblich bedingte Form- oder Gewebeveränderungen des Meniskus, etwa ein *„Scheibenmeniskus"*, können Einklemmungen und Risse begünstigen. Wie bereits weiter vorne erwähnt entstehen häufig kombinierte Verletzungen des Meniskus, zum Beispiel ein Meniskus- und Kreuzbandriss. Der Auslöser ist meistens eine abrupte Drehbewegung des belasteten und gebeugten Kniegelenks. Ist der Meniskus vorgeschädigt, genügt eine annähernd normale Bewegung, um einen Riss zu verursachen. Es gibt verschiedene Formen von Meniskusrissen. Am bekanntesten ist der „Korbhenkelriss", ein ausgedehnter Längsriss, bei dem sich ein Teil des Meniskus weit nach innen verlagert (Abb. 5-18).

Abb. 5-17: Meniskus normal

Abb. 5-18: Meniskus mit Korbhenkelriss (siehe Pfeil)

5.4 Wie sind Gelenkverletzungen verhinderbar?

Machst du dir Sorgen du könntest dich beim Sporttreiben verletzten? Kein Problem, nachzudenken wie man Verletzungen vermeidet gehört ebenfalls zu jedem vernünftigen Sporttreiben dazu. Doch was kann man machen, um Verletzungen zu vermeiden?

Man kann vorbeugende Maßnahmen ergreifen, um das Verletzungsrisiko deutlich zu verringern. Diese vorbeugenden Maßnahmen nennt man **Prävention**. Prävention heißt, sich körperlich und geistig gut auf den Sport vorzubereiten.

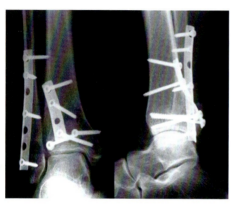

Abb. 5-19

Prävention heißt, die Regeln einer Sportart zu kennen und sie anzuwenden. Denn Regeln sind neben dem Ziel, einen geordneten Spielablauf zu gewährleisten und Chancengleichheit zu erreichen, auch entwickelt worden, Verletzungen zu verhindern.
Weitere vorbeugende Maßnahmen sind die Verwendung der richtigen Ausrüstung, ein geeignetes Aufwärmprogramm durchzuführen.
Nun kommst du vom Training mit deiner Mannschaft zurück, hast dich an das oben Aufgeführte gehalten und hast dich trotzdem verletzt? Mach dir keine Sorgen, denn das ist nicht das Ende der Welt – sondern auch gleichzeitig der Anfang des Heilungsprozesses.

Es ist leider unmöglich Gelenkverletzungen im Sport zu verhindern, aber jeder kann einige Vorsichtsmaßnahmen ergreifen, um die Gefahr der Verletzung zu reduzieren. Vorsichtsmaßnahmen können z. B. eine gut ausgebildete Muskulatur, gute Koordinationsfähigkeiten sowie ein der sportlichen Aktivität angemessener Trainingszustand sein.

Wie in der Einleitung erwähnt, wird in diesem Zusammenhang häufig von Verletzungsprävention gesprochen. Dies kann durch *Neuromuskuläres* Training erreicht werden. *Neuromuskuläres Training* ist der Schlüssel für stabile Gelenke. Die *neuromuskuläre* Kontrolle ist eine unbewusste Reaktion der Gelenkbewegungen. Mit diesem Mechanismus reagierst du permanent, wenn du auf unebenem Untergrund läufst oder wenn du dein Gewicht in unterschiedlichen sportlichen Situationen verlagerst. Die neuromuskulären Informationen beinhalten deine Fähigkeit Gelenkstellungen, Bewegungsrichtungen, Bewegungsgeschwindigkeiten und Bewegungsintensität wahrzunehmen. Ein Gelenk, welches über einen hohen Grad an neuromuskulärer Kontrolle verfügt, reagiert sehr viel besser auf die variierenden Kräfte, die während einer sportlichen Betätigung auftreten können. Daraus resultiert eine deutlich reduzierte Verletzungswahrscheinlichkeit. Deshalb ist es das Ziel von *Neuromuskulärem* Training die Muskeln und Gelenke so zu trainieren, dass sie schädlichen bzw. verletzungsgefährdenden Bewegungen im Vorfeld entgegenwirken können. Untersuchungen haben ergeben, dass Patienten die an einem *Neuromuskulären* Training nach einer Verletzung teilnahmen, deutlich bessere Muskelaktivierungsfähigkeiten und Anpassungsfähigkeiten an Bewegungsaufgaben in unebenem Gelände hatten als Patienten die kein spezielles *Neuromuskuläres* Training durchführten.

Neuromuskuläres Training

Die folgenden Bewegungsaufgaben sollen dir beispielhaft zeigen wie du mit Hilfe von Wackelbrettern, Schaumstoffquadern oder anderen Trainingsgeräten (z. B. Weichbodenmatten, Koordinationsleitern, Softbällen etc.) ein *Neuromuskuläres* Training gestalten kannst. Diese Übungen sollten langsam gesteigert werden und mit einem passenden, abwechslungsreichen Kräftigungsprogramm ergänzt werden. Rollbretter, Wackelbretter und Gummimatten sind bestens für neuromuskuläres Training geeignet und machen auch noch Spaß (Abb. 5-20).

Abb. 5-20

- Einbeinig Balance halten. Versuche auf einem Schaumstoffkeil, Matte etc. 10–30 Sekunden völlig ruhig zu stehen.
- Balance halten wie oben, nur mit geschlossenen Augen.
- Balance halten (einbeinig/beidbeinig) auf Wackelbrett, Schaumstoffmatte etc. und dabei Bälle fangen und zum Partner werfen.
- Kniebeugen (einbeinig/beidbeinig) auf Wackelbrett etc.
- Aufsteigen auf ein erhöhtes Wackelbrett.
- Heruntersteigen von einem erhöhten Wackelbrett.
- Sidesteps von, auf und über das Wackelbrett.
- Einbeiniges Zielhüpfen auf Wackelbrett.

Der menschliche Körper und sportliche Aktivität

Darüber hinaus solltest du vor deiner Trainingseinheit folgende Tipps befolgen:
- Du solltest dich vor jeder sportlichen Aktivität gut aufwärmen.
- Sei besonders achtsam wenn du auf unebenen Untergrund läufst.
- Übertreibe es nicht! (Abb. 5-21) Wenn du muskulär ermüdest, steigt die Wahrscheinlichkeit dich zu verletzen. Mach langsamer oder höre mit der sportlichen Aktivität auf.
- Wenn du schon mal eine Bänderverletzung hattest, sollte diese völlig auskuriert sein bevor du dich wieder zu 100% belastest.
- Tape oder spezielle Gelenkbandagen können evtl. nützlich sein wenn du häufiger Probleme im Sprunggelenk hast (siehe Abb. 5-13).
- Besorge dir gute Schuhe, die für die jeweilige Sportart entwickelt wurden. Mit Joggingschuhen Basketball zu spielen ist gefährlich!

Abb.

Aufgabe 5-5

Erläutere den Entstehungsmechanismus von einem „Schubladenknie"?

Aufgabe 5-6

Nenne Beispiele von Sportarten, bei denen es häufig zu Kniegelenksverletzungen/-schäden kommt.

Aufgabe 5-7

Stelle die Entstehung einer typischen Seitenbandverletzung im Knie dar.

Aufgabe 5-8

Erläutere die Wirkung von neuromuskulärem Training.

5.5 Wie verhältst du dich in einer Unfallsituation?

Was machst du wenn du in der Sporthalle, auf dem Pausenhof oder mit Freunden unterwegs bist und es passiert ein Unfall? Stell dir vor du bist beim Skifahren und einer deiner Freunde ist schwer gestürzt und braucht dringend Hilfe, deine Lehrer oder Trainer stehen jedoch nicht sofort zur Verfügung!

Kein Sport ohne Risiko! – Oder – Risiko: Kein Sport?

Am besten du reagierst wie ein **HELD!**

Abb. 5-22

Hilfe rufen/Notruf richtig absetzen:
Dann musst du auf jeden Fall immer wissen wen man im Notfall anrufen kann. Mit der 112 kann man in ganz Europa die zuständigen Organisationen wie Polizei, Rettungsdienst oder Feuerwehr alarmieren. Die Leitstellen sollten dann in der Lage sein, Notrufe in verschiedenen Sprachen zu bearbeiten.
Dabei solltest du unbedingt die „**5 W-Fragen**" berücksichtigen. Das sind die fünf Fragen, die man sich vor einem Notruf überlegen sollte, damit man für die Retter alle nötigen Angaben machen kann.

Die 5 W-Fragen
1. Wo ist es passiert?
2. Was ist passiert?
3. Wie viele verletzte Personen?
4. Welche Verletzungen haben diese Personen?
5. Warten auf Rückfragen, also nicht sofort auflegen!

Ermutigen/Trösten
Erst mal ist es wichtig die Situation durch Ruhe und umsichtiges Handeln zu erfassen. Du solltest den Verletzten ermutigen und absichern.

Lebenswichtige Funktionen kontrollieren.

Decke unterlegen/zudecken.

5.6 Welche Erstmaßnahmen musst du bei einer Verletzung beachten?

Bei nahezu jeder Sportverletzung kannst du durch schnelles Handeln nach dem sogenannten **PECH**-Schema, dir oder deinen Freunden sofort helfen.

Pause

Höre sofort mit dem Sport auf. Der verletzte Bereich sollte ruhig gestellt werden. Eine direkte Untersuchung ist meist schwierig, da durch Schwellung und Schmerzen der verletzte Bereich sehr empfindlich ist. Das Ausmaß der Verletzung zeigt sich meist erst in den ersten Tagen nach der Verletzung.

Eis

Eine direkte Eisanwendung kann den Heilungsverlauf günstig beeinflussen. Durch die Kälteanwendung kommt es zu einer Verengung der Blutgefäße, was das Ausmaß der Einblutung und Schwellung reduziert. Weiterhin wird durch Kühlung der Stoffwechsel verlangsamt, was zu einer Verminderung des Gewebeschadens führt. Zuletzt wirkt Kälte schmerzlindernd. Zu beachten ist jedoch, dass du das Eis nie direkt auf die Haut legen darfst, da hierdurch Kälteschäden verursacht werden können. Immer zuerst die Stelle mit einem Tuch abdecken oder mit ein paar Lagen einer Kompressionsbinde umwickeln. Dann die Kühlpackung auflegen und mit einer Kompressions- oder einer Elastikbinde fixieren. Falls kein Eis zu Verfügung steht kann problemlos auch mit kalten Umschlägen gekühlt werden. Gut eignen sich auch sogenannte Eispacks. Das sind Plastikbeutel, die aus einem dickflüssigen Gel gefüllt sind und sich gut „für den Notfall" im Tiefkühlfach deponieren lassen.

C(K)ompression

Um ein übermäßiges Anschwellen des verletzten Bereichs zu verhindern, sollte nach oder noch während der Eisanwendung ein Kompressionsverband angelegt werden. Es sollte jedoch nur ein mäßiger Druck ausgeübt werden, damit eine gute Durchblutung gewährleistet ist. Bei bläulicher Verfärbung des Fußes muss der Verband sofort gelöst werden.

Hochlagen

Durch Hochlagern des verletzten Bereichs wird der Rückfluss des Blutes und der Schwellflüssigkeit erleichtert. Zum Beispiel sollte bei Verletzung des Fußes dieser innerhalb der ersten 48 Stunden komplett hochgelagert werden. Der Fuß sollte bis zum kompletten Abschwellen weiterhin regelmäßig hochgelagert werden.

Nach diesen Erstmaßnahmen sollte ein Arzt für weitere Untersuchungen aufgesucht werden. Diese Verhaltensregeln gelten wie oben beschrieben als Erstmaßnahmen in allen Verletzungssituationen.

5.7 Wie verhältst du dich nach einer Verletzung?

Die weit verbreitete Meinung, dass man sich bzw. das verletzte Körperteil möglichst schonen und wenig bis gar nicht belasten darf, ist überholt. Bewegung ist ein wichtiger Aspekt bei fast allen Sportverletzungen. Nach der ärztlichen Diagnose sollte ein schneller Behandlungsplan entstehen, der in der Regel die Unterstützung durch einen *Physiotherapeuten* vorsieht. Neben den direkten Behandlungen durch einen *Physiotherapeuten* solltest du spezifische **Kräftigungs- und Beweglichkeitsübungen,** die eine beschleunigte Regeneration unterstützen, durchführen. Die gesetzmäßig ablaufenden Phasen der Gewebsheilung bieten einen guten Anhaltspunkt, um für sich festzulegen welche Verhaltensweise sinnvoll ist.

Phase I	(Tag 0–5)	Bei dieser Phase der Gewebsheilung steht die Kontrolle der Entzündungsreaktion mit der bestmöglichen Verhinderung von Verklebungen und eine optimale Schmerztherapie im Vordergrund. Bereits in dieser Phase kann Augenmerk auf den Funktionserhalt der nicht verletzten Struktur gelegt werden. Ruhigstellung, Kältetherapie, Kompression, Hochlagerung, Medikamentengabe und leichte manuelle Methoden (z. B. *Lymphdrainage*) sind hier entscheidend.
Phase II	(Tag 5–21)	In der zweiten Phase gibt es folgende Rehabilitationsziele: Stimulation von Muskeln und Bindegewebe, Erarbeitung einer entsprechenden Gelenksbeweglichkeit mithilfe angepasster Belastung. Freilich werden diese Vorgaben weiterhin von einer optimalen Schmerztherapie begleitet. Die Gewebsheilung wird durch Elektrotherapie und Ultraschall unterstützt. Schwellungen werden durch diverse Maßnahmen kontrolliert. Eine Beweglichkeitsverbesserung wird mittels Bewegungsschiene und zunehmend aktive Bewegungsübungen (hier können bereits sportartspezifische Bewegungsmuster herangezogen werden) erreicht. Ein Unterwassertherapiebecken bewährt sich durch verschiedene Eintauchtiefen, da die Belastung der verletzten Struktur sehr gut reguliert werden kann. Die Knochenheilung kann durch medizinische Geräte die elektromagnetische Felder erzeugen unterstützt werden.

Abb. 5-23

Phase III	(Tag 21–60)	In dieser Phase kann die Belastbarkeit weiter erhöht werden. Nach sechs bis zehn Wochen kann von einer Zugbelastung des Bindegewebes von 60 Prozent eines intakten Gewebes ausgegangen werden. Belastungen des täglichen Lebens sollten schmerzfrei bewältigbar sein. Mithilfe konsequenter Übungen und zunehmender Belastung sollten alle Komponenten des aktiven und passiven Bewegungsapparates gestärkt werden. Im Krafttraining wird zunächst auf die Kraftausdauer abgezielt (vgl. Kap. 8.14). Unter Beachtung fehlender Schmerz- oder Schwellungsprovokation wird die Kraftbelastung zunehmend gesteigert. Das neuromuskuläre Training sollte einen fließenden Übergang zu sportartspezifischen Bewegungsmustern darstellen.
Phase IV	(ab Tag 61)	Mit fortschreitender Belastbarkeit wird die Bewegungstherapie zunehmend wichtig. Die betroffene Struktur wird durch systematisches Training auf die sportartspezifischen Belastungen vorbereitet. In dieser Phase ist ein fließender Übergang in das sportarztspezifische Training und schließlich in den sportlichen Wettkampf zu planen.

Schlussendlich können sportartspezifische Leistungstests den Erfolg der gesamten Versorgungskette von der Akutversorgung bis zum Abschluss deiner **Rehabilitation** überprüfen. Danach kannst du hoffentlich wieder uneingeschränkt deinem Sport nachgehen und ohne weiteren Verletzungen deinen Spaß haben.

Aufgabe 5-9
Erkläre wie du dich bei Unfällen in den jeweiligen Situationen richtig verhältst.

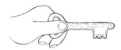

Schlüsselbegriffe
- Chronische Verletzung
- Held
- Kreuzbänder
- Neuromuskuläres Training
- Pech
- Prävention
- Schubkarrentest
- Trauma
- Überbelastungsschaden

6 Die Reaktionen des menschlichen Körpers auf sportliche Belastungen und Umwelteinflüsse

In diesem Kapitel geht es um

- Thermoregulation und sportliches Training.
- Auswirkungen von Hitze und Kälte auf den Sportler.

Der menschliche Körper und sportliche Aktivität

In Kapitel 4 hast du die Funktionsweise der Muskulatur kennen gelernt. In diesem Kapitel wirst du erfahren, wie der Körper auf sportliche Belastung und auf Umwelteinflüsse während des Trainings reagiert. Du wirst die grundlegende Funktionsweise der **Thermoregulation** und die damit verbundenen Reaktionen des Körpers auf Hitze und Kälte anschauen. Abschließend kannst du dich über die Ursachen für die teilweise unangenehmen Begleiterscheinungen von Seitenstechen informieren.

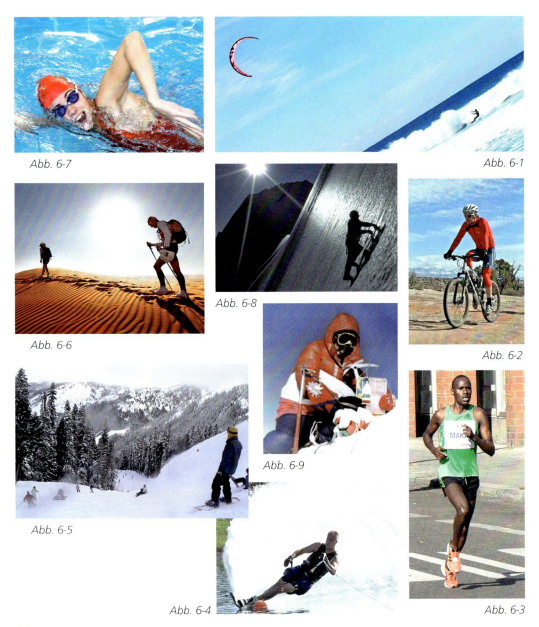

Abb. 6-7

Abb. 6-1

Abb. 6-8

Abb. 6-6

Abb. 6-2

Abb. 6-9

Abb. 6-5

Abb. 6-4

Abb. 6-3

Wie reagiert der Körper auf sportliche Belastung und Umwelteinflüsse?

An einem schönen klaren Junitag begab sich der ambitionierte Hobbymarathonläufer Fritz B. an die Startlinie für den 29ten Swiss Alpine Marathon. Der Streckenverlauf war ziemlich herausfordernd und es war ein recht warmer Tag. Gleich nach dem Start ging es zwei Kilometer bergauf, gefolgt von weiteren hügeligen Abschnitten. Obwohl Fritz B. sich

Abb. 6-10

auf den Lauf langfristig vorbereitet hatte, beging er einen typischen Fehler. Er wollte seine persönliche Bestzeit unbedingt überbieten. Dazu musste er schneller laufen als in der Wettkampfvorbereitung. Als Fritz B. an einer Wasserversorgungsstelle vorbei kam, gelang es ihm im Trubel der anderen Läufer nicht, einen Becher mit Wasser zu ergattern. Während manche Läufer einen steilen Streckenabschnitt überwiegend gehend bewältigten, zwang sich Fritz B. zu laufen, um seinen Zeitplan einhalten zu können. Nach Erreichen eines Gipfels führten die Kombination aus der höheren Geschwindigkeit, des Wassermangels und der Umwelteinflüsse zu einer kritisch erhöhten Körpertemperatur. Der stolpernde, aschfahle und benommen wirkende Fritz B. musste schließlich drei Kilometer vor dem Ziel das Rennen enttäuscht abbrechen! Was war hier schief gelaufen?

Sehr häufig wird Stress, der durch körperliche Belastung entsteht, durch Umwelteinflüsse wie Hitze oder Kälte verstärkt. Diese Zusatzbelastung stellt höhere Anforderungen an die Mechanismen, die für die Kontrolle der Körpertemperatur zuständig sind. Unter normalen Bedingungen sind diese Mechanismen in ihrer

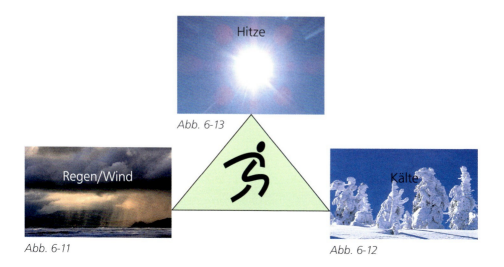

Abb. 6-13

Abb. 6-11

Abb. 6-12

Kontrollfunktion überraschend effektiv. Zusätzlich hat unser Körper die Fähigkeit bei länger anhaltenden extremen Umwelteinflüssen eine gewisse Anpassung zu erfahren und somit die Einflüsse der Umweltfaktoren abzumildern. Im Folgenden wirst du dich mit den *physiologischen* Reaktionen des Körpers auf extreme Umwelteinflüsse beschäftigen und erfahren, wie körperliche Beeinträchtigungen durch diese Einflüsse beim Sporttreiben vermieden werden können.

6.1 Welche Mechanismen der Körpertemperaturregulation gibt es?

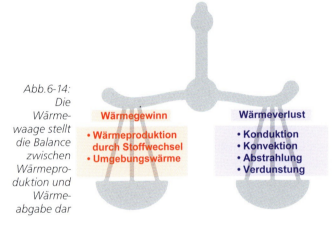

Abb.6-14: Die Wärmewaage stellt die Balance zwischen Wärmeproduktion und Wärmeabgabe dar

Menschen sind gleichwarm *(homoiotherm)*, d. h. die Körpertemperatur wird das gesamte Leben auf einem Niveau gehalten. Obwohl deine Körpertemperatur von Tag zu Tag, sogar von Stunde zu Stunde variiert, liegen diese Verschiebungen bei maximal 1,0° Celsius. Nur bei extrem langer körperlicher Belastung, Krankheit, oder extremen Umweltbedingungen kann die Körpertemperatur stärker schwanken. Die Körpertemperatur spiegelt eine sensible Balance zwischen Wärmeproduktion und Wärmeabgabe wieder. Wenn diese Balance gestört wird, ändert sich auch die Körpertemperatur. Ein großer Teil der Energie, die dein Körper erzeugt, wird in Wärme umgewandelt. Alle aktiven Körpergewebe produzieren Wärme, die genutzt wird um die Körpertemperatur konstant zu halten. Um eine konstante Körpertemperatur aufrechtzuerhalten, muss der Körper in der Lage sein, die durch Stoffwechselabläufe produzierte Wärme und deren Abgabe an die Umwelt zu kontrollieren. Wie der Körper diese schwierige Aufgabe meistert, wirst du im folgenden Kapitel lernen.

6.2 Wie kann der Körper Wärme abgeben?

Um Wärme aus dem Körperinneren an die Umgebung abgeben zu können, muss die Wärme aus den Körperkernbereichen mit dem Blut in die Außenbereiche transportiert werden. Die Wärme wird dann durch **Konduktion, Konvektion, Abstrahlung** und **Verdunstung** abgeleitet.

6.2.1 Was ist Konduktion und Konvektion?

Ein Mechanismus, mit dem der Körper seine Wärme regulieren kann, ist die Wärmeleitung. Bei der Wärmeleitung unterscheidet man zwischen Konduktion und Konvektion (Abb. 6-15).

Wärmeabgabe durch *Konduktion* bedeutet, dass Wärme durch direkten Kontakt von einem Material zum anderen abgeleitet wird. Als Beispiel dient die Wärme die im Kernbereich des Körpers gebildet wird und durch die verschiedenen Gewebe bis zur Hautoberfläche abgeleitet wird.

Konvektion auf der anderen Seite beinhaltet die Ableitung von Wärme von einem Ort zum anderen durch die Bewegung von Gasen oder Flüssigkeiten über die erwärmte Oberfläche. Dieser Vorgang der *Konvektion* ist dir beim Menschen unter dem Begriff „schwitzen" bekannt. Auch wenn du dir diesen Zusammenhang nicht immer bewusst machst, die Luft um dich herum befindet sich in ständiger Bewegung. Während dieses Zirkulierens erwärmen sich die Luftmoleküle beim Kontakt mit der Haut. Je stärker die Luftzirkulation, desto stärker der Wärmeabtransport. Solange die Lufttemperatur niedriger als die Körpertemperatur ist, findet durch Konduktion- und Konvektionsprozesse ein ständiger Wärmeabtransport statt. Die Größenordnung des Wärmeabtransports dieser beiden Prozesse liegt sowohl bei körperlicher Aktivität, als auch in Ruhe bei nur ca. 10%–20%. Im Wasser jedoch steigert sich dieser Wert um den Faktor 25 (vgl. Tab. 6-1).[6-2, 313]

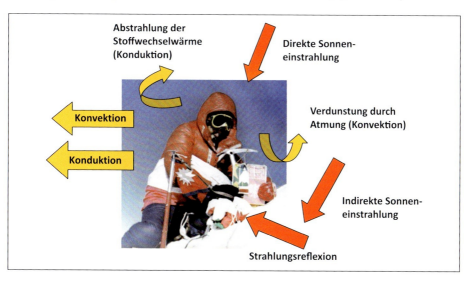

Abb. 6-15: Zusammenspiel von Stoffwechselprozessen und Umwelteinflüssen bei der Temperaturregulation

6.2.2 Was versteht man unter Abstrahlung?

Die **Wärmeabstrahlung** ist die wichtigste Methode des Körpers, um überschüssige Energie abzugeben. Bei normaler Raumtemperatur von ca. 19–21 Grad Celsius gibt dein nackter Körper ca. 60% seiner überschüssigen Wärme in Form von

Wärmeabstrahlung ab. Diese Wärme wird in Form von Infrarotstrahlen abgegeben. Das sind elektromagnetische Wellen. Dein Körper gibt permanent Wärme in alle Richtungen ab und erwärmt damit Kleidung, Möbel oder andere Gegenstände, kann aber auch Strahlungswärme von bestimmten warmen Objekten aus der Nähe aufnehmen. Einen großen Anteil dieser Strahlungswärme erhält der Körper, wenn man sich der Sonne aussetzt.

Abb. 6-16: Normale Fotografie und Infrarotaufnahme

Einige Materialien sind für Infrarotstrahlung durchlässig (Plastiktüte). Andere Materialien sind zwar für das sichtbare Licht durchlässig, reflektieren aber die Infrarotstrahlung (Brillengläser).

Wenn du körperlich aktiv bist (z. B. im Sport), spielt der Wärmeaustausch durch Wärmeabstrahlung mit einem Anteil von etwa 5–15% nicht mehr die Hauptrolle bei deiner Wärmeregulation (Tab. 6-1).[6-3]

6.2.3 Wie funktioniert der Verdunstungsmechanismus?

Der Verdunstungsmechanismus ist der wichtigste Mechanismus für die Wärmeabgabe während einer sportlichen Aktivität. Zum Verdampfen einer Flüssigkeit muss viel Energie aufgewandt werden. Wenn du körperlich aktiv bist, wird durch

Geschätzter Energieaufwand für die Wärmeabgabe im Ruhezustand und während einer Belastung

Tab. 6-1

Mechanismus der Wärmeabgabe	Im Ruhezustand		Während körperlicher Belastung	
	In Prozent	kcal/min.	In Prozent	kcal/min.
Konduktion und Konvektion	20	0,3	15	2,2
Abstrahlung	60	0,9	5	0,8
Verdunstung (Schwitzen und Ausatmung)	20	0,3	80	12,0

die Verdunstung von Schweiß und beim Abatmen ca. 80% der gesamten Wärme abgegeben, bei körperlicher Inaktivität aber nur 20% (Tab. 6-1). Wenn die Körpertemperatur ansteigt, steigt also auch automatisch die Schweißproduktion an. Wenn der Schweiß die Haut erreicht hat, wird er von der flüssigen Form in die gasförmige Form umgewandelt. Die Verdampfung eines Liters Schweiß bedeutet eine Energieabgabe von 580 kcal (2428 kJ). Die Abgabe von Flüssigkeit über Schweiß kann kurzzeitig 2 Liter pro Stunde betragen. Wenn Menschen trainieren bzw. an Hitze gewöhnt sind, können sie sogar bis zu 4 Liter pro Stunde ausschwitzen.[6-3]

Die vier Wege Wärme abzugeben sind:

- *Konduktion*
- *Konvektion*
- Abstrahlung und
- Verdunstung.

Der Hauptanteil des Wärmeabtransports erfolgt über die Verdunstung von Schweiß. Schweiß muss verdunsten, um kühlend zu wirken. Schweiß, der lediglich die Haut herunterläuft hat keinen kühlenden Effekt!

6.3 Wie reagiert der Körper bei sportlicher Aktivität in der Hitze?

Trotz eines ausgeklügelten Systems gegen Überhitzung kann eine Kombination aus intensiver sportlicher Belastung, hohen Außentemperaturen, geringen Windgeschwindigkeiten und ungünstiger Luftfeuchtigkeitswerte dazu führen, das die vorher beschriebenen Systeme versagen und es zu einem Anstieg der Körperkerntemperatur kommt. Alle oben genannten Faktoren führen zu **Hitzestress**, der zuerst die sportliche Leistungsfähigkeit einschränkt und dann gesundheitsschädigend wirken kann. Häufig entstehen zuerst leistungsreduzierende **Hitzekrämpfe** gefolgt von einer Hitzeerschöpfung, die meist zum Leistungsabbruch führt. Am Ende steht der **Hitzschlag,** der schwere gesundheitliche Schäden verursachen kann.

Der Marathon des Sables ist der bekannteste und einer der härtesten Extremläufe der Welt (Abb. 6-17). Er führt in sechs Tagen auf 220 Kilometern durch die Gluthitze der marokkanischen Sahara. Bei diesem Lauf wird den Teilnehmern bei bis zu 60°C am Tag alles abverlangt.

Abb. 6-17

Hitzeakklimatisation

Du kannst dich an Hitze in einem bestimmten Maße anpassen.

- Das Herz-Kreislauf-System passt sich nach täglichen Trainingseinheiten bei höherer Außentemperatur in den ersten 3–5 Tagen an.
- Die Anpassung der Schweißproduktion benötigt dagegen im Allgemeinen bis zu 10 Tage!

Aufgabe 6-1

Charakterisiere die vier Hauptformen der Wärmeabgabe.

Aufgabe 6-2

Erläutere, was mit der Körpertemperatur während der sportlichen Aktivität geschieht.

6.3.1 Was ist ein Sonnenstich?

Ein Sonnenstich entsteht durch lange andauernde **direkte Sonneneinstrahlung auf den Kopf** und den Nackenbereich. [6-4] Der für diese Schädigung verantwortliche Anteil der Sonnenstrahlung befindet sich im **infraroten** (langwelligen) Spektrum des Sonnenlichts. Man spricht hier auch von der Wärmestrahlung. Diese kann zu einer Irritation der Hirnhaut und des Hirngewebes führen. In schweren Fällen kann sogar ein *Hirnödem* durch eine Entzündungsreaktion entstehen. So gesehen ist ein Sonnenstich ein isolierter Hitzschlag des Kopfes, also ein rein thermisches Problem.

Abb.6-18: Abkühlung!

Abb.6-19: Sonnenschutzvariation

Die immer wieder auftauchende Erklärung, die Hirnhautreizung entstehe durch den UV-Anteil des Sonnenlichtes, ist ein Mythos. Die **UV-Strahlung** kann die Haut nicht durchdringen, geschweige denn den knöchernen Schädel.

Der Sonnenstich äußert sich durch Schwindel, Übelkeit bis zum Erbrechen,

Ohrgeräusche, und Nackenschmerzen bis hin zu Nackensteifigkeit. Die Körpertemperatur ist fast immer normal. In schweren Verlaufsfällen kann es zu Bewusstseinsstörungen bis hin zur Bewusstlosigkeit und zu Kreislaufversagen führen. Auch Todesfälle wurden bereits beschrieben.

Einem Sonnenstich kann durch das Tragen einer hellen Kopfbedeckung vorgebeugt werden. Vor allem kleine Kinder sind durch den Sonnenstich gefährdet. Auch Träger einer Glatze oder einer Kurzhaarfrisur unterliegen einem erhöhten Risiko.

6.3.2 Was ist ein Hitzekrampf?

Ein Hitzekrampf ist die harmlose Form der drei typischen Hitzeschäden (Tab. 6-2, S. 107). Meist sind die Muskeln betroffen, die bei der jeweiligen Aktivität am stärksten gefordert werden. Vermutlich entstehen die Krämpfe durch eine Kombination aus Mineralienmangel **(Elektrolytmangel)** und Flüssigkeitsmangel **(Dehydration)**, ausgelöst durch starkes Schwitzen. Abhilfe bietet eine Verlagerung der Person in eine kühlere Umgebung und eine schnelle Mineral- und Wasserversorgung.

6.3.3 Was ist eine Hitzeerschöpfung?

Die Hitzeerschöpfung geht typischerweise mit unterschiedlichen Begleiterscheinungen einher. Extreme Müdigkeit, Atemlosigkeit, Schwindel, Erbrechen, feucht-kalte oder trocken-heiße Haut, Absinken des Blutdrucks und ein schneller, flacher Puls sind häufige Erscheinungen (Tab. 6-2, S. 107). Diese werden dadurch verursacht, dass das Herz-Kreislauf-System nicht mehr in der Lage ist die Bedürfnisse des Körpers zu bedienen. Wie du bei der Betrachtung der Thermoregulationsmechanismen gelernt hast, bedeutet Wärmeabgabe bei sportlichen Belastungen, dass Wasser und somit Mineralien in großer Menge abgegeben werden. Bei der Hitzeerschöpfung funktionieren zwar die Thermoregulationsmechanismen, jedoch reicht das Blutvolumen nicht mehr aus, um ausreichend Wärme an die Haut abzutransportieren. Auch hier ist die Erstmaßnahme die Person in eine kühlere Umgebung zu verlagern und die Beine hochzulagern, um eine weitere Ansammlung von Blut in den Außenbereichen des Körpers zu vermeiden. Ebenfalls ist eine schnelle Mineral- und Wasserversorgung notwendig. Sollte die Person ohnmächtig sein, ist auf jeden Fall professionelle medizinische Unterstützung notwendig. Meist wird dann eine *intravenöse* Elektrolytlösung und weitere kreislaufstabilisierende Mittel gegeben (siehe Abb. 6-20). Eine unbehandelte Hitzeerschöpfung kann zum Hitzschlag führen.

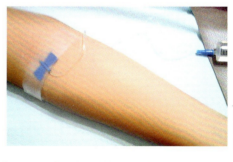

Abb. 6-20: Intravenöse Elektrolytversorgung

Wenn es sehr heiß ist, du hart trainierst und dann plötzlich frierst und eine Gänsehaut bekommst, solltest du schnell einen kühlen Bereich aufsuchen und ausreichend trinken. Dein Thermoregulationsmechanismus ist wahrscheinlich etwas durcheinander und geht fälschlicherweise davon aus, dass die Körpertemperatur sogar noch erhöht werden muss!

6.3.4 Was ist ein Hitzschlag?

Der Hitzschlag ist eine lebensbedrohliche Situation und muss sofort medizinisch behandelt werden (Tab. 6-2, S. 107). Die wichtigsten Merkmale eines Hitzschlags sind:

- Anstieg der Körpertemperatur auf über 40 Grad Celsius
- Keine Schweißproduktion mehr
- Heiße und trockene Haut
- Schneller Puls
- Schnelle Atmung
- Bluthochdruck
- Verwirrung
- Ohnmacht

Abb. 6-21: Eiswürfelbad

Ein unbehandelter Hitzschlag führt zum Koma und kann sogar töglich enden. Abhilfe wird durch schnelle Kühlung, wie nasse Handtücher, Eiswürfelbad und Eispackungen erreicht. Der Hitzschlag bedeutet einen kompletten Zusammenbruch aller Thermoregulationsmechanismen. Für den Sportler ist die Gefahr des Hitzschlags nicht nur bei extremen Außenbedingungen gegeben. Untersuchungen zeigen, dass selbst bei moderaten Außenbedingungen, die gemessenen Körperkerntemperaturen bei Marathonläufern im Bereich von 40,5 Grad Celsius liegen. Kommen dann noch ungünstige innere oder äußere Faktoren hinzu, können ohne medizinische Kontrolle, schnell Schäden entstehen.

Wie reagiert der Körper auf sportliche Belastung und Umwelteinflüsse?

Tab. 6-2

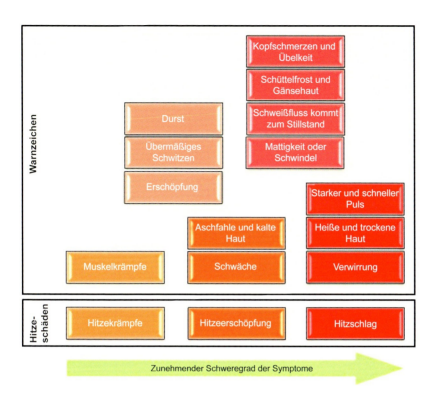

Durch starkes Schwitzen und den dadurch bedingten Verlust von Flüssigkeit und Mineralien werden die Hitzekrämpfe ausgelöst.

Die Hitzeerschöpfung resultiert aus der Unfähigkeit des Thermoregulationssystems die Bedürfnisse der Muskulatur und der Haut zu erfüllen. Verursacht wird dies durch ein reduziertes Blutvolumen.

Der Hitzschlag ist durch einen Totalausfall des Thermoregulationssystems gekennzeichnet und kann unbehandelt zum Tode führen.

Vorsorgemaßnahmen sind: Sportliche Aktivitäten in die Zeiten des Tages legen in denen es nicht so heiß ist, passende Kleidung (Kopfbedeckung) tragen, auf ausreichende Flüssigkeitszufuhr achten.

Aufgabe 6-3
Finde heraus, warum die Luftfeuchtigkeit eine wichtige Rolle spielt, wenn du in heißer Umgebung trainierst.

Aufgabe 6-4
Charakterisiere die folgenden Begriffe: Sonnenstich, Hitzekrämpfe, Hitzeerschöpfung und Hitzschlag.

6.4 Wie reagiert der Körper bei sportlicher Aktivität in der Kälte?[6-1]

Abb. 6-22: 360er/Cross

Du hast gerade gesehen, wie komplex die Mechanismen sind, um unsere Körpertemperatur nicht zu stark ansteigen zu lassen und welche Risiken entstehen, wenn du diesen schmalen Bereich des Optimums verlässt. Doch wie sieht es mit körperlichen Reaktionen in der Kälte aus? Die Wintersportler unter euch kennen die Situation, wie es sich anfühlt bei niedrigen Temperaturen sportlich aktiv zu sein und wie die Kälte einem zusetzen kann.

Wenn man einen Muskel herunterkühlt, führt dies zu einer deutlichen Leistungsreduktion. Das Nervensystem verändert unter dem Einfluss der Kälte das *Rekrutierungsmuster* der motorischen Einheiten, was sich in einer geminderten Leistungsfähigkeit des Muskels, sowohl im Bereich der Kontraktionsgeschwindigkeit als auch im Bereich der Kraftenfaltung niederschlägt (vgl. Kap. 4.5). Dies hat zur Folge, dass die Muskelarbeit entweder mit reduzierter Geschwindigkeit oder unter Einsatz von mehr Energie stattfinden muss. Daraus folgt, dass ein Sportler in der Kälte entweder langsamer ist oder dass er seine Energieressourcen schneller verbraucht als ein Sportler, der bei höheren Temperaturen trainiert. Daraus wird deutlich wie wichtig der Faktor Kleidung in diesem Bereich ist. Durch eine optimale Isolation und durch einen hohen Feuchtigkeitsabtransport der Kleidung in Verbindung mit der körperlichen Aktivität (Erwärmung) kann die körperliche Leistungsfähigkeit in der Kälte sogar nahezu unbeeinflusst von den äußeren Temperaturen sein. Jedoch setzt die Muskelermüdung in dem Moment verstärkt ein, wenn die körperliche Aktivität reduziert wird und dadurch die Muskeltemperatur sinkt. Bei Langstreckenläufen, beim Schwimmen und im

Abb. 6-23: Bersteiger in Thermokleidung am Mount Everest

Wintersport müssen die Sportler verstärkt mit solchen Bedingungen umgehen. Am Anfang der Belastung kann der Sportler mit einer erhöhten Aktivitätsrate agieren, sodass genug Wärme produziert wird, um die Körpertemperatur aufrecht zu erhalten. Später jedoch wenn die Energiereserven abgebaut sind und die Aktivitätsrate reduziert wird, sinkt auch die Körpertemperatur. Zusätzlich erschwert wird diese Situation durch die Tatsache, dass zuerst die Körperanhänge schlechter durchblutet werden. Erst Ohren, Finger und Zehen und anschließend die Arm- und Beinmuskulatur. Das Blut wird im Körperkern benötigt, um dort die optimale Temperatur zu sichern. Unter solchen Umweltbedingungen ist der Sportler mit einer eventuell gefährlichen Situation konfrontiert.

Wind Chill

Wind hat die Wirkung, die Angleichung der Oberflächentemperatur des Körpers mit der Umgebungstemperatur der Luft zu beschleunigen, was Menschen als kühlend empfinden (Abb. 6-24). Eine besondere Bedeutung besitzt der sogenannte „Wind Chill" in sehr kalten und windigen Regionen der Erde, insbesondere in Arktis, Antarktis und in den Hochgebirgen. Der Wind-Chill-Effekt (engl. wind chill factor) wird durch die konvektive Abführung hautnaher und damit relativ warmer Luft, sowie der damit einhergehenden Erhöhung der Verdunstungsrate, hervorgerufen. Die für den Phasenübergang des Wassers notwendige Energie wird dabei durch Wärmeleitung aus der Körperoberfläche abgezogen und kühlt diese dementsprechend ab. Werden unsere Körperanhänge zu lange einer großen Kälte ausgesetzt, kann es zu Erfrierungen, zu sogenannten Frostbeulen (engl. frostbite) kommen (vgl. Kap. 6.4.2). Auch eine schnelle Bewegung des Menschen entspricht dabei einer hohen Windgeschwindigkeit, wovon bestimmte Wintersportarten betroffen sind. Eine wirtschaftliche Bedeutung kommt dem Wind Chill daher vor allem in Wetterberichten der Wintersportgebiete zu. Der Effekt kann dabei auch die Einsatzfähigkeit von Maschinen und von Fahrzeugen beeinträchtigen!

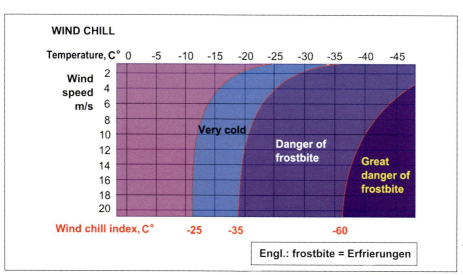

Abb. 6-24: Windchillkarte

Aufgabe 6-5

Du bist im Skilandheim. Es herrscht eine Temperatur von −30 °C.
Skizziere, ab welcher Windgeschwindigkeit diese Temperatur als sehr kalt empfunden wird und ab wann die Gefahr von Frostbeulen besteht.

Aufgabe 6-6

Nach einem schönen Tag auf der Skipiste stellst du eine Frostbeule auf deiner Nasenspitze fest. Es herrschte den ganzen Tag Windstille bei −20 °C.
Erkläre, wie die Frostbeulen entstanden sind.

6.4.1 Welche Gesundheitsgefahren können durch Kälte entstehen und was ist eine Unterkühlung (Hypothermie)?

Bricht man im Winter, z. B. beim Schlittschuhlaufen auf einem zugefrorenen See durchs Eis ins Wasser, so stirbt man aufgrund der sehr hohen Wärmeabtransportfähigkeit des Wassers und von Schockreaktionen innerhalb weniger Minuten den Kältetod. Die Körpertemperatur fällt rapide von 37 Grad Celsius auf unter 25 Grad Celsius und man befindet sich in einem tödlichen Bereich. So bald die Körpertemperatur unter 34,5 Grad Celsius sinkt, gelingt es dem Steuerzentrum (Hypothalamus) im Gehirn kaum noch die Körpertemperatur zu kontrollieren. Unter 29,5 Grad Celsius geht diese Kontrollmöglichkeit anschließend vollständig verloren. Dieser Funktionsverlust geht mit einer starken Verminderung aller Stoffwechselprozesse einher mit dem Ergebnis, dass man sein Bewusstsein verliert und anschließend ins Koma fällt. Unter intensiver medizinischer Kontrolle kann dieser Effekt aber auch positiv genutzt werden ...

Bereits 1958 kühlten Mediziner in den USA eine Frau, um eine Operation am offenen Herzen durchzuführen, 60 Minuten lang auf 9 Grad Celsius herunter. Anschließend gelang es ihnen die Frau ohne Folgeschäden wieder zu beleben!

6.4.2 Was sind Erfrierungen oder Frostbeulen?

Wird unsere Haut nur für kurze Zeit einer Temperatur unter dem Gefrierpunkt ausgesetzt, können sehr schnell Erfrierungen oder Frostbeulen entstehen. Frostbeulen sind chronische Kälteschäden, die an der Haut rotviolette Flecken bilden, juckend bis schmerzhaft anschwellen und zu einer *Sensibilisierung* führen. Sie können auch in der Folgesaison durch Kältereize immer wieder auftreten. Außer dem Gesicht sind vor allem Hände und Füße bisweilen auch die Unterschenkel und Knie gefährdet, wenn sie nicht gut genug vor Kälte geschützt werden. Aufgrund der gebildeten Körperwärme und der Wärmezirkulation muss die Umgebungsluft bei Windstille allerdings im Bereich von −34 °C liegen, um eine Gefahr für Finger, Nase und Ohren darzustellen. Dieser Wert kann sich aber sehr schnell verändern wenn der Windchill-Effekt mit hinzugerechnet wird (Abb. 6-24). Dies ist vor allem bei Gleitsportarten wie dem Ski- und Snowboardfahren zu berücksichtigen. Durch die Eigengeschwindigkeit entsteht schon bei −20 °C und einer angenommenen mittleren Abfahrtsgeschwindigkeit von 43,2 km/h (12 m/s) eine gefühlte Temperatur von −35 °C auf den entblößten Hautpartien.

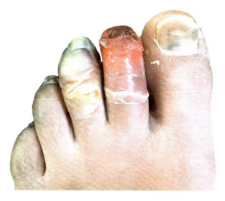

Abb. 6-25: Erfrierungen im Zehenbereich eines Bergsteigers, ca. 14 Tage nach der Besteigung eines Himalaya Gipfels.

Da sich bei Kälte die Gefäße zusammenziehen, um die Körperwärme im Körper zu behalten, verstärkt dieser Umstand die Gefahr Erfrierungen zu bekommen. Ab einem bestimmten Zeitpunkt wird das Gewebe nicht mehr mit ausreichend Sauerstoff und Nährstoffen versorgt, so dass es absterben kann. Das endgültige Ausmaß der Erfrierung ist erst nach 4–6 Tagen feststellbar!

6.4.3 Wärmt Alkohol wirklich?

Bernhardiner wurden früher oft als Lawinenhunde eingesetzt. Sie sollen stets ein Schnapsfässchen um den Hals getragen haben, um halberfrorene Lawinenopfer zu wärmen. Doch wärmt Alkohol wirklich? Der „wärmende" Effekt von Alkohol ist hauptsächlich psychologischer Natur. Alkoholkonsum führt dazu, dass sich die Blutgefäße zusammenziehen, daher ist es absolut nicht angeraten bei Erfrierungserscheinungen bzw. großer Kälte Alkohol zu sich zu nehmen. Alkohol macht nur kurzfristig munter, auf Dauer aber müde. Überschätzung der eigenen Kräfte kombiniert mit fehlender Konzentrationsfähigkeit und eingeschränkter Koordination unter Alkoholeinfluss sind die häufigsten Ursachen von Skiunfällen. Dabei bringt man nicht nur sich selbst, sondern auch andere in Gefahr!

Abb. 6-26: Lawinenhund

6.4.4 Was kannst du gegen Kälte tun?

- Winddichte und wasserabweisende Kleidung, Mütze und Handschuhe tragen.
- Immer das Zwiebelschalenprinzip berücksichtigen (Abb. 6-27 und 6-28).
- Nasse Kleidung sofort wechseln.
- Wärmespender sind leicht gezuckerte Warmgetränke, Taschenwärmer, Gesichtsmaske.
- Partnercheck durchführen: Sind weiße Flecken auf der Haut zu sehen? Wenn ja, sofort raus aus der Kälte.
- Intensive Ausdauerbelastungen sind ab ca. – 10 °C zu vermeiden.
- Alkohol und Nikotin (Rauchen) vermeiden.

Abb. 6-27
Abb. 6-28

Das Zwiebelschalenprinzip oder Zwiebelschalensystem bezeichnet eine Zusammenstellung der Kleidung, bei der mehrere Kleiderschichten von unterschiedlicher Dicke und Material miteinander kombiniert werden. Dabei werden die einzelnen Kleidungsstücke, ähnlich den einzelnen Schichten einer Zwiebel, übereinander angezogen. Das Zwiebelschalenprinzip findet vor allem in Outdoor-Sportarten seine Anwendung, kann aber durchaus auch in Alltagssituationen angewendet werden. Der Vorteil dieses Kleidungsprinzips beruht u. a. auch darauf, dass zwischen den Kleidungsschichten insgesamt mehr Luft als Wärmedämmung zur Verfügung steht, als bei wenigen Schichten dickerer Kleidung.

Zittern erhöht die Wärmeproduktion, um die Körpertemperatur aufrechtzuerhalten.

Gefäßverengungen in der Körperperipherie verhindern einen zu großen Wärmetausch zwischen Körperkern und Extremitäten.

Wind (Wind Chill) erhöht durch *Konvektion* und *Konduktion* den Wärmeverlust des Körpers enorm.

Wasser/Nässe steigert durch die Verdunstung (Evaporation) diesen Effekt nochmals um ein Vielfaches.

Ein unterkühlter Muskel ist geschwächt und ermüdet schneller.

Bei lang anhaltender körperlicher Aktivität in der Kälte steigt durch den Abbau der energetischen Ressourcen, die Gefahr der Unterkühlung steil an!

Alkohol, der in der Kälte getrunken wird, beschleunigt den Wärmeverlust.

Aufgabe 6-7

Beschreibe, wie dein Körper einen Wärmeverlust reduziert.

Aufgabe 6-8

Begründe, weshalb es gefährlich ist, sich kaltem Wasser auszusetzen.

Aufgabe 6-9

Beschreibe die einzelnen Faktoren, die berücksichtigt werden sollten, um einen maximalen Schutz in der Kälte zu erreichen.

Schlüsselbegriffe
- Abstrahlung
- Erfrierung
- Hitzeerschöpfung
- Hitzekrämpfe
- Hitzschlag
- Konduktion
- Konvektion
- Thermoregulation
- Unterkühlung (Hypothermie)
- Verdunstung
- Wind Chill

7 Ernährung und Sport

In diesem Kapitel geht es um

- Ernährung im Sport.
- die Nährstoffklassen.
- den Wasserhaushalt.
- die Energiebereitstellung.
- Grundsätze einer sportgerechten Ernährung.
- die Wirkung von Sportgetränken.
- verschiedene Nahrungsergänzungsmittel.
- Doping im Sport.

Ein intensives sportliches Training und sportliche Wettkämpfe bedeuten einen hohen Energieverbrauch und verlangen somit eine genau abgestimmte Ernährung eines Athleten. In einigen Sportarten wie dem Schwimmen oder dem Langstreckenlauf gelingt es den Athleten teilweise nicht, ihren Kalorienbedarf durch die Nahrungsaufnahme zu decken. Aus diesem Grund achten viele Sportler darauf, mengenmäßig genug Energie zu sich zu nehmen. Es wird jedoch nicht immer auf die Qualität die Energiezufuhr geachtet. Oft wählen Sportler Nahrungsmittel aus, die leistungssteigernd sein sollen. Gerade in diesem Bereich gibt es sehr viele Unwahrheiten, die von erfolgreichen Sportlern, falschen Werbebotschaften und fehlinterpretierten Untersuchungen entstammen. Dies führt sehr häufig zu völlig unfundierten und unbegründeten Ernährungsgewohnheiten.

Im folgenden Kapitel lernst du die Substanzen kennen, die du aufnehmen musst und welche Rolle sie im Körper spielen. Du wirst eine optimale Ernährung für aktive Sportler kennenlernen und du wirst dir anschauen wie Nahrungsmittel und Nahrungsergänzungsmittel im Körper wirken.

Abb. 7-1

Abb. 7-2

Abb. 7-7

Abb. 7-3

Abb. 7-8

Abb. 7-6

Abb. 7-4

Abb. 7-5

In einer sportmedizinischen Untersuchung wurden Langstreckenläufer, an drei aufeinander folgenden Tagen aufgefordert, auf einem Laufband 2–3 Stunden mit der Geschwindigkeit ihrer persönlichen Marathonbestzeit zu laufen. In dem Untersuchungszeitraum nahmen die Sportler eine normal ausgewogene Mischkost zu sich, die aus 50% Kohlenhydraten, 35% Fett und 15% Eiweiß bestand. Durchschnittlich liefen die Sportler 30 km in den zwei Stunden. Bei den Sportlern wurde erwartungsgemäß von Tag zu Tag eine zunehmende Ermüdung festgestellt. Am dritten Tag schaffte schließlich keiner der Läufer das Tempo des Vortags und alle mussten die Laufeinheit vor Erreichen der Zwei-Stunden-Marke wegen Ermüdung abbrechen. Wie lässt sich diese starke Ermüdung erklären?
Untersuchungen der Muskulatur ergaben, dass die Glykogenreserven extrem niedrig waren, was darauf schließen lies, dass die Nahrungszusammensetzung der Probanden nicht den realen Bedürfnissen entsprach.
Hätte eine optimierte Ernährung den Leistungseinbruch verhindert?

7.1 Bewegung braucht Energie!

Wer in Training und Wettkampf häufig eine maximale sportliche Leistung erbringen will, benötigt einen optimal ausgewogenen Ernährungsplan, der die Versorgung mit den lebensnotwendigen Nährstoffen gewährleistet. Die Deutsche Gesellschaft für Ernährung hat beispielsweise Leitlinien erlassen, die einen Überblick über die empfohlene tägliche Aufnahme von Nährstoffen ermöglichen. Diese Leitlinien sind Empfehlungen für normal aktive Menschen, wie sie ihren Ernährungsplan gestalten sollten. Jedoch übersteigen die Bedürfnisse von sportlich aktiven Athleten die Empfehlungen der Deutsche Gesellschaft für Ernährung (DGE) deutlich.[7-8] Bei manchen Athleten wurden Kalorienaufnahmen von bis zu 12 000 kcal beobachtet. Gleichzeitig gibt es Sportarten wie Ballett, Ringen oder Skispringen bei denen das Gewicht eine große Rolle spielt. In diesen Sportarten muss es daher den Athleten gelingen den Spagat zwischen Kalorienaufnahme und gleichzeitiger Gewichtskontrolle hinzubekommen. Oft führen diese besonderen Anforderungen zu Essstörungen, **Dehydration** und später zu möglichen Gesundheitsschäden.[7-14 u. 7-15]
Schon bei vollständiger Ruhe im Tiefschlaf benötigt dein Körper eine beträchtliche Energiemenge für die organischen Grundfunktionen und für die Erhaltung der normalen Körpertemperatur. Diese Energiemenge wird als **Ruhe-** oder als **Grundumsatz** bezeichnet. Bei körperlicher Aktivität benötigst du mehr Energie als in Ruhe – diese zusätzliche Energiemenge ist der sogenannte **Leistungsumsatz** (= **Arbeitsumsatz**). Aus dem *Grundumsatz* und *Leistungsumsatz* kann der gesamte tägliche **Gesamtumsatz** (= **Energieumsatz**) errechnet werden. Die mit der Nahrung eingenommene und auch vom Körper umgewandelte Energie-

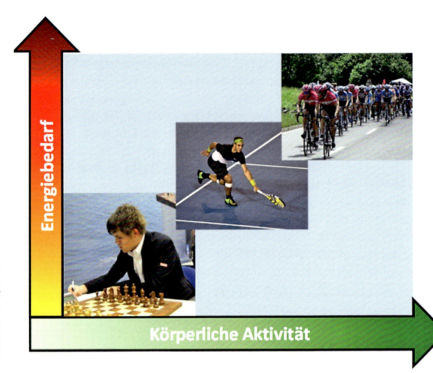

Abb. 7-9: Energiebedarf bei unterschiedlichen körperlichen Aktivitäten

menge wird in Kilokalorien (kcal) oder in Kilojoule (kJ) angegeben (dabei ist 1 kcal = 4,187 kg): Der *Grundumsatz* ist eine Größe, die zur Charakterisierung des Stoffwechsels beim Menschen verwendet wird:

> **Definition**
>
> Der *Grundumsatz* ist diejenige Energiemenge, die der Körper pro Tag bei völliger Ruhe zur Aufrechterhaltung seiner Funktionen benötigt.

Näherungswerte für den *Grundumsatz*:
- Frauen: 0,9 kcal pro kg Körpergewicht pro Stunde
- Männer: 1 kcal pro kg Körpergewicht pro Stunde

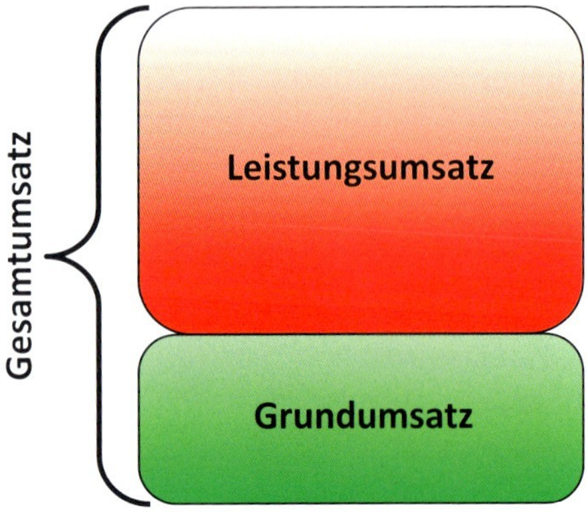

Abb. 7-10: Darstellung des Gesamtumsatzes aus der Addition des Grund- und Leistungsumsatzes.

> **Definition**
>
> Als *Leistungsumsatz*, auch Arbeitsumsatz genannt, wird diejenige Energiemenge definiert, die der Organismus über den *Grundumsatz* hinaus für Arbeitstätigkeiten umsetzt.

Für den täglichen Gesamtumsatz gilt Abbildung 7-10.

Ernährung und Sport

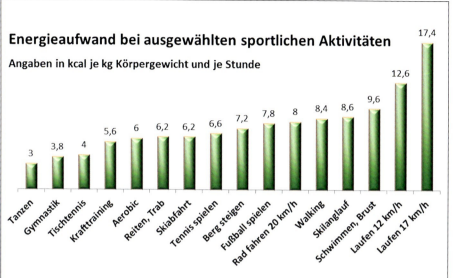

Abb. 7-11

Aufgabe 7-1

Ermittle deinen täglichen Gesamtenergiebedarf.
Wähle dazu deine Sportart aus Abbildung 7-11 und **berechne** damit den entsprechenden Leistungsumsatz.
Vergleiche deinen Lösungsansatz mit dem deines Nachbars und **diskutiere** die Unterschiede.

7.2 Was ist der Brennstoff für körperliche Aktivität?[7-16]

Die energietragenden Nährstoffe sind **Kohlenhydrate, Fette** und **Eiweiß**. Im Mund, Magen und Darm werden die Nährstoffe zerlegt. Die Kohlenhydrate der Nahrung werden in einzelne Zuckermoleküle aufgespalten und die Eiweiße in **Aminosäuren**. Aus den Nahrungsfetten werden Fettsäuren sowie *Glyzerin* gebildet. Nach der Aufspaltung gelangen die Nährstoffe ins Blut. Die Zuckermoleküle werden in der Leber in **Glukose** (Traubenzucker) umgewandelt. Von der Leber gelangen die Nährstoffe ebenfalls in den Blutkreislauf, mit dem sie zu den Körperzellen transportiert werden. In den Körperzellen werden die Energieträger weiter umgewandelt.[7-5]

Für die meisten Personen gilt eine empfohlene Nährstoffverteilung von:
- Kohlenhydrate: 50–60%
- Fett: 30%
- Eiweiß: 10–15%

Der menschliche Körper und sportliche Aktivität

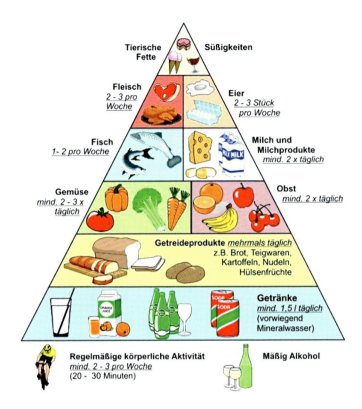

Abb. 7-12: Ernährungspyramide mit empfohlenen Verzehrmengen

7.3 Was sind Nährstoffklassen?

Die Energie, die du aus der Nahrung aufnimmst, ist die Grundlage für unsere körperliche Aktivität. Allerdings steckt noch mehr in der Nahrung als nur reine Energie. Unsere Nahrung wird in unterschiedliche Nährstoffklassen eingeteilt. Im Folgenden Kapitel wirst du dir die Bedeutung der einzelnen Nährstoffklassen für den Sportler anschauen. Dabei wird in diesem Buch eine Einteilung in sechs Nährstoffklassen verwendet (Abb. 7-13).

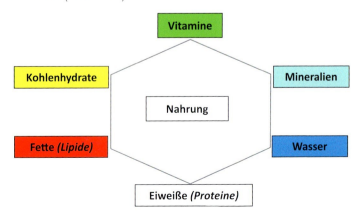

Abb. 7-13: Die sechs Nährstoffklassen im Überblick

Ernährung und Sport

Diät: Dieser Begriff bezieht sich im folgenden Kapitel auf einen speziellen Ernährungsplan mit einer bestimmten Nährstoffzusammensetzung, die ein Sportler in einer bestimmten Sportart zu sich nehmen sollte.

7.4 Wo befinden sich die Energiespeicher des Körpers?

Der Körper verfügt über unterschiedliche Energiespeicher. Sie sind ein Puffer, damit nicht ständig Nahrung zugeführt werden muss. Sie sind aber auch eine Reserve für Zeiten längerer Nahrungsknappheit.

- **Fettspeicher:** Der größte Energiespeicher des Organismus sind die Fettzellen. Das gespeicherte Neutralfett sichert vor allem den Energieumsatz in Ruhe und bei mäßig intensiven Ausdauerleistungen. Allerdings kann der Körper ohne Kohlenhydrate Fett nicht abbauen. Normalgewichtige Menschen haben 80 000 bis 100 000 kcal in Form von Fett gespeichert.

- **Kohlenhydratspeicher:** In den Muskelzellen wird nicht verbrauchte Glukose als Glykogen gespeichert. 1 kg Muskel enthält zirka 15 g Glykogen. Ein zweiter, größerer Glykogenspeicher ist die Leber (zirka 80 g Glykogen), die Glukose in den Blutkreislauf abgeben kann. Insgesamt enthält der Körper zirka 1500 bis 2000 kcal in Form von Muskel- und Leberglykogen.

- **Es gibt keinen eigenen Eiweißspeicher.** Daher muss der Körper bei ungenügender Eiweißzufuhr auf den einzig verfügbaren „Eiweißspeicher", das Muskeleiweiß zugreifen. Eiweiß wird nur in sehr geringen Mengen (zirka zehn Prozent vom Gesamtenergieumsatz) für die Energiegewinnung herangezogen. Die eigentliche Aufgabe der Eiweiße liegt im Aufbau von körpereigenen Strukturen, zum Beispiel den Muskelzellen, Knochen, Hornhaut etc.

Aufgabe 7-2

Finde für jede der Nährstoffklassen Beispiele aus deinem täglichen Speiseplan.

7.5 Welche Bedeutung haben Kohlenhydrate im Sport?[7-3, 7-4]

Kohlenhydrate (KH) treten in unterschiedlichen Formen auf und sind lebensnotwendig *(essentiell)* für deinen Körper.
- Alle Kohlenhydrate müssen letztendlich vom Körper zerlegt werden um sie weiter zur Energiegewinnung nutzen zu können.

- Kohlenhydrate spielen eine wichtige Rolle als Hauptenergiequelle während hochintensiven sportlichen Belastungen und sie regulieren den Fett und Eiweißstoffwechsel.
- Das Nervensystem ist zur Energieversorgung vollständig auf Kohlenhydrate angewiesen.
- Das Muskel- und Leberglykogen wird aus Kohlenhydraten gebildet.
  Dein Körper kann überschüssige Kohlenhydrate vor allem in den Muskeln und der Leber in der Form von **Glykogen** speichern. Deshalb beeinflusst die Kohlenhydrataufnahme über die Nahrung deine Fähigkeit zu trainieren und Leistung zu erbringen.
- Durch intensive Trainingseinheiten oder harte Wettkämpfe sinkt der Glykogenvorrat in den Muskeln und muss über die Nahrung und das Blut nachgeführt werden.

**Kohlenhydrate sind die Hauptenergiequelle für die meisten Athleten und sollten mindestens 50% der Gesamtkalorienaufnahme ausmachen!
Für Ausdauerathleten sollte die Kohlenhydratmenge sogar bei 55%–65% liegen.**

Studien haben gezeigt, dass eine normale Kohlenhydrataufnahme (50%) dazu führt, dass die Muskulatur ca. *100 **mmol*** Glykogen pro Kilogramm Muskulatur speichern kann. KH-Werte unter 15% führten zu einer Speicherung von nur noch 50 mmol/kg. Kohlenhydratreiche Diäten (60%–70%) können zu Werten von bis zu 200 mmol/kg führen. Obwohl es wissenschaftlich noch nicht gesichert ist, wie die Kohlenhydrataufnahme die Leistung verbessert, scheint alles darauf hinzudeuten, dass durch ein Aufrechterhalten der Glukosemenge im Blut auf einem

Ungefähre Wiederherstellungszeiten der körpereigenen Energiedepots.

Tab. 7-1

	Minuten	Stunden	Tage	Wochen
Auffüllung der muskulären Phosphatspeicher	▬			
Normalisierung des Blutzuckerspiegels	▬▬			
Laktatabbau unter 3 mmol/l	▬▬▬			
Ausgleich Flüssigkeitshaushalt	▬▬▬▬			
Auffüllung Leberglykogen	▬▬▬▬▬			
Auffüllung Muskelglykogen	▬▬▬▬▬▬▬			
Auffüllung Fettspeicher	▬▬▬▬▬▬▬▬			
Wiederherstellung der Abwehrkräfte	▬▬▬▬▬▬▬▬▬▬			
Psychische Erholung	▬▬▬▬▬▬▬▬▬▬▬			

Ernährung und Sport

konstanten Niveau, der Muskel leichter Energie aus dem Blut aufnehmen kann. Abgeleitet aus den bisherigen Erkenntnissen lässt sich festhalten, dass es sinnvoll erscheint, während lang anhaltenden sportlichen Aktivitäten auf eine konstante Energiezufuhr zu achten und damit Schwankungen im Blutzuckerspiegel zu vermeiden. Über welche ungefähren Zeiträume sich die körpereigenen Depots auffüllen zeigt Tabelle 7-1 und Tabelle 8-2, S. 187.

7.6 Welche Fette gibt es?

Fette oder Lipide kommen im menschlichen Körper in vielfältiger Weise vor.
- Der Grundbaustein von Fett sind die **Fettsäuren,** welche als Energielieferanten dienen.
- Fettsäuren können in gesättigter Form und in (mehrfach) ungesättigter Form auftreten.
- Eine hohe Aufnahme von **ungesättigten Fettsäuren** stellt ein gesundheitliches Risiko dar. In der Regel enthalten Fette, die aus tierischen Quellen gewonnen werden, mehr gesättigte Fettsäuren als aus pflanzlichen Quellen.
- **Gesättigte Fettsäuren** tendieren zu einer festen Form bei Raumtemperatur, wohingegen ungesättigte Fettsäuren eher flüssig bleiben. Eine Ausnahme bildet hierbei das feste Palmöl, welches einen hohen Anteil an ungesättigten Fettsäuren enthält.

Da Fett ein sehr guter Geschmacksträger ist und die Beschaffenheit und *Textur* von Nahrungsmitteln stark beeinflusst, ist es in unserem täglichen Speiseplan fast immer enthalten. Entgegen den Empfehlungen der DGE täglich maximal 30% Fett aufzunehmen, besteht der tatsächliche Fettanteil unserer Kalorienaufnahme aus ca. 35–40%.

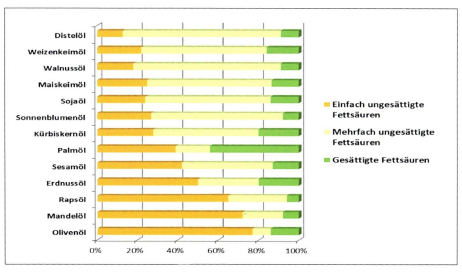

Abb. 7-14: Grafik über Fettsäureanteile in Ölen in Prozent

7.7 Welche Bedeutung haben Fette im Sport?

Für einen Sportler sind Fette ebenfalls als Energiequelle wichtig. Während die Fettdepots des Körpers selbst bei schmächtigen Personen mehrere Wochen zur Energieversorgung ausreichen, kann der Glykogenspeicher bei normaler Belastung etwa einen Tag Energie liefern. Daraus folgt, dass die Energieversorgung über eine Energiequelle alleine bei einer besonders langen und einer besonders intensiven Belastung nicht gewährleistet werden kann. Das in den Muskeln und der Leber gespeicherte Glykogen ist sogar so stark begrenzt, dass die Versorgung bei länger andauernden Belastungen aus dem mengenmäßig großen Fettspeicher erfolgen muss. Bei intensiven Belastungen sind die Glykogenvorräte verstärkt an der Energiebereitstellung beteiligt. Bei weniger intensiven Belastungen ist der Anteil der Energiebereitstellung aus Fetten entsprechend höher. Durch Ausdauertraining findet eine Anpassung des Körperfettstoffwechsels statt und Fett wird verstärkt und schneller als Energiequelle herangezogen. Jedoch stimuliert eine erhöhte Fettaufnahme über die Nahrung nicht den Fettverbrauch der Muskeln. Stattdessen wird es eingelagert, damit es zu einem späteren Zeitpunkt benutzt werden kann.

Aufgabe 7-3

Diskutiere die Bedeutung der Kohlenhydrataufnahme während und nach dem Sport.

Aufgabe 7-4

Charakterisiere die beiden bei Zimmertemperatur dargestellten Fette in einer Tabelle (Abb. 7-15 und Abb. 7-16).

Abb. 7-15

Abb. 7-16

Aufgabe 7-5

Erläutere die Bedeutung der Fette bei längeren Ausdauerleistungen.

Ernährung und Sport

7.8 Wie erfolgt die Energiebereitstellung im Muskel?

Warum kann man nicht endlos sprinten?

Eine komische Frage? Aber was steckt hinter der Tatsache, dass ein 100-m-Sprinter seine Strecke in einer wesentlich höheren Geschwindigkeit zurücklegt als ein 1000-m-Läufer? Warum musst du deine Geschwindigkeit auf längeren Strecken anpassen? Selbst die motiviertesten Sportler müssen sich an diese einfache Regel halten. Die Erklärung für dieses Phänomen ist in der Tatsache zu finden, dass es für unsere Muskelarbeit nur einen einzigen Energieträger gibt, das **ATP** (Adenosintriphosphat). Du verbrauchst zwar kein ATP aber es wird permanent umgewandelt. Selbst unter härtester Belastung sinkt der ATP Gehalt in unserer Musku-

Abb. 7-17: Darstellung der verschiedenen Wege um ATP zu gewinnen

latur niemals unter 20%. Kohlenhydrate, Fette und Eiweiße werden unterschiedlich genutzt um die ATP-Versorgung immer aufrechtzuerhalten (Abb. 7-17 und 7-18). Im Folgenden wirst du dir diese unterschiedlichen Umwandlungs- und Energiegewinnungswege im Überblick betrachten.

Wie du bereits gelernt hast, wandelt dein Körper Nährstoffe auf unterschiedlichen Wegen in Energie um. Ein grundlegendes Verständnis für diese Energieumwandlungssysteme kann dir dabei helfen dich passend zu ernähren und somit eine bessere sportliche Leistung zu erzielen. Die Ernährung im Sport basiert auf dem Verständnis, wie Nährstoffe dazu beitragen die benötigte Energie für sportliche Aktivitäten zur Verfügung zu stellen. Alle Nährstoffe werden in die einzige für den Körper verwendbare Energieform ATP umgewandelt (Abb. 7-18). Jeder der Nährstoffe hat auch besondere Eigenschaften, die diesen Umwandlungsprozess zum ATP beeinflussen.

Kohlenhydrate stellen bei den Energieumwandlungsprozessen während **mittleren** bis **hohen Intensitäten** den Hauptanteil dar, während Fett bei lang andauernden Belastungen bei niedrigeren Intensitäten eine größere Rolle spielt.

Eiweiß wird vor allem für **Reparatur- und Aufbauprozesse** gebraucht und im Normalfall nicht in den beschriebenen Energieumwandlungswegen verwendet, kann aber im Extremfall (lange Hungerphasen) auch zur Energiegewinnung herangezogen werden.

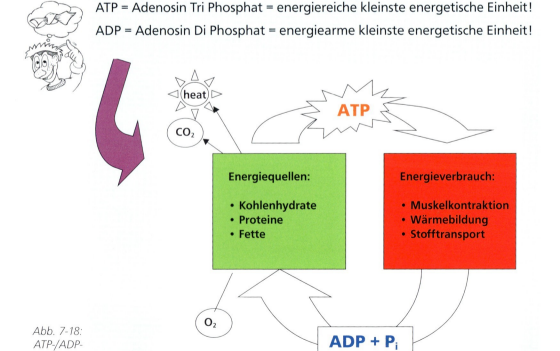

Abb. 7-18: ATP-/ADP-Zyklus

Ernährung und Sport

Was ist der Unterschied zwischen aerober und anaerober Energiebereitstellung im Muskel?

Da die Speicherung von ATP für den Körper recht schwierig ist und die geringe Menge an ATP sehr schnell verstoffwechselt ist, besteht für den Organismus die Notwendigkeit kontinuierlich ADP in ATP umzuwandeln (Abb. 7-18).
Es gibt grundsätzlich zwei Wege wie im Körper Nährstoffe in Energie umgewandelt werden können (siehe Abb. 7-17):

- **Weg 1: Aerob (mit Sauerstoff)**
- **Weg 2: Anaerob (ohne Sauerstoff)**

Wichtig für das Verständnis der Energiebereitstellung bei sportlicher Betätigung ist, dass der Körper niemals von einem vollständig aeroben zu einem vollständig anaeroben Energiebereitstellungsweg umschaltet. Tatsächlich finden, in Abhängigkeit von der Intensität der Belastung, ständig Verschiebungen zwischen den unterschiedlichen Wegen statt. Diese Stoffwechselprozesse überlagern sich permanent und es ist hierbei wichtig zu verstehen, dass der Anteil der eingesetzten Nährstoffe in dem Gesamtprozess entsprechend variabel ist.
Die Verschiebungsprozesse in Abhängigkeit von der Intensität und der Dauer der Belastung lassen sich wie folgt charakterisieren:

Anaerob-alaktazide Energiegewinnung

Jede Muskelzelle hat einen Vorrat an energiereichen Phosphaten wie z. B. Kreatinphosphat (KP). Bei der Spaltung von KP wird ATP hergestellt (synthetisiert). Das Phosphatsystem (ATP/Kreatinphosphat) ist aber so klein, dass es bei einer sehr intensiven Belastung, nur für ca. 7–10 Sekunden Energie zu Verfügung stellen kann. Dieser Energieumwandlungsweg benötigt hierbei keinen Sauerstoff um ATP zu produzieren. Somit entsteht auch kein Laktat. Zuerst wird also das ATP verbraucht (dies geschieht innerhalb von 2–3 Sekunden) und dann wird das Kreatinphosphat verwendet, um das ATP zu resynthetisieren (das KP reicht für ca. 6–8 Sekunden).

> **Anaerob** bedeutet eine Energiegewinnung ohne Sauerstoff – läuft diese Energiegewinnung **alaktazid** ab, wird dabei keine Milchsäure (Laktat) gebildet.
> Läuft die Energiegewinnung **laktazid** ab bedeutet dies, dass Milchsäure (Laktat) gebildet wird.

Anaerob-laktazide Energiegewinnung aus Kohlenhydraten

Bei dem anaeroben Energiebereitstellungsweg (auch Glykolyse genannt) wird das ATP durch die (teilweise) Zerlegung von Kohlenhydraten (Glucose) produziert. Dieser Energieumwandlungsweg benötigt ebenfalls keinen Sauerstoff. Neben

ATP, CO_2 und Wasser entsteht dabei als weiteres Endprodukt jedoch Milchsäure (Laktat). Der anaerob-laktazide Energiebereitstellungsweg liefert Energie für kurzzeitige Belastungen mit hoher Intensität die nur ca. 15 s bis 2 min andauern. Die Laktatbildung führt dazu, dass eine solche Belastung nicht länger aufrechterhalten werden kann (siehe Kasten).

Was ist Laktat?

Wenn während einer intensiven Ausdauerbelastung der über die Atmung aufgenommene Sauerstoff nicht ganz ausreicht, um den im Muskel benötigten Energiebedarf zur Muskelkontraktion zu decken, entsteht das saure Stoffwechselprodukt Laktat. Laktat ist das Endprodukt des anaerob-laktaziden Stoffwechsels und ein recht guter Indikator für die objektive Beurteilung der Ausdauerleistungsfähigkeit. Bei steigender Belastung nimmt die Laktatbildung und die Laktatbeseitigung (Verstoffwechslung) zu.

Die Milchsäure bzw. das Salz der Milchsäure (Laktat) führt zu einer Übersäuerung der Muskulatur und des Blutes mit der Folge, dass die Enzyme, die die ATP-Bildung bewirken, in ihrer Tätigkeit gehemmt werden. Somit kann kein ATP mehr gebildet werden und die Bewegung muss abgebrochen werden (z. B. schwere Beine beim 400-m-Lauf).

Aerobe Energiegewinnung aus Kohlenhydraten und aerobe Energiegewinnung aus Fetten

Der aerobe Energiegewinnungsweg liefert Energie für lang andauernde Belastungen mit niedrigen Intensitäten. Hierbei wird Sauerstoff („aerob") verwendet, um die Nährstoffe (Kohlenhydrate, Fette, Proteine) zu ATP umzuwandeln. Dieses System ist etwas langsamer als das anaerobe System, da es auf die Sauerstofftransportkapazität des Herz-Kreislauf-System angewiesen ist.

Was bedeutet dies für dein Sporttreiben?

Nun, dies hängt von deinen persönlichen Vorstellungen und Zielen ab. Die meisten von uns sind nicht im Wettkampf- oder Profisport zugange, sondern möchten sich vor allem sportlich betätigen, um gesund zu bleiben, sich gut zu fühlen oder vielleicht auch, um das Gewicht zu kontrollieren. Aerobe Belastungen ermöglichen dir längere Belastungszeiten mit dem potentiellen Vorteil einer nachhaltig ausgeglichenen Energiebilanz. Außerdem sind aerobe Belastungen in der Regel weniger belastend für Muskeln, Gelenke und das Herz-Kreislauf-System. Ein Umstand der vor allem für Personen mit *Arthritis* (Abb. 3-18), Herz-Kreislauf-Erkrankungen oder Bluthochdruck von Bedeutung sein kann. Um Trainingskapazitäten, Belastungstoleranzen und somit die allgemeine Leistungsfähigkeit schneller zu steigern, ist es jedoch auch notwendig, ein gewisses Maß an anaeroben Trainingseinheiten zu absolvieren. Deshalb ist die Durchführung von anaeroben Trainingseinheiten vor allem für Wettkampfsportler von Bedeutung (siehe auch Kap. 8).

Zu Beginn eines Trainingsprogrammes macht es in der Regel Sinn, mit niedrigen Intensitäten im aeroben Bereich zu beginnen. Dennoch ist es manchmal auch hier bei bestimmten Übungs- und Trainingsformen unvermeidbar in den anaeroben Energiebereitstellungsweg zu geraten. Zum Beispiel ist das Trainieren mit Gewichten anaerob, deshalb ermüdet der Muskel bei dieser Trainingsmaßnahme schnell. Andere Aktivitäten wie das Treppensteigen können ebenfalls anaerob ablaufen, z. B. wenn du zu schnell oder untrainiert bist.

Glücklicherweise benötigst du keine komplizierte Ausrüstung, um herauszufinden wann der Übergang vom aeroben zum anaeroben Bereich stattfindet. Wenn du dich dem aeroben/anaeroben Übergangsbereich näherst, erhöhen sich deine Atemfrequenz und deine Herzfrequenz und die Belastung wird zunehmend „unangenehmer". Wenn du gerne auf technische Unterstützung setzt, kannst du eine Pulsuhr verwenden. Damit ist es dir möglich den genauen Pulswert zu ermitteln, bei dem du obige Symptome erkennst. Damit weißt du immer genau, wann du dich im aeroben Bereich befindest und wann anaerobe Belastungen wirken.

Aufgabe 7-6
Nenne die Substanz aus der der Muskel Energie gewinnt.

Aufgabe 7-7
Der Körper verfügt über verschiedene Energiebereitstellungsmechanismen. **Charakerisiere** diese und **nenne** jeweils dazu passende Disziplinen aus der Leichtathletik.

Aufgabe 7-8
Begründe, warum sehr hohe Laktatwerte im Blut zum Abbruch der Bewegung führen.

Aufgabe 7-9
Skizziere, wie ein gesundheitsorientierter Ausdauersport gestaltet werden sollte.

Aufgabe 7-10
Erläutere die Abbildung 7-17.

7.9 Was sind Proteine?

Protein (auch Eiweiß) hat eine Vielzahl von Bedeutungen in unserem Körper. Es ist die Hauptkomponente aller Zellen und besteht aus Aminosäuren. Eiweiß wird für das Wachstum und für Reparaturmechanismen der Zellen benötigt. Viele Blutbestandteile, wie z. B. Antikörper des Immunsystems und **Enzyme** bestehen aus Eiweiß. Letztendlich wird das Eiweiß im Notfall auch zur Energiegewinnung herangezogen werden.

Tab. 7-2: Auflistung von essentiellen und nichtessentiellen Aminosäuren

Essentielle Aminosäuren	Nichtessentielle Aminosäuren
Phenylalanin	Alanin
Leucin	Arginin
Methionin	Asparagin
Lysin	Asparaginsäure (Aspartat)
Isoleucin	Cystein
Valin	Glutamin
Threonin	Glutaminsäure (Glutamat)
Tryptophan	Glycin
	Histidin
	Prolin
	Serin
	Tyrosin

Zwanzig verschiedene Aminosäuren sind für die Aufrechterhaltung des menschlichen Stoffwechsels notwendig. Diese werden eingeteilt in die essentiellen Aminosäuren und in die nicht essentiellen Aminosäuren. Die acht essentiellen Aminosäuren können nicht vom Körper selbst **synthetisiert** (= hergestellt) werden, sondern sie müssen über die Nahrung zugeführt werden. Die zwölf nichtessentiellen Aminosäuren werden vom Körper selbst synthetisiert. Daher bist du nicht auf deren Zufuhr von außen angewiesen. Bei einem längeren Mangel an einer der essentiellen Aminosäuren, können die jeweiligen Funktionen der Organe oder Gewebe stark beeinträchtigt werden bzw. nicht mehr aufrechterhalten werden.

Aufgabe 7-11
Erläutere die Folgen einer zu geringen Aufnahme der Aminosäuren Glutamin und Valin durch die Ernährung.

7.10 Welche Bedeutung hat das Eiweiß im Sport?

Eiweiß macht in Deutschland ungefähr 5–10% der täglichen Kalorienaufnahme aus.[7-17] Experten gehen davon aus, dass dies in etwa der zwei- bis dreifachen Menge des tatsächlichen Bedarfes entspricht. Männer benötigen in der Regel mehr Eiweiß als Frauen, da sie meist etwas schwerer sind und einen höheren Muskelanteil haben. Dennoch geht man davon aus, dass eine Menge von 0,8–1 Gramm Eiweiß pro Kilogramm Körpergewicht eine ausreichende Menge für Erwachsene darstellt. Sportler fragen sich oft, ob es sich lohnt, den Eiweiß-

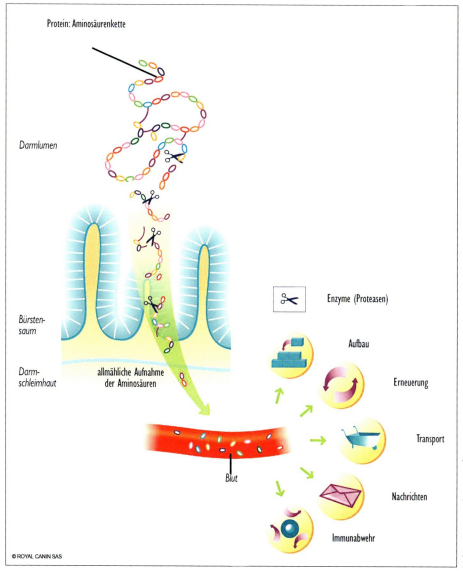

Abb. 7-19: Der Weg der Aminosäuren durch den Körper zu den jeweiligen Zielregionen

Abb. 7-20

konsum zu erhöhen, wenn man hart trainiert. Aminosäuren sind die Grundbausteine des Körpers und deshalb ist Eiweiß die Grundvoraussetzung für den Aufbau und das Wachstum von Muskelmasse (Abb. 7-19). Lange Zeit ist man davon ausgegangen, dass eine zusätzliche, stark erhöhte Eiweißaufnahme für Athleten unersetzlich ist und einen optimierten Muskelstoffwechsel und stärkeres Muskelwachstum begünstigt. Jüngste Untersuchungen zeigen tatsächlich, dass der Eiweißbedarf bei sportlich aktiven Personen höher ist als bei normal aktiven Personen. Allerdings unterscheidet sich die Rolle des Eiweißes in den unterschiedlichen Sportarten erheblich. Kraftsportler benötigen 1,5–2,5 Gramm anstatt der empfohlenen Eiweißmenge von 0,8–1 Gramm pro Kilogramm Körpergewicht. Ausdauersportler liegen bei 1,2–1,4 Gramm pro Kilogramm Körpergewicht. Es zeigt sich, dass **Leistungssportler** durch Krafttraining tendenziell einen erhöhten Bedarf an Eiweiß haben, um den Muskelaufbau zu unterstützen. Mehrere Studien konnten belegen, dass eine Krafttrainingsgruppe, die mehrere Monate mit 0,8 Gramm Eiweiß pro Kilogramm Körpergewicht trainierte, weniger Muskelmasse aufbauen konnte als eine Kontrollgruppe, die mit 2,4 Gramm Eiweiß pro Kilogramm Körpergewicht trainierte. Ausdauersportler hingegen nutzen die Mehrmenge an Eiweiß direkt zur Energieumwandlung.

Tab. 7-3

Körpergewicht	Eiweißbedarf pro kg Körpergewicht pro Tag		
	Körperliche Aktivität pro Woche		
	1–2 x	3–4 x	über 4 x
50 kg	75 g	100 g	125 g
60 kg	90 g	120 g	150 g
70 kg	105 g	140 g	175 g
80 kg	120 g	160 g	200 g
90 kg	135 g	180 g	225 g
100 kg	150 g	200 g	250 g
110 kg	165 g	220 g	275 g

Tabelle 7-3 stellt beispielhaft einen Zusammenhang des Eiweißbedarfs zwischen Körpergewicht und körperlicher Aktivität ohne Bezug zu einer speziellen Sportart dar.

Da die meisten **Freizeitsportler** täglich eine große Energiemenge zu sich nehmen, wird die empfohlene Eiweißaufnahme von 10% prinzipiell über die normale Nahrungsaufnahme erreicht. Dennoch herrscht unter Freizeitsportlern immer noch der Glaube vor, dass zusätzliches Eiweiß positive Auswirkung hat. Eine Diät mit viel Eiweiß und der Zusatz von speziellen Aminosäuren sei somit noch besser. Getreu dem Motto: Viel hilft viel!

Jedoch gibt es keinen eindeutigen wissenschaftlichen Hinweis darauf, dass eine Erhöhung der Eiweißzufuhr für Freizeitsportler über die oben angesprochenen Werte von 1,5–2,5 g/kg einen wirklichen Nutzen haben.

Eher ist das Gegenteil der Fall! Weil überschüssige Aminosäuren ausgeschieden werden müssen, sind die Nieren durch eine permanent erhöhte Eiweißzufuhr ständig überlastet. Es können sich schmerzhafte Nierensteine bilden.

Nahrungsmittel	Eiweißanteil	Nahrungsmittel	Eiweißanteil
Chips	5,6 g	Hartweizennudeln	12 g
1 Croissant	4 g	Joghurt	4 g
1 Currywurst	19 g	Lachs	17 g
1 Döner	28 g	Mais	8,5 g
1 Ei	8 g	Salami	25 g
1 Fischstäbchen	4 g	Reis	2,5 g
Frikadelle	18 g	Putenbrust	23 g

Sind keine weiteren Angaben vorhanden, beziehen sich die Angaben auf jeweils 100 Gramm

Tab. 7-4: Eiweißanteil verschiedener Lebensmittel

- Kohlenhydrate sind z. B. Zucker und Stärke. Sie existieren im Körper in unterschiedlichen Formen.
- Alle Kohlenhydrate müssen zerlegt werden, damit der Körper sie energetisch nutzen oder als Glykogen speichern kann.
- Eine kohlenhydratreiche Diät steigert die Glykogenreserven im Muskel und trägt zur Leistungssteigerung bei.
- Auch die Fette oder Lipide werden in eine Speicherform umgewandelt. Trotz des hohen energetischen Wertes von Fett hat eine erhöhte Zufuhr von Fett keine leistungssteigernde Auswirkung. Es wird lediglich in Depots abgelagert.

- Die kleinste Eiweißeinheit ist die Aminosäure. Alle Eiweiße müssen vom Körper zuerst in Aminosäuren zerlegt werden, bevor der Körper sie als Energie- oder Baustoffquelle nutzen kann.

- Die momentane Empfehlung für die Eiweißaufnahme von 0,8 g/kg kann unter bestimmten Umständen für Sportler zu niedrig sein. Jedoch sind deutlich höhere Werte nierenschädigend.

7.11 Wofür benötigt der Körper Vitamine?[7-9]

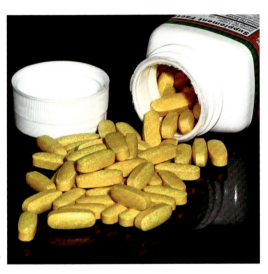

Abb. 7-21

Vitamine sind eine Gruppe von organischen Verbindungen, die bestimmte unterstützende Funktionen im Zellstoffwechsel haben. Sie werden auch als Reglerstoffe oder *Katalysatoren* für chemische Reaktionen bezeichnet. Du benötigst sie nur in relativ geringen Mengen, ohne sie könntest du jedoch viele aufgenommene Nährstoffe nicht verarbeiten. Sie sind wichtig für die Energieproduktionprozesse, den Gewebeaufbau und andere wichtige Stoffwechselprozesse.

Vitamine werden in zwei Hauptgruppen unterteilt – in wasserlösliche und in fettlösliche Vitamine:

- Die fettlöslichen Vitamine A, D, K, E (Eselsbrücke EDEKA) binden sich an Fett und werden im Darm *resorbiert*. Diese Vitamine werden im Körper eingelagert und können bei extremer Überdosierung toxisch (d. h. giftig) wirken.

- Die wasserlöslichen Vitamine B und C werden gemeinsam mit Wasser vom Körper ebenfalls über den Darm aufgenommen. Überschüssige Mengen werden mit dem Urin abgegeben. Auch bei diesen Vitaminen vermutet man schädliche Wirkungen bei Überdosierungen.

Die meisten Vitamine haben einige Funktionen, die für Sportler wichtig sind. Vitamin A ist wichtig für das Wachstum von Knochen und Gewebe. Vitamin D ist neben der Knochenentwicklung ein Regelstoff für die Calciumaufnahme und damit sehr wichtig für Stoffwechselprozesse im Muskel.

Wasserlösliche Vitamine

Übersicht über das Vorkommen ausgewählter wasserlöslicher Vitamine und deren Aufgaben im Körper

Tab. 7-5

Name	Quellen	Tagesbedarf	Aufgaben im Körper
B_1 (Thiamin)	Fleisch, Leber, Getreide, Hülsenfrüchte, Kartoffeln	1,3 mg	wichtige Funktion im Energiestoffwechsel
B_2 (Riboflavin)	Milch, Fleisch, Leber, Fisch, Gemüse und Obst	1,2-1,5 mg	wichtige Funktion im Energiestoffwechsel
Folsäure	frisches Grüngemüse, Getreide, Leber, Sojabohnen	0,4 mg	wichtige Funktion im Stoffwechsel
Niacin	Fleisch, Fisch, Hefeprodukte, Milch, Kartoffeln	13-16 mg	wichtige Funktion im Abbaustoffwechsel, beteiligt an der Bildung von Fettsäuren und Cholesterin
Pantothensäure	fast alle Nahrungsmittel	6 mg	wichtige Funktion im Energiestoffwechsel
C (Ascorbinsäure)	frisches Obst und Gemüse, vitaminisierte Getränke	100 mg	Oxidationsschutz

Fettlösliche Vitamine

Übersicht über das Vorkommen ausgewählter fettlöslicher Vitamine und deren Aufgaben im Körper

Tab. 7-6

Name	Quellen	Tagesbedarf	Aufgaben im Körper
A (Retinol)	Milch, Leber, Eigelb, Fisch, Gemüse, Früchte	0,8 mg	Sehvorgang, Entwicklung und Differenzierung von Zellen
D (Calciferol)	Lebertran, Milch, Eigelb	0,02 mg	Kalziumaufnahme, Knochenbildung
E (Tocopherol)	Getreide, Pflanzenöl	12-15 mg	Oxidationsschutz
K (Phyllochinon)	grünes Gemüse, Leber, grüne, blattförmige Pflanzen	0,07 mg	Blutgerinnung

Fazit der Deutschen Gesellschaft für Ernährung zur Bedeutung der Vitamine:

„Auf Grund der vorliegenden Ergebnisse verschiedener, ernährungsepidemiologischer Untersuchungen ist daher ganz klar zu sagen: Deutschland ist kein Vitaminmangelland. Früher gefürchtete Vitaminmangelkrankheiten werden in unserem Land bei gesunden Menschen heute nicht mehr beobachtet. Die Vitaminversorgung großer Teile der Bevölkerung hat inzwischen ganzjährig ein hohes Niveau erreicht. Hierzu tragen das weitgehend saisonal unabhängige Angebot nährstoffreicher Obst- und Gemüsesorten sowie nährstoffreicher und gleichzeitig preiswerter Milchprodukte und Fleisch bei. Auch die Nährstoffanreicherung von Lebensmitteln, der starke globale Handel und Austausch von Lebensmitteln und der Einsatz nährstoffschonender Herstellungs- und Zubereitungstechniken haben zu dieser erfreulichen Situation geführt."[7-18]

Aufgabe 7-12

Charakterisiere die zwei Hauptgruppen der Vitamine in einer Tabelle.

Freie Radikale und Antioxidantien

Der größte Anteil des eingeatmeten Sauerstoffs während einer sportlichen Belastung wird in den *Mitochondrien* zur Produktion von Energie benötigt. Dabei entsteht am Ende des Prozesses Wasser. Während dieses Vorgangs bildet sich eine kleine Anzahl von so genannten **freien Radikalen**. Diese freien Radikale wurden verstärkt nach intensiver sportlichen Belastungen nachgewiesen und könnten im Zusammenhang mit Gewebeschädigungen stehen. Da die freien Radikale sehr reaktionsfreudig sind, könnten sie theoretisch die Muskelfunktion beeinträchtigen und zu einer beschleunigten Ermüdung führen. Glücklicherweise sind unsere Muskelfasern mit Enzymen ausgestattet, die diese freien Radikale weitgehend einfan-

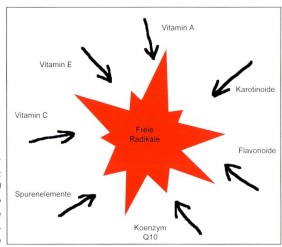

Abb. 7-22: Freies Radikal und die vermuteten Antioxidantien

gen und unschädlich machen können. Zusätzlich kann Vitamin E, *Karotinoide*, Vitamin C, *Koenzym Q10* und Flavonoide die schädliche Wirkung von freien Radikalen reduzieren (Abb. 7-22)). Daraus hat sich eine weit verbreitete Diskussion über die Wirkung von **Antioxidantien** in der Wissenschaft und der Nahrungsergänzungsmittelindustrie ergeben. Es werden inzwischen viele verschiedene Getränke, Tabletten und Pülverchen angeboten, die antioxidative Wirkung haben sollen. Deren Wirkung ist jedoch selten nachgewiesen. Nahrungsergänzungsmittel ersetzen daher keine ausgewogene Ernährung mit viel Obst und Gemüse!

7.12 Welche Bedeutung haben Mineralien im Sport?

Eine Vielzahl von Mineralien ist grundlegend notwendig für eine normale Zellfunktion. Der individuelle Bedarf hängt auch von der körperlichen Aktivität ab (siehe Tab. 7-7). Mineralien tragen bis zu 4% zu unserem Körpergewicht bei. Manche von ihnen, wie das Calcium, sind in hochkonzentrierter Form z. B. in Zähnen und Knochen anzutreffen. Andere Mineralien sind im gesamten Körper, in den Zellen und den Körperflüssigkeiten zu finden. Mineralien, die sich im Körper als *Ionen*, d. h. als ein elektrisch geladenes Atom oder Molekül, gelöst finden, werden auch als **Elektrolyte** bezeichnet. Per Definition spricht man von Makromineralien und von Mikromineralien (Spurenelemente). Makromineralien benötigt der Körper in größeren Mengen von 100 mg am Tag.[7-11]
Mikromineralien hingegen entfalten ihre Wirkung nur in geringsten Spuren. Im Gegensatz zu den Vitaminen werden Mineralien in Sportlerkreisen deutlich weniger über Nahrungsergänzungspräparate zugeführt. Wahrscheinlich liegt dies

	Normalbürger	Sportler
Natrium	0,5 g	2–10 g
Kalium	2–3 g	4–6 g
Magnesium	300–350 g	500–700 g
Calcium	800–1200 mg	1000–1500 g
Phosphor	800–1200 mg	1200–2000 g
Eisen	Mann 10 mg Frau 15 mg	Mann 10–20 mg Frau 15–25 mg
Zink	12–15 mg	15–20 mg
Jod	200 µg*	200 µg*

Tab. 7-7: Mineralienbedarf bei Normalbürgern und Sportlern

* 1 000 000 µg = 1000 mg = 1 g

daran, dass insgesamt weniger qualitativ leistungssteigernde Effekte zu bestimmten Mineralien von den Sportlern vermutet werden.

- Vitamine erfüllen viele verschiedene Funktionen für gesundes Wachstum und Entwicklung in unserem Körper.
- Vitamin E, D, K, A sind fettlöslich. Sie können sich im Körper anreichern und toxisch (schädlich) wirken. Vitamin C und B sind wasserlöslich. Überschüssige Mengen werden ausgeschieden und sind nur selten schädlich.
- Makromineralien sind Mineralien, von denen du mehr als 100 mg pro Tag benötigst. Mikromineralien (Spurenelemente) benötigst du nur in geringen Mengen.
- Mineralien werden für eine Vielzahl von Körperfunktionen benötigt und können im Körper als Ionen (Elektrolyte) wirken.

Aufgabe 7-13
Erläutere wofür der Körper Proteine, Kohlenhydrate und Vitamine benötigt?

Aufgabe 7-14
Ermittle die empfohlene Eiweißmenge pro kg Körpergewicht für einen Profikraftsportler.

7.13 Wie funktioniert das menschliche Kühlsystem

Abb. 7-23

Wenn man die Rolle des Wassers im menschlichen Körper betrachtet, spricht man in der Regel nicht von einem Nährstoff, da Wasser keinen energetischen Wert hat. Dennoch ist die Wichtigkeit des Wassers enorm groß. Es wird benötigt, um Lebensprozesse aufrechtzuerhalten und ist in der Wichtigkeit direkt nach dem Sauerstoff anzusiedeln.

60% des menschlichen Körpers bestehen aus Wasser. Ein Wasserverlust von nur 9%–12% können bereits tödlich sein.
Der menschliche Körper ist dagegen in der Lage einen Verlust von 40% seines Körperfetts ohne Folgeschäden zu ertragen.

Ernährung und Sport

Ungefähr ⅔ des Wassers befindet sich in unseren Zellen und wird als intrazelluläre Flüssigkeit bezeichnet. Der Rest des Wassers befindet sich außerhalb der Zellen und wird als extrazelluläre Flüssigkeit bezeichnet. Die außerhalb der Zellen befindliche extrazelluläre Flüssigkeit besteht aus Blutplasma, Lymphflüssigkeit und andere Körperflüssigkeiten. Wasser spielt eine große Rolle bei körperlicher Aktivität:

Die Zusammensetzung des menschlichen Blutes

Tab. 7-8

B L U T

Blutzellen 45%
- Erythrozyten
- Leukozyten
- Thrombozyten

Plasma 55%
- Wasser
- Eiweiße
- Nährstoffe
- Salze
- Stoffwechselprodukte
- Enzyme
- Hormone

Abb. 7-24

- Die roten Blutkörperchen transportieren Sauerstoff mit Hilfe des Blutplasmas als Transportmedium zu den Zellen.
- Nährstoffe wie Glukose, Fettsäuren und Aminosäuren werden ebenfalls über das Blutplasma zu den Zellen transportiert.
- Kohlenstoffdioxid und andere Stoffwechselendprodukte verlassen die Zellen und werden mit dem Blutplasma abtransportiert.
- Hormone, die den Stoffwechsel kontrollieren, werden mit dem Blutplasma zu den Zielorganen transportiert.
- Wasser ist das Transportmedium zur Abfuhr der Körperwärme.
- Das Gesamtvolumen des Blutplasmas spielt eine entscheidende Rolle bei Herz-Kreislauffunktionen und der Aufrechterhaltung unseres Blutdruckes.

- Wasser ist der wichtigste „Stoff" für den menschlichen Körper.
- Ein Wasserverlust von nur 9%–12% kann bereits tödlich sein!
- Wasser befindet sich innerhalb und außerhalb der Zellen.
- Die wichtigste Funktion des Wassers liegt in seiner Fähigkeit wichtige Substanzen im Körper zu transportieren.

7.14 Wie wird der Wasserhaushalt geregelt?

> Ein 70 kg schwerer Marathonläufer verliert im Durchschnitt pro Stunde 1,8 Liter Schweiß!

Um eine optimale sportliche Leistungsfähigkeit zu erreichen ist ein ausgeglichener Wasser- und Elektrolythaushalt enorm wichtig (vgl. Kap. 6). Dies wird jedoch sehr häufig während dem Training nicht ausreichend berücksichtigt. Im folgenden Kapitel wirst du dir den Wasser- und Elektrolythaushalt anschauen und dabei den Einfluss auf die sportliche Aktivität betrachten, wenn es zu Störungen im Wasserhaushalt kommt.

Abb. 7-25: Wasserhaushalt

7.15 Der Wasserhaushalt im Ruhezustand

Unter normalen Ruhebedingungen ist unser Wasserhaushalt relativ ausgeglichen. Die Wasserabgabe entspricht der Wasseraufnahme. Ungefähr 60% des aufgenommen Wasser erhalten wir über Getränke und ca. 30% über die aufgenommene feste Nahrung. Der 10% Rest wir durch körpereigene Stoffwechselprozesse, die **Zellatmung** gebildet. Die Wasserabgabe erfolgt auf vier Wegen:

Ernährung und Sport

- **Verdunstung über die Haut**
- **Verdunstung über den Atemweg**
- **Ausscheidung über die Nieren**
- **Ausscheidung über den Dickdarm**

Die menschliche Haut ist wasserdurchlässig. Wasser **diffundiert** (lateinisch *diffundere* ‚ausgießen', ‚verstreuen', ‚ausbreiten') auf die Hautoberfläche. Dort verdunstet es und erzeugt dadurch einen Kühleffekt (vgl. Kap. 6.1). Zusätzlich gibst du permanent Wasserdampf über deine Schleimhäute ab, ohne dass du dies bemerkst. Nur im Winter, bei entsprechenden niedrigen Temperaturen, kannst du sehen, wie der Wasserdampf in der kalten Luft kondensiert. Dieser Weg trägt mit 30% zum Wasserverlust des menschlichen Körpers bei. Der Hauptanteil der Wasserabgabe nämlich ca. 60% erfolgt über die Nieren. Die Nieren produzieren ca. 50–60 ml Urin pro Stunde. Die anderen 10% gehen durch Schwitzen und über den Dickdarm verloren.

Aufgabe 7-15
Nenne die Aufgaben des Wassers im menschlichen Körper.

Aufgabe 7-16
Beschreibe den Regulationskreislauf der Wasserhaushaltes.

7.16 Der Wasser und Elektrolythaushalt bei sportlicher Aktivität

Bei sportlicher Aktivität steigt die Wasserabgabe drastisch an. Wie du bereits gelernt hast, gelingt es dem Körper nur Wärme abzugeben, indem Schweiß produziert wird. Bei intensiven sportlichen Belastungen steigt die Körpertemperatur kontinuierlich an. Dementsprechend muss die Schweißproduktion ebenfalls erhöht werden um ein Überhitzen zu verhindern. Gleichzeitig findet durch die erhöhte Stoffwechselrate auch eine erhöhte Wasserproduktion im Körperinneren statt. Diese Wasserproduktion hat allerdings selbst bei höchsten Belastungen keinen Einfluss auf die *Dehydration*, die vor allem durch starkes Schwitzen hervorgerufen wird. Ein Sportler mit 70 kg Körpergewicht produziert während einer einstündigen, hochintensiven Belastung durch die Zellatmung ca. 150 ml Wasser durch den Verbrauch von ca. 250 g Kohlenhydraten. Jedoch entsteht in derselben Zeit eine Schweißmenge von ca. 1,8 Litern.

Während eines Marathonlaufs können die Muskeln eines Sportlers durch die Zellatmung bis zu 500 ml Wasser produzieren!

Im Allgemeinen ist die produzierte Schweißmenge von Umgebungsfaktoren (Temperatur/Luftfeuchtigkeit/Wind), der Körpergröße/Gewicht und der Stoffwechselrate abhängig (siehe Abb. 7-26). Diese drei Faktoren bestimmen die Körpertemperatur:

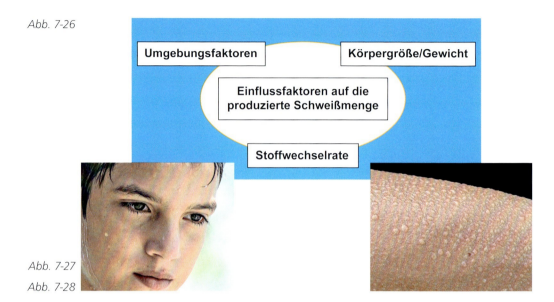

Abb. 7-26

Abb. 7-27
Abb. 7-28

Das **Körpergewicht** spielt bei der Schweißproduktion eine große Rolle. Größere Körper benötigen mehr Energie und haben somit eine höhere **Stoffwechselrate**. Außerdem bedeutet eine größere Körperoberfläche mehr Schweißdrüsen, was in einer größeren Schweißabgabe resultiert. Je intensiver die Belastung, umso höher ist die Wärmeproduktion und somit die Schweißabgabe.

Hochintensive Belastungen bei entsprechender **Umgebungstemperatur** können schnell zu Werten von bis zu 4 Litern Wasserverlust pro Stunde führen. Schon geringe Schwankungen im Wasserhaushalt können die Ausdauerleistungsfähigkeit beinträchtigen. Eine lebensbedrohliche Dehydrierung liegt zwar erst ab einem Flüssigkeitsverlust von ca. 9 Prozent des Körpergewichts vor, aber schon ab einem Prozent wirkt sich ein Wassermangel einschränkend auf die aerobe Ausdauerfähigkeit aus, und bei vier Prozent kommt es zu einer Verminderung der Kraftleistung. Ohne Flüssigkeitszufuhr von außen lässt sich bei lang andauernden Belastungsformen eine durch den Wasserverlust verursachte kontinuierliche Leistungsreduktion beobachten. Langstreckenläufer müssen beispielsweise ihre Laufgeschwindigkeit für jedes Prozent an verlorenem Körpergewicht um 2% reduzieren. Für die Praxis bedeutet dies, dass ein Läufer der normalerweise 10 km in 35 Minuten läuft, rein rechnerisch um 2 Minuten und 48 Sekunden langsamer wird, wenn er um 4% dehydriert wäre.

Die Auswirkungen der *Dehydration* sind recht verlässlich vorhersagbar. Flüssigkeitsverlust bedeutet in erster Linie ein reduziertes Plasmavolumen. Dies führt zu einem reduzierten Blutdruck, welcher wiederum die Versorgung von Muskeln und Haut reduziert. Da weniger Blut die Haut erreicht, wird weniger Wärme abtransportiert. Allerdings sind die Auswirkungen der Dehydration bei kurz andauernden Belastungen deutlich geringer.

Wenn große Mengen Schweiß produziert werden, kann das Gleichgewicht zwischen Wasser und Elektrolyten gestört werden, obwohl der Schweiß bis zu 99% aus Wasser besteht. Natrium und Chlorid sind die am häufigsten vorkommenden Elektrolyte im Schweiß. Im Ruhezustand werden überschüssige Elektrolyte von den Nieren ausgeschieden. Da die Urinproduktion der Nieren bei starker körperlicher Belastung reduziert wird, gehen über diesen Weg allerdings relativ wenige Elektrolyte verloren. Durch *Dehydration* steigt die Elektrolytkonzentration im Blut sogar etwas an, was dich dazu veranlasst mehr zu trinken um den Wasserverlust auszugleichen (vgl. Abb. 7-39).

Die Tabelle zeigt den Elektrolytgehalt in unterschiedlichen Mineralwässern und Sportgetränken, den durchschnittlichen Elektrolytverlust (mg) pro Liter Schweiß, sowie die täglich empfohlene Menge an Elektrolyten.

Tab. 7-9

	Na(+) mg/l	Cl(−) mg/l	Mg(++) mg/l	Ca(++) mg/l
Wasser 1	553	183	121	90
Wasser 2	1315	1501	8	58
Wasser 3	6	6	83	476
Wasser 4	244	48	201	129
Sportgetränke	400–800	50–100	50–100	50–200
Schweiß	700–1500	500–800	2–10	20–40
tägl. empfohlene Menge	550 mg	800 mg	375 mg	800 mg

Aufgabe 7-17

Diskutiere die Folgen der Aussage auf von Kapitel 7.14 zum Wasserverlust beim Marathonlauf.

Aufgabe 7-18

Erläutere den Einfluss der drei in Abbildung 7-26 aufgeführten Einflussfaktoren auf die produzierte Schweißmenge.

Der menschliche Körper und sportliche Aktivität

7.17 Wie entsteht das Durstgefühl?

> **Als Faustregel für den Sportler gilt:**
> „Wenn du Durst spürst, bist du bereits dehydriert!"

Abb. 7-29 und Abb. 7-30: Trinkpausen sind wichtig für Mensch und Tier!

Aber woher weiß der Körper, dass der Wasserhaushalt aus dem Gleichgewicht geraten ist? Wie oben erwähnt, erhöht sich bei Wasserverlust durch Schwitzen die Elektrolytkonzentration im Blut. Diese erhöhte Konzentration wird vom Steuerzentrum im Gehirn *(Hypothalamus)* registriert und führt zu unserem Durstgefühl. In der Regel erfolgt dieses Signal zeitlich verzögert. Daher befindet sich der Sportler dann schon in einem Bereich, in dem eine Leistungsminderung bereits stattfindet. Der Mensch tendiert dazu Wasserverlust relativ langsam und zögerlich auszugleichen. Hunde beispielsweise sind in der Lage direkt nach heftigem Wasserverlust 10% ihres Körpergewichts durch Wasser aufzunehmen und somit den Wasserverlust sofort auszugleichen. Für den Menschen aber ist es ratsam, sehr genau auf die persönliche Wasserbilanz zu achten, um eine frühe Dehydrierung zu vermeiden bzw. nicht bereits dehydriert ins Sporttreiben zu starten.

- Der Wasserhaushalt ist vom Elektrolythaushalt abhängig und umgekehrt!
- Im Ruhezustand entspricht die Wasseraufnahme dem Wasserverbrauch. Wasser wird durch Getränke und Nahrung aufgenommen und durch Stoffwechselprozesse ergänzt!
- Während intensiver Belastungen steigt die Stoffwechselrate und die damit verbundene Wasserproduktion an!

Ernährung und Sport

- Der Wasserverlust nimmt bei Belastungen zu, da die Körpertemperatur ansteigt und damit die Schweißmenge erhöht wird. Schweiß ist dann die Hauptursache für den Wasserverlust. Die Nieren reduzieren sogar ihre Exkretionsfunktion, um die Gefahr einer Dehydrierung zu mindern!
- Schon bei einer Dehydration von 1–2% kann die körperliche Leistungsfähigkeit merklich reduziert sein!
- Die Notwendigkeit verlorene Flüssigkeit zu ersetzen ist größer als die Notwendigkeit Elektrolyte zu ersetzen!

Ist Kaffee wirklich ein Flüssigkeitsräuber?[7-12]

„Regelmäßiger und gleichmäßiger Konsum von Kaffee beeinflusst den Flüssigkeitshaushalt allein durch die mit dem Kaffee zugeführte Wassermenge. Bei einmaligem Genuss kleiner Mengen von Kaffee reichen 24 Stunden aus, um die geringe einmalige harntreibende Wirkung des Coffeins durch Gegenregulationsmechanismen zu kompensieren. Das Getränk Kaffee ist ein wichtiger Teil der täglichen Gesamt-Wasserzufuhr. In der Flüssigkeitsbilanz kann Kaffee in aller Regel so wie jedes andere Getränk behandelt werden. Die Geschichte vom Kaffee als Flüssigkeitsräuber beruht auf einem Irrtum, ist also eine Mär."[7-13]

Abb. 7-31

7.18 Was gehört zu einer sportgerechten Ernährung?

Sportler verlangen ihrem Körper durch ihr tägliches Training und durch häufige Wettkämpfe viel ab. Ihr Organismus muss für die verschiedenen Phasen von Belastung und Erholung im Laufe eines Trainingsjahrs aber auch im Laufe einer Trainingswoche oder eines Tages optimal abgestimmt sein. Neben einer sehr genauen Trainingsplanung bedarf es auch unbedingt einer optimalen Ernährungsplanung. Meist verbrin-

Abb. 7-32

gen die Sportler sehr viel Zeit damit ihre taktisch-technischen Fähigkeiten und ihre **physischen Leistungsfaktoren** wie Kraft, Schnelligkeit Ausdauer, Koordination und Beweglichkeit zu trainieren während eine sportgerechte und vor allem leistungsangepasste Ernährung vernachlässigt wird.

Im Folgenden betrachten wir die Grundlagen einer sportgerechten Ernährung vor und während dem Wettkampf.

7.18.1 Wie sollte die Mahlzeit vor dem Wettkampf aussehen?[7-7]

Jahrzehntelang wurde Athleten empfohlen mehrere Stunden vor dem Wettkampf ein großes Steak zu essen. Man ist davon ausgegangen, dass mit dem Steak die notwendigen Proteine und Kohlenhydrate zur Verfügung gestellt werden, die im harten Wettkampf benötigt werden. Inzwischen weisst du, dass diese Form der Wettkampfvorbereitung eine wohl eher nachteilige Wirkung auf die sportliche Leistungsfähigkeit hat. Ein Steak hat einen relativ hohen Fettanteil, was eine lange Verdauungs- und Verweilzeit im Magen-Darm-Trakt mit sich bringt. Im Ergebnis ringen das Verdauungssystem und die Muskulatur um Blut, damit sie ihre jeweiligen Aufgaben, nämlich die Verdauung und die Nährstoffversorgung, erfüllen können. Zusätzlich wird die Verdauung noch weiter verlangsamt, da in der Regel die nervliche Anspannung des Sportlers vor einem Wettkampf zunimmt. Daher sollte der Sportler das Steak bevorzugt nach dem erfolgreichen Wettkampf zu sich nehmen. Aber welche Nahrungsmittel soll ein Sportler im Vorfeld zu sich nehmen?

Abb. 7-33

Eine Mahlzeit die nur wenige Stunden vor dem Wettkampf eingenommen wird, kann die Glykogenspeicher in der Muskulatur nicht mehr nennenswert positiv beeinflussen. Jedoch trägt sie zu einem ausbalanciertem Glukosespiegel im Blut bei und verhindert damit das Aufkommen eines Hungergefühls. Im Allgemeinen sollte die Mahlzeit spätestens zwei Stunden vor dem Wettkampf zu sich genommen werden. Die Mahlzeit sollte einen Brennwert von ca. 200–500 kcal haben und aus kohlenhydratreicher, leicht verdaulicher Kost bestehen. Bananen, Müsliriegel oder Cerealien werden beispielsweise rasch verdaut und verursachen kein unnötiges Völlegefühl. Da die Verdauungszeiten sehr individuell sind sollten hier persönliche Erfahrungen des einzelnen Sportlers mit berücksichtigt werden.

Abb. 7-34

Die auf dem Markt erhältlichen flüssigen Nahrungsmittelkonzentrate stellen für diesen Fall durchaus eine Alternative dar. Allerdings sollten auch diese mit einem zeitlichen Abstand von mindestens einer Stunde vor dem Wettkampf zu sich genommen werden. Jeder Sportler sollte unbedingt seine persönliche Reaktion auf diese Flüssignahrung kennen und diese nicht erstmalig bei einem Wettkampf testen. Es gibt immer wieder Berichte von Sportlern, die mit Magenkrämpfen und Erbrechen auf hoch konzentrierte Nahrung reagieren.

Was ist Carboloading?[7-6]

Vielleicht hast du schon mal von einer „Pasta-Party" vor einem Wettkampf gehört? In den vorherigen Ausführungen wurde schon mehrfach über verschiedene Einflussfaktoren auf die Glykogenreserven im Muskel gesprochen. Theoretisch ist die Ermüdungswiderstandsfähigkeit bei Ausdauerleistungen umso höher, je größer die Reserven von Glykogen im Muskel sind. Deshalb muss das Ziel eines jeden Athleten sein, mit maximal aufgefülltem Glykogenspeicher an den Start zu gehen. Bereits in den 50er und 60er Jahren wurden in Russland und Schweden Ernährungskonzepte entwickelt, um Läufer dabei zu unterstützen eine maximale Glykogenreserve im Muskel anzulegen.

Typischerweise begann dieser Prozess, der als Carboloading bezeichnet wird, ca. eine Woche vor dem Wettkampf mit einer 3- bis 4-tägigen dauernden Entleerungsphase gefolgt von einer ebenfalls 3-4 Tage dauernden Ladephase. Während der Entleerungsphase wurde intensiv trainiert und dabei fast vollständig auf Kohlenhydrate verzichtet, um die Glykogenspeicher maximal zu leeren. In der Ladephase drehte sich die Vorgehensweise um, die Trainingsintensität wurde stark reduziert und es wurden überwiegend Kohlenhydrate zu sich genommen. Im Ergebnis zeigte sich, dass die ursprünglichen Kohlenhydratspeicher über den Normalwert hinaus angehoben werden konnten und eine höhere Ermüdungswiderstandsfähigkeit festgestellt werden konnte.

Neuere Untersuchungen belegen allerdings, dass die Entleerungsphase in dieser Form gar nicht nötig ist, was vor allem für jene Sportler eine gute Nachricht ist, die mit dieser Phase teilweise große Schwierigkeiten hatten. Heutzutage ist bekannt, dass eine Reduktion des Trainings für 2–4 Tage bei gleichzeitiger sehr kohlenhydratreicher, fettarmer Kost die Muskelglykogenspeicher anwachsen lässt.

Abb. 7-35

Der menschliche Körper und sportliche Aktivität

Kann man als Vegetarier/Veganer auch ein erfolgreicher Sportler sein?

Um sich gesund zu ernähren und ausreichend Kohlenhydrate zu sich zu nehmen muss man nicht unbedingt tierische Produkte zu sich nehmen. Es gibt einige Weltklassesportler (Carl Lewis, Venus Wiliams), die sich vegetarisch/vegan ernähren. Die strengere Form des Vegetarismus ist der Veganismus. Veganer verzichten im Gegensatz zu den Vegetarieren vollständig auf alle tierischen Produkte also auch auf Milch, Käse und Eier. Es ist durchaus möglich als Vegetarier/Veganer erfolgreich Sport zu treiben. Jedoch muss der Ernährung noch mehr Aufmerksamkeit geschenkt werden, als es ohnehin schon nötig ist, da sonst relativ schnell Mangelzustände entstehen können, die eine volle Leistungsentfaltung behindern!

7.18.2 Hält die Sportgetränkewerbung was sie verspricht?

Warst du nach dem Konsum eines Sportgetränkes schon mal in der Lage endlos zu sprinten oder sogar zu fliegen?
In den vorherigen Kapiteln hast du gelernt, dass deine Leistungsfähigkeit positiv beeinflusst wird, wenn du während der sportlichen Belastung Flüssigkeit und Kohlenhydrate zu dir nimmst. Naheliegend und am einfachsten ist es, die notwendige **Flüssigkeitszufuhr** und die Versorgung mit Nährstoffen durch ein Getränk abzudecken. Die Auswahl der auf dem Markt erhältlichen „Wundergetränke" ist riesig (Abb. 7-35). Wer im Supermarkt nach einem Getränk für das abendliche Training sucht, hat die Qual der Wahl. Mineralwasser mit Kohlesäure oder ohne Kohlensäure, Erfrischungsgetränke und Limonaden, spezielle Sportlergetränke, Saft oder gar Bier (alkoholfreies natürlich) – welches Getränk ist sinnvoll, um deinen Flüssigkeitshaushalt auszugleichen? Ein Sportgetränk muss mehrere Aufgaben erfüllen, nämlich zum einen die **Flüssigkeitsversorgung** und zum anderen die **Energieversorgung**. Entscheidend ist auch, dass die darin enthaltenen Mineralien und Kohlenhydrate für den Körper möglichst schnell verfügbar sind.

Abb. 7-36
Abb. 7-37
Abb. 7-38

Abbildungen oben: Der Stier als Namensgeber für die Aminosäure Taurin; eine Guarana-Pflanze und das daraus gewonnene Pulver für Getränke.

Die Sportgetränkeindustrie hat inzwischen eine Vielzahl von Produkten auf den Markt gebracht, die eine unüberschaubare Anzahl von Inhaltsstoffen mit allerlei versprochenen Wirkungen beinhalten sollen. Z. B. Sauerstoff, Taurin, Koffein, Teeextrakten oder Guarana (Abb. 7-36 bis 7-38).

Was allen auf dem Markt erhältlichen Sportgetränken gemeinsam ist, ist ein recht hoher Zuckeranteil in Form von Glukose. Wie du bereits gelesen hast, ist der Körper auf Zucker (Glukose) angewiesen um Energie zu produzieren. Die Frage ist allerdings, ob Zucker tatsächlich die beste Energiequelle für ein Sportgetränk ist. Es gibt Getränke mit anderen Zuckerarten – neben der Glukose z. B. Maltodextrin oder Fruktose, die bei gleicher Konzentration etwas schneller aufgenommen werden können und somit die Inhaltsstoffe des Getränks auch schneller zur Verfügung stehen. Neben der Kohlenhydratkonzentration spielt also auch die Zusammensetzung eine entscheidende Rolle. Im Allgemeinen verbleiben Kohlenhydratlösungen länger im Magen als Wasser. Dabei kommt es allerdings auf die Konzentration und die Art der gelösten Kohlenhydrate an.

> Der Begriff „Taurin" stammt von der lateinischen Bezeichnung für Stiergalle, „Fel tauri", bzw. vom griechischen Wort tauros für „Stier" ab. Diesem Namen hat Taurin vermutlich die Entstehung der zahlreichen Legenden um seine Wirkung zu verdanken. Der Erwachsene menschliche Körper kann eine ausreichende Menge Taurin aus der Aminosäure Cystein selbst herstellen.
> Guarana ist eine Lianenart und besitzt die stimulierende Wirkung des Koffeins.

Die frei verkäuflichen Getränke sind gewöhnlich **isotonisch**, das heißt deren osmotische Konzentration (früher **Osmolarität** = die Osmolarität gibt die Anzahl der aktiven Teilchen pro Liter Lösung an) liegt nahe der des Blutes. Die Inhaltsstoffe von isotonische Getränke werden rascher vom Körper aufgenommen. Um auf die besonderen Ernährungsbedürfnisse im Leistungssport einzugehen gibt es auch **hypotonische** (niedrigere Osmolarität) und **hypertonische** (höhere Osmolarität) Getränke. Ein stark zuckerhaltiges (hypertones) Sportgetränk (z. B. Cola)

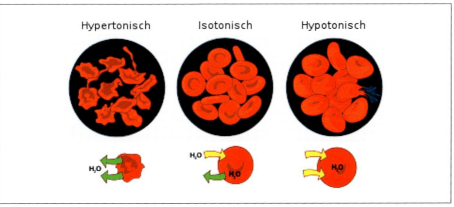

Abb. 7-39: Osmotische Wirkung der aktiven Teilchen auf den Wasserhaushalt von Zellen (hier rote Blutkörperchen)

kann also dazu führen, dass dem Körper zusätzliche Flüssigkeit entzogen wird, weil eine hohe Zuckerkonzentration im Magen-Darm-Trakt Wasser aus den Zellen zieht (siehe Abb. 7-39).

Wer im Wettkampf also nur auf Cola oder Ähnliches zurückgreift, tut sich damit keinen Gefallen. Cola beinhaltet ca. 11% Zucker. Wenn vor allem die Aufnahmegeschwindigkeit von Flüssigkeit betrachtet wird, sollten Sportgetränke nicht mehr als 2–3% Zucker beinhalten.

Bei lang anhaltenden Ausdauerleistungen liegen die Empfehlungen bei ca. 50 Gramm Zucker pro Stunde. Die in Cola vorkommende Konzentration an Zucker könnte also in diesem Fall zur Aufrechterhaltung der Energiereserven beitragen.

Die meisten Sportgetränke auf dem Markt beinhalten nur 6 – 8% Zuckeranteil. Ein Ausdauerathlet müsste somit ca. 6000–8000 ml dieser Getränke pro Stunde konsumieren, um genügend Kohlenhydrate zu sich zu nehmen. Jedoch können die meisten Sportler während einer Belastung nicht mehr als 250–450 ml pro Stunde aufnehmen. Dennoch gibt es gute Argumente, Cola zumindest als einen Teil der Wettkampfernährung einzubeziehen. 1000 Milliliter Cola enthalten 10,6 Gramm schnell verfügbaren Zucker, der besonders in der Endphase eines langen Rennens für die nötige Energie sorgt. Das ist zwar eine relativ kleine Energiemenge, die jedoch ausreicht, um auf den letzten Kilometern den gefürchteten *Hungerast* zu vermeiden.

- Reines Wasser reicht als Durstlöscher völlig aus. Wasser ergänzt mit Zucker (z. B. Apfelschorle) erfüllt noch mehr Funktionen.

- Die Aufnahmegeschwindigkeit von Nährstoffen im Magen ist abhängig von der Elektrolyt bzw. Zuckerkonzentration der jeweiligen Lösung. Fett verlangsamt diese Aufnahmegeschwindigkeit!

- Hoch konzentrierte Zuckerlösungen werden langsamer aufgenommen als schwach konzentrierte Lösungen. Jedoch stellen die höher konzentrierten Lösungen mehr Energie zur Verfügung! Intensive körperliche Belastung bedeutet immer eine Verlangsamung der Verdauungsprozesse!

Aufgabe 7-19
Bringe unterschiedliche „Sportgetränke" in den Unterricht mit und **diskutiere** mit deinem Lehrer die Zusammensetzung und die zu erwartende Wirkung.

Aufgabe 7-20
Erläutere den Mechanismus des Carboloadings.

Aufgabe 7-21
Begründe mit der Hilfe von Abbildung 7-34 warum es gefährlich sein kann größere Mengen destilliertes Wasser zu trinken.

7.18.3 Welche Rolle spielen Nahrungsergänzungsmittel beim Sport?

Der Markt für Nahrungsergänzungsmittel boomt. 2013 wurden allein in Deutschland Nahrungsergzungsmittel im Wert von über einer halben Milliarden Euro verkauft. Seit Ende der 90er Jahre drängen immer mehr Produkte auf den Markt. Nahrungsergänzungsmittel sind Lebensmittel, die die (allgemeine) Ernährung ergänzen sollen, sie aber auf keinen Fall ersetzen. Aus wissenschaftlicher Sicht können sie im Bereich zwischen Arzneimitteln und Lebensmitteln angesiedelt werden. Demnach werden sie nicht primär zur Energieversorgung herangezogen, sondern sie sind vielmehr Konzentrate von Nährstoffen oder anderen Stoffen mit ernährungsspezifischer oder physiologischer Wirkung. Darüber hinaus werden Nahrungsergänzungsmittel nur in dosierter Form (Kapseln, Pastillen, Tabletten, Pillen, Brausetabletten), sowie in abgemessenen, kleinen Mengen in den Verkehr gebracht.

Hauptsächlich enthalten Nahrungsergänzungsmittel **Vitamine**, **Mineralstoffe** und andere Substanzen, die vom Körper aufgenommen und im Anschluss verarbeitet werden. In der Hoffnung damit eine Leistungssteigerung zu erzielen greifen viele Sportler häufig zu Nahrungsergänzungsmitteln wie z. B. konzentrierten **Aminosäuren, Carnitin, Koffein** oder **Kreatin**. Doch helfen diese Substanzen wirklich?

Aminosäuren im Sport

Wie in Kapitel 7.10 erwähnt, spielen Proteine in unserem Körper ein wichtige Rolle. Darin hast du erfahren, dass Aminosäuren die Bausteine der Proteine sind. Die Aminosäuren Leucin, Isoleucin und Valin sind lebensnotwendig und die einzigen Aminosäuren, die direkt im Skelettmuskel verstoffwechselt werden können. Sie sollen beim Sport den Proteinabbau im Skelettmuskel hemmen, die zentrale Ermüdung unterdrücken und in der Erholungsphase die Muskelstrukturen schneller wiederherstellen können. Da ihr Gehalt etwa 50 Prozent der lebensnotwendigen Aminosäuren in der Nahrung ausmacht, ist eine Unterversorgung bei einer üblichen Ernährungsweise unwahrscheinlich. Mit Milch- und Milchprodukten lassen sich schon in der Nachbelastungsphase notwendige Mengen auf natürlichem Wege aufnehmen.

> Die Einnahme von Aminosäuren-Präparaten erscheint für den Freizeitsportler nicht empfehlenswert zu sein.

Carnitin im Sport

Carnitin transportiert Fettsäuren aus dem Zellplasma in das Mitochondrium, das Kraftwerk der Zelle". Dort findet die Fettverbrennung statt. Wird eine Körpergewichtsabnahme mittels Sport und Diät angestrebt, wird Carnitin mitunter als Ergänzung empfohlen, um einen besseren Umsatz der Fettsäuren zu erreichen, da der Stoffwechsel bei Übergewichtigen i. d. R. nicht an die körperliche Leistung angepasst ist. Hierbei wird die zusätzliche Einnahme von Carnitin in Studien allerdings kontrovers diskutiert. Der gesunde Körper produziert Carnitin selbst in ausreichender Menge. Zusätzlich nimmt er Carnitin aus tierischen Lebensmitteln auf. Sportlerinnen und Sportler, die sich vegetarisch ernähren, sollten regelmäßig Milch- und Milchprodukte im Speiseplan berücksichtigen. Im Hochleistungssport sowie mit zunehmendem Alter kann die Carnitineigenproduktion nicht (mehr) ausreichen. Nur im Fall eines Carnitinmangels erscheint derzeit die Einnahme von Carnitinpräparaten sinnvoll. Bei ausreichender Carnitinproduktion führt eine zusätzliche Aufnahme weder zu einer Leistungssteigerung noch zu einer nennenswert gesteigerten Fettverbrennung. Es gibt aber Hinweise, dass Carnitin bei gesunden Freizeitsportlern Muskelschäden vermindert und damit die Regeneration unterstützt.

Aufgrund einer möglichen Schwächung der körpereigenen Carnitinbildung bei Einnahme von Carnitinpräparaten erscheint eine zusätzliche Carnitinaufnahme nicht sinnvoll.

Koffein im Sport

Abb. 7-40

Koffein unterdrückt beginnende Müdigkeit, kann die Konzentrationsfähigkeit erhöhen und die Glykogenspeicher schonen, indem der Fettabbau beim Sport aktiviert wird. Dazu sollte Koffein ohne den gleichzeitigen Verzehr von Kohlenhydraten angewandt werden. Mit Kohlenhydraten kann Koffein in der Regeneration zu einer schnelleren Wiederauffüllung entleerter Glykogenspeicher beitragen. Die Effizienz wurde in einigen Sportarten belegt. Allerdings sind recht hohe Dosierungen notwendig, z. B. bei einem Körpergewicht von 60 kg zwischen drei und sieben Tassen starker Kaffee. Entscheidend ist die individuelle Verträglichkeit. Empfindliche Personen reagieren auf den Koffeingenuss unter Umständen mit Nervosität, Herzklopfen und Durchfall.

Kreatin im Sport

Kreatin dient im Skelettmuskel zum schnellen Neuaufbau des Energielieferanten ATP, der sehr rasch, aber nur für begrenzte Zeit Energie zur Verfügung stellt. Daher ist der Muskelkreatingehalt bei kurzen, intensiven sowie intervallartigen

Belastung (z. B. Weitsprung, Krafttraining, Spielsportarten) von entscheidender Bedeutung. Kreatin wird im Organismus selbst gebildet und kommt in nennenswerten Mengen auch in vielen tierischen Lebensmitteln vor. Die zusätzliche Aufnahme soll die Kreatinspeicher in der Muskulatur vergrößern, um länger bzw. häufiger schnellkräftige Bewegungen ausführen zu können. Eine leistungssteigernde Wirkung ist aber nur bei hochintensiven Belastungen zu erwarten. Beim Ausdauersport treten keine Effekte auf. Als Nebenwirkungen können Durchfall, Anstieg des Körpergewichts durch Wassereinlagerung mit einhergehenden motorischen Störungen, gesteigerte Krampfneigung sowie Sehnen- und Bandverletzungen durch eine zu schnelle Kraftentwicklung auftreten.

7.18.4 Ist eine Nahrungsergänzung nötig und sinnvoll?

Eine kaum noch überschaubare Anzahl an Nahrungsergänzungsmitteln, die im Handel angeboten werden, vermittelt einem zu Unrecht den Eindruck, dass eine ausreichende Nährstoffzufuhr allein über die Ernährung mit traditionellen Lebensmitteln nicht möglich wäre.[7-10] Grundsätzlich versorgt aber eine ausgewogene und abwechslungsreiche Ernährung den gesunden Körper mit allen lebensnotwendigen Stoffen. In den meisten Fällen sind deshalb Nahrungsergänzungsmittel überflüssig. Vor allem die erstmalige Einnahme von vermeintlich leistungssteigernden Substanzen vor wichtigen Prüfungen sollte unbedingt vermieden werden, da du die Wirkung im Vorfeld nie sicher einschätzen kannst!

Abb. 7-41

Der menschliche Körper und sportliche Aktivität

Es gibt aber Ausnahmen: So kann eine einseitige oder unzureichende Ernährung dazu führen, dass zu wenige essentielle Nährstoffe aufgenommen werden. In der Schwangerschaft, Stillzeit und bei intensiver sportlicher Belastung ist der Bedarf an bestimmten Nährstoffen erhöht. Auch bei älteren Menschen kann die Versorgung mit essentiellen Nährstoffen, z. B. als Folge von Kau- oder Schluckbeschwerden, sowie von Appetitverlust ungenügend sein. Dies gilt ebenfalls bei chronisch Kranken. In diesen Fällen kann eine Ergänzung der Nahrung nötig oder sinnvoll sein.

Nichtsdestotrotz ist und bleibt die beste Ernährungsstrategie eine ausgewogene und abwechslungsreiche Ernährung mit viel Obst und Gemüse. Nahrungsergänzungsmittel sind dafür kein gleichwertiger Ersatz.[7-8]

Abb. 7-42

Aufgabe 7-22

Diskutiere den Wert von Eiweißergänzungspräparaten im Kraft- und Ausdauersport.

Aufgabe 7-23

Finde heraus, bei welchen Vitaminen und Mineralien eine Unterversorgung bei Sportlern entstehen kann.

Aufgabe 7-24

Skizziere wie die letzte Mahlzeit vor einem Wettkampf aussehen sollte.

Aufgabe 7-25

Welche Bestandteile sollten in einem guten Sportgetränk enthalten sein? **Begründe**!

7.19 Doping

„Ich kann mir die positive Dopingprobe nicht erklären". „Ich habe mich niemals gedopt". So oder so ähnlich hören sich die Aussagen von positiv getesteten Sportlern an.

Strict liability:
Wird eine positive Dopingprobe festgestellt, so ist der betroffene Athlet selbst voll dafür verantwortlich. Dabei spielt es keinerlei Rolle, wer oder was das verschuldet hat! Das Prinzip der verschuldensunabhängigen Haftung („strict liability") bedeutet in der Folge, dass jeder Athlet genau wissen muss, was er zu sich nehmen darf und was erlaubt, bzw. nicht erlaubt ist.

Abb. 7-43

Wer dopt sich überhaupt?

Die Aufmerksamkeit richtet sich in erster Linie auf den in der Öffentlichkeit ausgetragenen Spitzensport. Du musst dir aber im Klaren sein, dass sich heutzutage das weitaus größere Dopingproblem im großen Umfeld des Freizeit- und Breitensport befindet.
Im Jahr 2007 ging die frühere Drogenbeauftragte in dem Drogen- und Suchtbericht von etwa 200 000 Freizeitsportler aus, die regelmäßig dopen (vor allem mit *Anabolika*).[7-1] Bei einer Umfrage in einem Baden-Württembergischen Fitnessstudio gaben 19,2 Prozent der Männer und 3,2 Prozent der Frauen Doping zu.

Warum wird gedopt?

Gedopt wird in allen Bereichen und Leistungsniveaus – im Freizeitsport, in niedrigen Wettkampfklassen und im Hochleistungssport.
Sportler dopen sich, weil sie ihre körperlichen Grenzen herausschieben wollen um damit schneller zu einem Erfolg zu kommen.

Abb. 7-44

Es wird gedopt, weil der Sportler selbst das will (man spricht von **internen Gründen**) oder weil es Anreize von außen gibt (man spricht von **externen Gründen**):

Interne Gründe für Doping können z. B. sein:[7-2]
- Einem Idol nachahmen oder selbst zu einem Idol werden.
- Mögliche Nachteile durch Verletzung oder durch das Älterwerden ausgleichen.
- Stressabbau.
- Minderwertigkeitskomplexe durch körperliche Veränderungen ausgleichen.
- Depressive Tendenzen durch Erfolge im Leistungssport ausgleichen.

Externe Gründe für Doping können z. B. sein:[7-2]
- **Selektionsdruck:** Die Zahl der Plätze im Kader/Nationalmannschaft/Olympiamannschaft ist begrenzt. Die Erfüllung der Normen hängt von hohen Leistungen ab.
- **Medienpräsenz:** Durch sehr gute sportliche Leistungen ist der Sportler präsenter in den Medien und kann dadurch leichter einen neuen Arbeitgeber oder Sponsoren finden.
- **Erwartungen vom Verein und Verband:** Die Verbände und Vereine haben lange in den Sportler investiert und erwarten eine gewisse Gegenleistung.
- **Hohe Trainingsumfänge:** Um im Spitzensport mithalten zu können muss sehr intensiv trainiert werden. Diese hohen Trainingsumfänge können durch Dopingmittel leichter kompensiert werden.
- **Große Wettkampfhäufigkeit:** Hier helfen Dopingmittel ebenfalls zur schnelleren Regeneration.
- **Versuch die Sportkarriere zu verlängern:** Für viele Berufssportler sind die Einnahmen durch den Sport sehr wichtig (vgl. Kap. 10, Band 2).
- **Gewöhnungseffekt:** In der Gesellschaft werden immer mehr Präparate eingenommen, z. B. damit leichter eingeschlafen oder abgenommen werden kann oder die Leistungen bei Arbeiten und Prüfungen erhöht werden. Dadurch tritt ein Gewöhnungseffekt ein, der den Einstieg in das Doping erleichtert.
- **Doping ohne Wissen der Athleten:** Insbesondere in der ehemaligen DDR und in der UdSSR wurden viele Jugendliche ohne deren Wissen gedopt („Vitaminpillen").
- **Doping „wider Willen":** Viele Sportler erklären, dass sie eigentlich nicht dopen möchten, aber durch die dopende Konkurrenz dazu gezwungen werden („Chancengleichheit herstellen").

Was ist Doping?

Die Welt-Anti-Doping-Agentur (WADA, World Anti-Doping Agency) definiert seit dem 01. Januar 2004 Doping als einen **Verstoß gegen ihre Anti-Doping-Bestimmungen**:

Ein Verstoß liegt vor, wenn
- ein **verbotener Wirkstoff** im Körpergewebe oder in Körperflüssigkeiten **nachgewiesen** wird. Dazu gehört auch die Existenz von *Metaboliten* oder Markern, die der Stoffwechsel des Körpers aufgrund der verbotenen Mittel erzeugt.
- ein **verbotener Wirkstoff angewendet** wird oder der Versuch unternommen wird den Wirkstoff anzuwenden.
- eine **verbotene Methode angewendet** wird (siehe Kasten).
- eine **angekündigte Dopingprobe verweigert** wird.
- versucht wird, sich der **Dopingprobe zu entziehen**.
- die **Vorschriften der Trainingskontrollen** nicht eingehalten werden.
- man **verbotene Wirkstoffe besitzt**.
- man mit **verbotenen Wirkstoffen dealt**.
- man das **Dopen** von Athleten **unterstützt**.

Eine verbotene Methode
Um die Schwimmzeiten der westdeutschen Spitzenschwimmer bei den Olympischen Spielen 1976 in Montreal zu verbessern, wurde eine Methode angewandt, die heutzutage als verbotene Methode gilt (und früher auch schon äußerst umstritten war). Den Schwimmern wurde Luft in den Darm geblasen – dadurch verbesserte sich die Wasserlage.
Das „Luftdoping" funktionierte jedoch bei den Spielen nicht richtig, da die Athleten schon im olympischen Dorf „aufgepumpt" werden mussten – die Luft entwich den Schwimmern auf dem langen Weg zum Startblock ...

Abb. 7-43

Was steht auf der Dopingliste?

Auf der Dopingliste stehen die im Sport verbotenen Substanzen und Methoden. Jedes Jahr im Januar wird eine neue Liste herausgegeben, die einen aktualisierten Überblick gibt.

Aufgabe 7-26
Besorge dir die aktuelle Dopingliste aus dem Internet.
Beschreibe die leistungssteigernde Wirkung von fünf verschiedenen Substanzen aus der Dopingliste.

Wie wird kontrolliert?

Aufgabe 7-27

Schaut gemeinsam in der Klasse den Informationsfilm des Deutschen Leichtathletikverbandes zum Ablauf der Dopingkontrolle an (Suchbegriffe „Ablauf Dopingkontrolle DLV", Film „So läuft eine Dopingkontrolle ab", Zeitdauer 21:31 Minuten).
Skizziere den vorgegeben Ablauf einer Dopingkontrolle.

Die Gefahr des ungewollten Dopings

Es bestehen verschiedene Gefahren des ungewollten Dopings. Verschiedene Medikamente und Nahrungsergänzungsmittel (Kap. 7.18.3) beinhalten Wirkstoffe bzw. Spuren von Dopingsubstanzen.
Zum Beispiel enthält das frei käuflich erwerbbare Erkältungsmittel „Aspirin Complex" die im Wettkampf verbotene Substanz *Pseudoephedrin*.
Nach Untersuchungen des Instituts für Biochemie an der Deutschen Sporthochschule Köln im Jahr 2004 wiesen von 634 Nahrungsergänzungsmitteln 94 (14,8%) positive Befunde für verbotene *anabol-androgene Steroide* auf, die nicht auf der Packung deklariert waren.
Das zeigt, dass du dich insbesondere bei der Einnahme von Nahrungsergänzungsmittel immer im Klaren sein musst, dass dies zu einem ungewollten Doping führen kann!

Aufgabe 7-28

Wie weit würdest du gehen?
Finde mit Hilfe des interaktiven Comics „Windschatten"
(auf www.theorie-im-schulsport.de) heraus, was für Konsequenzen einzelne Entscheidungen im Verlauf der sportlichen Karriere haben können.

Aufgabe 7-29

Schau in der Klasse den Film „Entscheide selbst" an
(auf www.theorie-im-schulsport.de).
Diskutiere die Entwicklung, die zum Dopingmissbrauch verführen soll/kann.

Aufgabe 7-30

Die Nationale Anti-Doping Agentur (NADA) gibt einen sehr intensiven Einblick in die Dopingproblematik auf der Plattform

www.gemeinsam-gegen-doping.de.

Informiere dich auf dieser Plattform und **teste** dein Wissen.

Ernährung und Sport

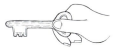

Schlüsselbegriffe
- Aminosäuren
- Aerob
- Anaerob
- Alaktazid
- Dehydration
- Doping
- Dopingkontrolle
- Durst
- Elektrolyte
- Freie Radikale
- Glykogen
- Hungerast
- Kohlenhydrate
- Laktazid
- NADA
- Nährstoffklassen
- Proteine
- Spurenelemente
- Vitamine
- Nahrungsergänzungsmittel

Trainingslehre

8 Grundlagen der Trainingslehre

In diesem Kapitel geht es um

- Training und Trainingsziele.
- die sportliche Leistungsfähigkeit.
- die konditionellen Leistungsfaktoren.
- die richtige Wahl der Trainingsbelastung.
- das Belastungsgefüge.
- die Trainingsgestaltung.
- Kraft- und Ausdauertraining.

Trainingslehre

Eine typische Situation im Training: Die Jugendfußballmannschaft bereitet sich für die kommende Saison vor. Es steht eine Konditionseinheit an – die Grundlagenausdauer soll verbessert werden, sagt der Trainer. Zu Beginn des Trainings soll die Gruppe ein paar Kilometer locker joggen.

Alle laufen gemütlich los, doch nach dem ersten Kilometer zieht das Tempo an. Die meisten lächeln, geben sich betont entspannt, manche versuchen sich zu unterhalten. Die Geschwindigkeit nimmt weiter unmerklich zu. Die ersten der Spieler bekommen rote Köpfe, werden kurzatmig. Die Gespräche werden immer weniger und verstummen bald. Bei ein paar Läufern sieht es noch ganz locker aus, während den Anderen die Anstrengung deutlich anzusehen ist.

Am Ende kommt die versprengte Trainingsgruppe an, einige früher und einige später. Manche sind allerdings so kaputt, dass sich für sie das weitere Training erledigt hat. Beim Duschen entspannen sich so langsam wieder die Gesichtszüge.

Das war ein erfolgreiches Training – oder etwa nicht?

Abb. 8-1

Oben wird eine Situation dargestellt, die du vielleicht auch so schon erlebt hast. Was lässt sich aus der Situation lernen? Es gibt ein gemeinsames **Trainingsziel**, im obigen Beispiel die Verbesserung der Grundlagenausdauer. Um dieses Trainingsziel zu erreichen wird ein gemeinsames Lauftraining durchgeführt. Das Tempo (die **Belastung**, siehe Kap. 8.5) ist zuerst für alle das Gleiche – unabhängig vom Trainingszustand. Die **Beanspruchung** (siehe Kap. 8.5) ist aber für jeden unterschiedlich. Daher wird das angestrebte Trainingsziel nicht von allen erreicht.

Im Folgenden wirst du lernen, wie mit Hilfe der Erkenntnisse der Trainingslehre alle Sportler das Trainingsziel erreichen können.

Aufgabe 8-1
Was verstehst du unter Training?
Finde eine selbstformulierte Definition.

8.1 Was bedeutet Training?

Es gibt einen **engen** und einen **weiten Trainingsbegriff**.
Wird der Trainingsbegriff in einer **traditionellen** oder auch **„engen" Orientierung** ausgelegt, so bezieht er sich lediglich auf Höchstleistung und Wettkampf.

Dagegen bezieht eine **„weite" Orientierung** auch das Training im Breiten-, Freizeit- und Gesundheitssport mit ein.[8-1]

Der Begriff „Training" wird sehr vielseitig verwendet. Allgemein werden dabei all diejenigen Prozesse verstanden, die eine (meist positive) **Veränderung** in verschiedensten Bereichen hervorrufen. Zu diesen Bereichen gehören
- der körperliche Bereich (physischer Bereich), z. B. mehr Muskeln, schneller rennen.
- der psychische Bereich, z. B. „ich fühle mich hinterher wohler".
- die Motorik, z. B. die Bewegung wird flüssiger.
- Denkprozesse (mentaler Bereich), z. B. „ich habe die Taktik verstanden".
- spontane Gefühlsregungen (emotionaler Bereich), z. B. „ich habe mich besser unter Kontrolle".

Im Folgenden bezieht sich der den Trainingsbegriff stets auf eine weite, sportorientierte Betrachtungsweise. Dementsprechend wird in diesem Buch folgende Definition verwendet:[8-2]

> **Definition**
>
> Als sportliches Training wird ein meist **planmäßiger Handlungsprozess** verstanden, der auf eine **Verbesserung** der körperlichen, psychischen, motorischen, mentalen und emotionalen Bereiche abzielt.

Was heißt planmäßiger Handlungsprozess?
- Das Training erfolgt dann planmäßig, wenn die Erkenntnisse der Trainingswissenschaft und Trainingserfahrungen im Trainingsprozess berücksichtigt werden. Ein paar dieser Erkenntnisse wirst du im Folgenden kennenlernen.
- Wird das Training falsch durchgeführt, können sich die oben genannten Bereiche auch verschlechtern.
- Der Handlungsprozess zielt auf eine Entwicklung aller leistungsrelevanten Eigenschaften des Sportlers ab.
  Zum Beispiel gehört zu diesen leistungsrelevanten Eigenschaften aus dem physischen Bereich die Kraft, Ausdauer usw., aus dem psychischen Bereich die Stressresistenz – usw.

Aufgabe 8-2

Vergleiche deine Definition aus der Aufgabe 8-1 zum Begriff „Training" mit der oben aufgeführten Definition aus diesem Buch.

Nenne die Gemeinsamkeiten und Unterschiede.

Belege, ob deine selbst entworfene Definition zu einem engen oder weiten Trainingsbegriff gezählt werden kann.

8.2 Welche Trainingsziele gibt es?

„Was möchtest du mit deinem Training erreichen?" lautet eine oft gestellte Frage in einem Fitnesscenter. Die Antworten können vielfältig ausfallen. Da möchte jemand „etwas für die Gesundheit machen" oder sich „große Muskeln antrainieren". Jemand anderes möchte eventuell nach einer Verletzung „einfach wieder schmerzfrei gehen können".

Alle Antworten beziehen sich auf ein Ziel, das der Trainierende mit seinem Training verbindet. Das genannte Ziel kann die Antriebsfeder zum Training sein. Auf jeden Fall beeinflusst das genannte Ziel, wie du im Folgenden sehen wirst, den Inhalt des Trainings.

Trainingsziele geben die Richtung eines Trainings vor. Sie sollten daher exakt formuliert werden und für die Sportler nachvollziehbar und erreichbar sein.

Im Sinne einer engen Auslegung des Trainingsbegriffs (d. h. Auslegung des Trainings auf Höchstleistungen und Wettkampf, siehe oben) soll durch ein planmäßiges Training der **Leistungszustand** der Sportler entweder **erhöht**, **erhalten** oder in seltenen, besonderen Fällen sogar **vermindert** werden:

Abb. 8-2

- **Erhöhung** des Leistungszustandes durch Training
  Das ist das allseits bekannte Trainingsziel. Der Sportler soll durch das planmäßige Training in seinem Sport z. B. schneller werden, weiter springen, ausdauernder laufen können.

- **Erhaltung** des Leistungszustandes durch Training
  Im Hochleistungsbereich kann es während des Zeitraumes, in dem die Wettkämpfe stattfinden (man spricht auch von der Wettkampfperiode) notwendig sein, durch ein Training den bisher erreichten Leistungszustand zu erhalten. Beispielsweise ist es sinnvoll, wenn Mannschaftssportler auch während einer langen Spielsaison ein Krafttraining durchführen, um das zu Beginn einer Saison bestehende Kraftniveau erhalten zu können.

- **Verminderung** des Leistungszustandes durch Training
  Insbesondere sehr gut ausdauertrainierte Sportler können bei einem sofortigen Ende des Hochleistungsausdauertrainings (z. B. durch Verletzung, Erkrankung etc.) mit einem sogenannten akuten Entlastungssyndrom reagieren (einem akuten Krankheitsbild bei einer Entlastung).[8-2] Die Reaktionen reichen

von Schlafstörungen über Schwindel und Kopfschmerz bis hin zu depressiven Verstimmungen. Um diesem akuten Entlastungssyndrom zu begegnen, müssen sich die Sportler weiterhin bevorzugt mit einer geeigneten Ausdauersportart belasten. Die Belastung darf dabei deutlich geringer als die vorher gewohnten Belastungen ausfallen.

Im Sinne der weiten Auslegung des Trainingsbegriffs werden Trainingsziele für unterschiedliche Leistungsniveaus im

- Schulsport
- Spitzensport
- Freizeitsport
- Gesundheits- und Fitnesssport

formuliert.

Dementsprechend gibt es für den weiten Trainingsbegriff folgende übergeordnete Trainingsziele:

1) Motorische Lernziele

Die **Verbesserung bzw. Maximierung der konditionellen Leistungsfaktoren** (Kap. 8.4).
Je nach Niveau möchte ein Sportler seine konditionellen Leistungsfaktoren verbessern („Ich will das nächste Mal eine längere Strecke am Stück laufen können.") oder maximieren („Ich möchte bei den nächsten Olympischen Spielen beim Gewichtheben unter die ersten Drei kommen.").

Der **vorbeugende Schutz** (Prophylaxe) durch Verbesserung der **Koordination**. Durch eine verbesserte Koordination können im Alltag und beim Sport vermehrt Verletzungen vermieden werden. Beispielsweise verletzen sich Sportler jeglichen Alters deutlich weniger, wenn sie regelmäßig koordinative Übungen durchführen (Kap. 5.4).[8-2, 8-11]

Den **Schutz vor Bewegungsmangelerscheinungen**.
Der Büroangestellte, der überwiegend im Sitzen arbeitet, kann durch ein gezieltes (Ausdauer-)Training, das zwei bis drei Mal in der Woche durchgeführt wird, die Gefahr eines Herzinfarkts deutlich verringern.[8-8]

Den **Abbau eines Leistungsdefizits** nach einer Verletzung.
Beispielsweise muss nach einem Kreuzbandriss im Knie die Beinmuskulatur oder bei einem Bruch der Fingergrundgelenke die Armmuskulatur wieder aufgebaut werden.

Abb. 8-3

Trainingslehre

2) Kognitive Lernziele

Die Entwicklung von Kenntnissen im **taktischen** und **technischen Bereich**.
Beispielsweise sollte eine Handballmannschaft verschiedene taktische Variationen parat haben, wenn die gegnerische Mannschaft stark aufspielt.

3) Emotionale (Affektive) Lernziele

Das Lernen des Umgangs mit **Emotionen**.
Es ist beispielsweise im Sport wichtig, willensstark, selbstbeherrscht, durchsetzungsstark usw. zu sein.

4) Soziale Lernziele

Das Entwickeln von **sozialen Kompetenzen**.
In und durch den Sport kann das soziale Handeln unter anderem mittels festgelegter Regeln und den notwendigen Umgang mit Spielpartnern positiv eingeübt werden.

Aufgabe 8-3

Beobachte in den nächsten Tagen deinen Sportunterricht.
Nenne und **beschreibe** einzelne Inhalte, die jeweils den motorischen-, kognitiven-, affektiven- und sozialen Lernzielen zugeordnet werden können.

8.3 Von welchen Faktoren hängt die sportliche Leistungsfähigkeit ab?

In Spielfilmen mit besonderen Kämpfern und Anführern („Troja", „Konan der Barbar", „Robin Hood", „König Arthur") oder jene mit besonderen Kräften („Spiderman", „Superman") wird sehr oft thematisiert, woher die außerordentlichen Fähigkeiten stammen. Entweder wurden die Fähigkeiten in die Wiege gelegt, d. h. man wurde dazu geboren, oder besondere Ereignisse führten zu den übernatürlichen Kräften, wie z. B. der Biss einer Spinne (Abb. 8-4) oder die Herkunft von einem anderen Planeten.

Abb. 8-4

Lange, d. h. bis in die dreißiger Jahre des vorherigen Jahrhunderts gingen die Menschen davon aus, dass die körperliche Leistungsfähigkeit einfach angeboren sei oder z. B. von folgenden anderen Faktoren bestimmt würde:

Grundlagen der Trainingslehre

- Siegfried wurde durch das Bad im Blut des Drachen unverwundbar.
- Schnelligkeit durch Siebenmeilenstiefel.
- Kraft durch Weißwein und Brot.
- Gemütsruhige und hagere Menschen wären für die längeren Strecken eher geeignet.
- Nervöse und temperamentvolle Menschen wären für Sprintstrecken eher geeignet.

Auch heutzutage führen Reporter immer wieder besondere Leistungen verstärkt auf genetische, d. h. angeborene Gründe zurück („mit seinen langen Beinen"). Das ist aber nur einer von vielen Aspekten, die die Leistungsfähigkeit eines Sportlers beinflussen. Es wird dabei übersehen, dass die körperlichen Vorteile in der Regel nur durch ein langfristig aufgebautes, intensives Training in Kombination mit der besonders geeigneten Persönlichkeit des Sportlers genutzt werden können (siehe unten, Kasten). Ebenso wird teilweise verschwiegen, dass es durchaus

Sportler gibt, die die Leistungen durch gezieltes Doping verbessern.

In weiteren Spielfilmen wird dagegen das erreichte hohe Leistungsniveau im Zusammenhang mit einem harten Training thematisiert („Rocky", „Karate Kid"). Hier wird beschrieben, dass vor allem der Wille und das Durchhaltevermögen im Training zum Erfolg führen.

Abb. 8-5

Faktoren, von denen die Leistungsfähigkeit im Sport abhängt

- **Im Breitensport** (vgl. Kapitel 1.1) und auf einem niedrigen Wettkampfniveau hängt die sportliche Leistungsfähigkeit in aller ersten Linie von einem richtig gestalteten, **planmäßigen Training** ab. Ein wenig trainierter Mensch erreicht somit eine deutliche Leistungssteigerung vor allem durch ein verstärkt durchgeführtes, planmäßiges Training.

Sobald ein **sehr hohes Leistungsniveau** (z. B. Weltmeister in einer Sportart) erreicht werden soll, beeinflussen zusätzlich folgende vielfältige Persönlichkeitsmerkmale des Sportlers und weitere Faktoren die sportliche Leistungsfähigkeit:

- **Trainer**
  Im Spitzensport spielt auch der Trainer eine entscheidende Rolle.

THE COACH EFFECT

Trainingslehre

Der Trainer hilft, die Leistung mittels eines Trainingsprozesses zu optimieren. Darüber hinaus ist ein Trainer eine zentrale Instanz um eine notwendige Korrektur bei Fehlern oder sich verändernden Bedingungen während des Wettkampfes vorzunehmen. Die Steuerung des Verhaltens und die psychologische Beratung während des Wettkampfes werden auch als Coaching bezeichnet.

- **Sehr ausgeprägte technisch-koordinative und konditionelle Fähig- und Fertigkeiten**
  Ein Sportler muss für die Ausbildung von besonders guten technisch-koordinativen und konditionellen Fähigkeiten und Fertigkeiten einen langjährigen und sehr hochwertigen Trainingsprozess durchlaufen. Hochwertig bedeutet, dass das Training inhaltlich nach den neuesten Erkenntnissen der Trainingswissenschaft geplant sein muss.

- **Sehr ausgeprägte psychische Fähigkeiten**
  Ein Hochleistungssportler muss *mental* stark sein. Darüber hinaus benötigt er eine äußerst große Leistungsmotivation und Leistungsbereitschaft (siehe dazu Kap. 11.4, Band 2).

- **Taktische Fähigkeiten**
  Hier geht es um die Frage, wie der Sportler den Verlauf des Wettkampfes gestalten kann. Schafft es beispielsweise ein Tennisspieler trotz eines Rückstandes im Wettkampf, seine Taktik erfolgreich umzustellen und das Spiel zu drehen?

- **Veranlagung und Gesundheit**
  Während im unteren Leistungsbereich sehr viel durch häufiges Training erreicht werden kann, spielen in den sehr hohen bis allerhöchsten Leistungsbereichen vermehrt genetisch bedingten Faktoren eine Rolle (Veranlagung). Beispielsweise ist ein größer gewachsener Volleyballspieler beim Block oder Angriffschlag durchaus gegenüber einem kleineren Spieler im Vorteil. Ebenso verhält es sich bei einem Sprinter mit langen Beinen gegenüber einem Sprinter mit kurzen Beinen.
  Es gibt Spitzensportler, die weniger häufig durch Verletzungen und Krankheiten auffallen, als andere. Diese höhere Verträglichkeit von Trainings- und Wettkampfbelastungen kann ebenfalls veranlagungsbedingte Gründe haben.
  Einen gewichtigen Faktor stellt somit auch die Gesundheit während des langjährigen Trainingsaufbaus und bei häufigen Wettkämpfen dar. Wenn ein Sportler eine Verletzung erfährt oder an einer Krankheit leidet, kann die Entwicklung zum allerhöchsten Leistungsniveau empfindlich gestört oder gar gestoppt werden.

Grundlagen der Trainingslehre

Aufgabe 8-4
Finde heraus, wie die im Folgenden aufgelisteten Figuren zu ihren besonderen Fähigkeiten gelangten.
Begründe, weshalb zwei der genannten Figuren aufgrund ihrer Herkunft der besonderen Fähigkeiten nicht zu den anderen passen.
Batman, Samson, Spiderman, David, Odysseus, die Fantastischen Vier, Achilleus, Captain Atom, Perseus, Jeanne d'Arc, Superman, Asterix, Catman.

Aufgabe 8-5
Stell dir vor, du bist ein Sportreporter im Fernsehen und möchtest den Zuschauern die Leistungsfähigkeit einzelner Sportler begreiflich machen.
Erkläre, von welchen Faktoren die Leistungsfähigkeit deiner Meinung nach abhängt.

Aufgabe 8-6
Notiere und **untersuche**, wie richtige Reporter bei einer Fernsehübertragung eines Sportereignisses die Leistungsfähigkeit der Sportler beschreiben.

8.4 Die Kondition – oder was mit dem Sport verbessert werden kann

Aufgabe 8-7
Nenne verschiedene Fähigkeiten, die du persönlich verbessern möchtest, wenn du Sport treibst.

Viele Menschen verbinden mit dem Begriff **Kondition** lediglich die Ausdauer. In der Trainingswissenschaft ist die Ausdauer jedoch nur einer von vier Bereichen der konditionellen Fähigkeit. In diesem Buch soll der Begriff der Kondition, in der Gesamtheit auch physische Leistungsfaktoren oder konditionelle Fähigkeiten genannt, folgendes bedeuten:

Die konditionellen Fähigkeiten umfassen die vier physischen Leistungsfaktoren

Kraft, Ausdauer, Schnelligkeit und Beweglichkeit.

Diese vier Leistungsfaktoren kommen in der Regel bei sportlichen Bewegungen in Mischformen vor. Das heißt, sie wirken zusammen und treten in der Regel nicht

Trainingslehre

alleine auf. Lediglich die Beweglichkeit hat eine eigenständige Stellung, wie das auch in der Abbildung 8-7 verdeutlicht wird.

Abb. 8-6

- So kann beispielsweise ein Handballspieler durchaus mit Schnelligkeit einen Durchbruch zum gegnerischen Tor schaffen. Ohne die entsprechende spielspezifische Ausdauer wird er nach einer gewissen Zeit im Spiel jedoch nicht mehr die gleiche Schnelligkeit wie zu Beginn des Spiels erbringen können.
- So benötigt beispielsweise ein Kugelstoßer Kraft. Jedoch wird er ohne die dazugehörige Schnelligkeit die Kugel niemals weit stoßen können.

Die unten stehende Abbildung verdeutlicht die Zusammenhänge der vier physischen Leistungsfaktoren (siehe Abb. 8-7). Bei sportlichen Bewegungen kommen, wie oben angedeutet, bis auf die Sonderstellung der Beweglichkeit, die einzelnen physischen Leistungsfaktoren selten alleine vor. Die Mischformen der physischen Leistungsfaktoren werden durch die Schnittmengen der Kreise dargestellt. Beispielsweise nennt man die Schnittmenge zwischen der Kraft und der Ausdauer „Kraftausdauer".

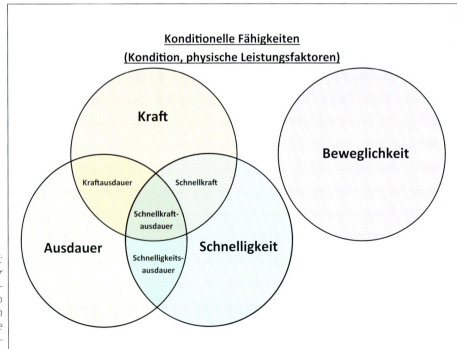

Abb. 8-7: Die vier konditionellen Fähigkeiten und ihre Mischformen

Grundlagen der Trainingslehre

Aufgabe 8-8

Präge dir das Schaubild von Abbildung 8-7 ein. Decke die Abbildung ab und **skizziere** sie aus deiner Erinnerung.
Vergleiche deine Skizze mit der Abbildung.

Aufgabe 8-9

Ordne deine Punkte aus Aufgabe 8-7 in einer Tabelle den vier konditionellen Fähigkeiten zu. Erweitere dabei die Tabelle durch weitere Spalten, in die alle nicht zuordenbare Punkte eingefügt werden.
Finde Überschriften für die weiteren Spalten.

Kraft	Ausdauer	Schnelligkeit	Beweglichkeit	Deine Überschrift	Deine Überschrift

Aufgabe 8-10

Lege ein Tabelle an und vervollständige die fehlenden Teile von Tabelle 8-1.
Ergänze die Tabelle jeweils mit einer weiteren Sportart.

Hauptsächlich leistungsbestimmende konditionelle Fähigkeit	Beispielhafte Sportarten	
Aufgabe 8-10	Aufgabe 8-10	
Schnelligkeit	100-m-Sprint	
Aufgabe 8-10	Marathonlauf	

Tab. 8-1: Beispiele für physische Leistungsfaktoren

Abb. 8-8

Abb. 8-9

Abb. 8-10

Trainingslehre

Tab. 8-1: Beispiele für physische Leistungsfaktoren (Fortsetzung)

Hauptsächlich leistungsbestimmende konditionelle Fähigkeit	Beispielhafte Sportarten	
Aufgabe 8-10	Gymnastik	
Kraftausdauer	Aufgabe 8-10	
Schnellkraft	Weitsprung	
Schnelligkeitsausdauer	400-m-Sprint	
Schnellkraftausdauer	Aufgabe 8-10	

Abb. 8-11

Abb. 8-12

Abb. 8-13

Abb. 8-14

Abb. 8-15

Grundlagen der Trainingslehre

Aufgabe 8-11
Ordne folgende sportliche Bewegungen den einzelnen leistungsbestimmenden konditionellen Fähigkeiten zu:

Abb. 8-16
Abb. 8-17
Abb. 8-18

Abb. 8-19
Abb. 8-20

Abb. 8-21

Abb. 8-22
Abb. 8-23

8.5 Welcher Unterschied besteht zwischen einer Belastung und einer Beanspruchung?

Damit jeder Sportler aus dem Eingangsbeispiel von Kapitel 8 individuell richtig belastet wird, muss man sich bewusst machen, dass trotz gleicher Belastung die Beanspruchung der Trainierenden unterschiedlich ausfallen kann. Aus diesem Grund kann es nicht den einen Trainingsplan geben, der für alle in gleichem Maß gilt.

Trainingslehre

> **Definition**
>
> **Belastung (im Sport)**
> Eine Belastung ist eine **objektive**, d. h. tatsächliche Größe, die auf einen Menschen einwirkt. Die Belastung ist **unabhängig von dem jeweiligen Menschen** (unabhängig von einem Individuum). Die Belastung wird beispielsweise gemessen in Meter oder Kilometer („Streckenlänge"), Minuten („Belastungsdauer"), Kilogramm (zu bewegendes Gewicht), Watt (Leistung, die erbracht werden muss) usw.
>
> **Beanspruchung (im Sport)**
> Die Beanspruchung ist die **subjektive**, das heißt gefühlte Reaktion auf eine Belastung. Man kann auch von **Anstrengung** sprechen. Die Beanspruchung ist somit **individuell** und hängt z. B. vom Trainingszustand, der Motivation usw. ab. Die Beanspruchung kann beispielsweise ermittelt werden durch die Herzfrequenz, die Laktathöhe (S. 128 und S. 208) und/oder der individuellen Einschätzung eines Sportlers zu seiner erbrachten Leistung, d. h. dem subjektiven Belastungsempfinden.

Um den Unterschied zwischen einer Belastung und deren Beanspruchung zu verdeutlichen, wird ein Beispiel aus dem Alltag herangezogen.

Eine wahre Geschichte:
Herr Schmid kauft in einem Baumarkt 45 Gehwegplatten aus Beton ein und lädt sie alle in sein Auto. Nach 50 m ist seine Fahrt an der Ausfahrt des Baumarktes zu Ende. Beim Überfahren der niederen Bordsteinkante bleibt er mit Achsbruch der hinteren Achse liegen.

Abb. 8-24

Was war geschehen?

Belastung: Das Auto wurde mit **45 Gehwegplatten belastet**. Das Gesamtgewicht (die Gesamtmasse) aller Gehwegplatten betrug 765 kg.

Beanspruchung: Herr Schmid hatte dabei nicht bedacht, dass die maximale Zuladung seines Autos 450 kg beträgt und er die Achsen seines Autos mit den Gehwegplatten **zu sehr beansprucht**.

Hätte Herr Schmid statt eines Autos einen kleinen Lastwagen verwendet, wäre trotz der gleichen Belastung mit 765 kg der Lastwagen nicht überbeansprucht gewesen, da der Lastwagen für eine höhere Beanspruchung ausgelegt ist.

Grundlagen der Trainingslehre

Ein weiteres Beispiel, dieses Mal aus dem Sport, soll den Unterschied weiter verdeutlichen:

Zwei Gewichtheber treten beim Reißen (vgl. Abb. 8-8) gegeneinander an. Gewichtheber A hat eine Körpergröße von 1,90 m und ein Körpergewicht von 115 kg, Gewichtheber B ist 1,70 m groß und 85 kg schwer.

Abb. 8-25

Belastung: Für beide Gewichtheber wird eine Hantelstange mit einer Masse von 165 kg vorbereitet. Somit werden beide Gewichtheber gleich belastet (nämlich mit 165 kg).

Beanspruchung: Während für Gewichtheber A diese Masse kein Problem darstellt, muss Gewichtheber B schon deutlich kämpfen und ist dabei fast ausbelastet. Die Beanspruchung fällt somit für Gewichtheber B trotz gleicher Belastung deutlich höher aus.

8.6 Welche Merkmale steuern die Belastung?

Es gibt verschiedene „Stellschrauben" (die sogenannten Belastungsmerkmale), mit denen ein Training sehr schwer oder leicht gestaltet werden kann. Ein Training kann zum Beispiel weniger anstrengend beanspruchend sein, wenn man einem Sportler zwischen den Belastungen viel Zeit zur Erholung lässt.

Aufgabe 8-12

Skizziere weitere Möglichkeiten, die die Belastung während eines Trainings niedriger gestalten oder erhöhen können.

Die Belastung in einem Training hängt von folgenden **Belastungsmerkmalen** ab:

- **Intensität** des Reizes
- **Umfang** des Reizes
- **Pause** zwischen den Belastungen, bzw. dem Verhältnis zwischen der Belastung und Erholung **(Reizdichte)**
- **Dauer** des Reizes

Trainingslehre

Intensität des Reizes

Die Reizintensität gibt Auskunft darüber, wie hoch die Trainingsbelastung ist. Sie wird meist in Prozent der individuellen maximalen Leistungsfähigkeit angegeben.

Die Prozentangaben können sich dabei auf ganz unterschiedliche Parameter beziehen. Zum Beispiel
- Kilogramm (beim Gewichtheben)
- Watt (beim Fahrradfahren)
- Meter (beim Hoch- und Weitsprung)
- Meter pro Sekunde (Geschwindigkeit beim Laufen, Fahren, Schwimmen, …)
- …

Beispiel: Wenn du beim Gewichtheben eine Hantelstange mit 75 kg gerade ein Mal stemmen kannst, entspricht das 100% deiner individuellen maximalen Leistungsfähigkeit.

Umfang eines Reizes

Der Reizumfang ist ein rechnerischer Wert, der sich zum Beispiel zusammensetzt aus
- der gesamten Streckenlänge beim Laufen oder
- der gesamten bewegten Last beim Krafttraining in kg (oder die Anzahl der Serien mit Wiederholungen) oder
- der Zeitdauer beim Zirkeltraining (Circuit), d. h. aus der Belastungszeit bei mehreren Übungen mit mehreren Durchgängen.

Beispiel: Wenn ein Gewichtheber ein Gewicht mit einer Masse von 50 kg 20-mal hochdrückt und diesen Vorgang drei Mal durchführt, ergibt sich ein Gesamtumfang von 3 Serien mit 20 Wiederholungen oder anders ausgedrückt 50 kg · 20 · 3 = 3000 kg.

Pause zwischen den Belastungen, bzw. Verhältnis zwischen der Belastung und Erholung (Reizdichte)

Die Reizdichte gibt das Verhältnis zwischen der Belastung und der Entlastung wieder.

Die **Pause** wird in
- Sekunden, Minuten oder
- Meter (Streckenlänge) angegeben.

Abb. 8-26

Beispiel: Wenn ein Läufer fünf Mal 1000 m läuft, kann er entweder eine Pause von 2 Minuten oder eine Trabpause über eine Länge von 200 m einhalten.

Grundlagen der Trainingslehre

Dauer eines Reizes

Die **Reizdauer** entspricht der Einwirkungszeit eines Einzelreizes oder stellt die Summe aller Einzelreize einer Serie dar. Sie wird in
- Sekunden oder Minuten angegeben.

Beispiel: Wenn ein Gewichtheber die oben genannten 20 Wiederholungen in 30 Sekunden absolviert, beträgt die Reizdauer entweder 1,5 Sekunden (für die Dauer einer Wiederholung) oder 30 Sekunden (für die Dauer einer Serie). Wenn ein Ausdauerläufer 60 Minuten läuft, so entspricht das der Reizdauer und dem Reizumfang gleichermaßen.

8.7 Wie wird die Belastung im Training gesteuert?

Wie kann man nach diesen Erkenntnissen für ein Training jeweils die richtige Belastung wählen?

Die vier Belastungsmerkmale stehen in einem Wechselverhältnis zueinander. Das bedeutet, dass nicht alle Belastungsmerkmale maximiert oder minimiert werden dürfen.

Das **Belastungsgefüge** gibt einen Überblick, wie die Belastungsmerkmale zueinander stehen (Abb. 8-27).

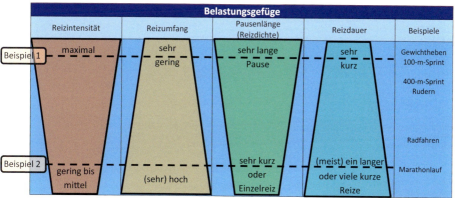

Abb. 8-27: Das Wechselverhältnis der Belastungsmerkmale im Belastungsgefüge

- Beispiel 1: Bei einem maximal **intensiven Reiz** (zum Beispiel mit maximaler Geschwindigkeit sprinten oder mit einem maximalen Gewicht Kniebeugen machen) muss der **Reizumfang** sehr gering sein (vier mal 50 m sprinten oder 1–2 Kniebeugen).
  Das ist notwendig, denn bei längeren Strecken oder sehr vielen *Wiederholungen* (d. h. wie oft die Strecken hintereinander gelaufen werden), kann die Ausführung nicht mehr maximal erfolgen, d. h. zum Beispiel kann beim Sprinten die Geschwindigkeit nicht mehr maximal sein.

Abb. 8-28

Trainingslehre

Die **Pause** muss entsprechend sehr lange ausfallen (in diesem Beispiel nach jedem Sprint 5 Minuten Pause), damit eine sehr gute Erholung möglich ist. Erst dann kann der nächste Sprint wieder maximal ausgeführt werden.

Die **Reizdauer** fällt in diesem Beispiel durch die Streckenlänge gering aus (z. B. bei einer Dauer von 7 Sekunden für einen Sprint über 50 m entspricht das einer Reizdauer von ca. 7 Sekunden für den Einzelreiz oder einer Reizdauer von 28 Sekunden für die Serie).

- Beispiel 2: Bei einer geringen **Reizintensität** (zum Beispiel entspanntes Joggen, man kann sich dabei unterhalten), muss der **Umfang des Reizes** hoch sein (z. B. 12 km).

  In diesem Fall sollte es sich um einen Einzelreiz ohne **Pause** handeln. Bei dieser Konstellation ergibt sich eine **Reizdauer** von beispielsweise 60 Minuten (für die 12 km).

Aufgabe 8-13
Erläutere mit Hilfe eines selbstgewählten Trainingsbeispiels das Wechselverhältnis der einzelnen Belastungsmerkmale aus Abbildung 8-27.

Aufgabe 8-14
Notiere bei deinen nächsten Trainings- oder Übungseinheiten bei denen du in Schule oder Verein teilnimmst, die Intensität, den Umfang, die Pause und Dauer der Übungsreize.
Ordne diese mit einer horizontalen Linie in ein von dir skizziertes Belastungsgefüge ein.
Untersuche, ob die Übungen dem Belastungsgefüge entsprochen haben.

Aufgabe 8-15
Ordne in einer Tabelle die folgenden Angaben den vier Belastungsmerkmalen **zu**:

  a) Training der Schnelligkeit (Wiederholungsprinzip):
  Ca. 50–70 m Streckenlänge bei einer Belastungszeit von ca. 7 sec.
  3- bis 5-mal wiederholen. Die einzelnen Strecken sollten dabei mit 95–100% der maximalen Geschwindigkeit gelaufen werden.
  Zwischen den Wiederholungen sollten Pausen von 15–20 Minuten eingehalten werden.

  b) Training der allgemeinen Kraftausdauer (Circuittraining):
  6–12 Stationen mit mittlerer Belastung (ca. 50% der Maximalkraft).
  Für Anfänger 20 sec Belastungszeit, für Fortgeschrittene 40 sec;
  2–6 Rundgänge (je 6–12 Stationen). Pausen zwischen den Stationen Anfänger 40–80 Sekunden, Fortgeschrittene 20–40 Sekunden.
  Zwischen den jeweiligen Rundgängen 2–4 Minuten.

Grundlagen der Trainingslehre

8.8 Was geschieht während und nach der sportlichen Belastung mit dem Körper?

Die Weltgesundheitsorganisation (WHO) gibt an, dass Menschen zur Förderung der Gesundheit nach Möglichkeit mindestens 2,5 Stunden Sport pro Woche treiben sollten.
In Deutschland erreichen diese Mindestzeit an körperlicher Tätigkeit nur 25,4% der Männer und 15,5% der Frauen![8-4, 767]

Wie viele Stunden pro Woche bist du sportlich aktiv?

Warum ist es so wichtig Sport zu treiben?
Hintergrund der Forderung der WHO ist die Tatsache, dass sich der Körper des Menschen an die Anforderungen der Umwelt anpasst.

Beispiel einer „Couch Potato":
- Wenn ein Mensch sich lediglich von Fast Food ernährt, vor allem vor dem Fernseher (oder Computer) sitzt und sich ansonsten mit dem Auto, der Rolltreppe und dem Aufzug fortbewegt (d. h. eine „Couch Potato" ist), passt sich sein Körper an das niedrige Anforderungsniveau an. Das bedeutet, dass die Leistungsfähigkeit seines Herzens und seines Kreislaufes abnimmt. Es gibt tatsächlich viele Menschen, die beim Treppensteigen in den nächsten Stock deutlich außer Atem geraten.

Abb. 8-29

Beispiel eines Ausdauersportlers:
- Dagegen passt sich das Herz-Kreislauf-System eines regelmäßig trainierenden Ausdauersportlers an die höhere Anforderung an. Das Herz wird leistungsfähiger und die Körperprozesse, die zur Ausdauerleistung notwendig sind, optimieren sich. In anderen Worten ausgedrückt: Der Ausdauersportler kann sich über einen längeren Zeitraum schneller bewegen und wird sich auch schneller von einer Belastung erholen.

Eine groß angelegte Untersuchung offenbarte, dass schon 15 Minuten einfache Bewegung am Tag reichen, um die Lebenserwartung gegenüber einer „Couch Potato" um drei Jahre zu verlängern.

Mach dir bewusst: So einfach kannst du (durchschnittlich) drei Jahre Lebenszeit „geschenkt" bekommen!

Im Allgemeinen lautet somit die Erkenntnis:

Die Funktion schafft sich ihr Organ!

Positive Anpassung: Arbeitest du über einen längeren Zeitraum mit deinen Händen (z. B. mit einer Schaufel), so wird sich nach einer gewissen Zeit Hornhaut bilden und deine Hände besser vor den Belastungen schützen. Der Körper gewöhnt sich daher an die gleichbleibende Belastung (die Beanspruchung für den Körper wird entsprechend geringer)!

Negative Anpassung: Tippst du danach einen längeren Zeitraum nur noch am Computer, wird nach einer gewissen Zeit die Hornhaut wieder verschwinden, da sie nicht mehr für die Anforderung notwendig ist.

> **Definition**
>
> **Homöostase**
> Das Gleichgewicht zwischen dem Leistungsvermögen des Körpers und den Anforderungen der Umwelt an den Körper wird mit **Homöostase** bezeichnet!

Wie oben beschrieben strebt der Körper nach einem Gleichgewicht zwischen den Anforderungen der Umwelt und seiner Leistungsfähigkeit (vgl. Abb. 8-30). Ist die Anforderung sehr gering *("Couch Potato")*, wird längerfristig die Leistungsfähigkeit sehr gering sein, da der Körper nicht gefordert wird. Beim Ausdauersportler kehrt sich dieser Zusammenhang um.

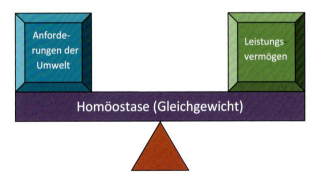

Abb. 8-30

Mit diesem Wissen kannst du dir nun erklären, was sich durch das Training in deinem Körper abspielt.

Durch ein Training wird das Gleichgewicht zwischen der Leistungsfähigkeit des Körpers und der Anforderung an den Körper gestört. Es kommt zu einer sogenannten Homöostaseauslenkung, die es ermöglicht, die Leistungsfähigkeit des Körpers zu erhöhen.

Grundlagen der Trainingslehre

Der schematische Verlauf zwischen der Belastung und Anpassung verdeutlicht diese Homöostaseauslenkung (Abb. 8-31, modifiziert nach).[8-1]

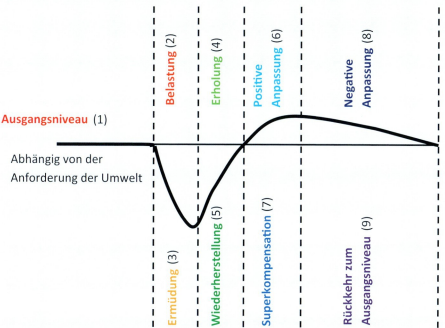

Abb. 8-31

(1) Das **Ausgangsniveau** stellt das vorhandene Leistungsvermögen des Menschen dar. Es ist abhängig von den Umweltanforderungen.
(2) Es erfolgt eine **Belastung** (z. B. durch ein Training).
(3) Daraus resultiert eine **Ermüdung** des Körpers – das Leistungsvermögen des Körpers sinkt kurzfristig ab. Man spricht in diesem Zusammenhang auch von Funktionsbeeinträchtigung.
(4) Wird nicht mehr weiter trainiert, tritt eine **Erholung**sphase ein und es erfolgt währenddessen eine
(5) **Wiederherstellung** der Funktionsfähigkeit. Man spricht in diesem Zusammenhang auch von Regeneration. Diese Regeneration erfolgt
(6) über das Ausgangsniveau hinaus. Es erfolgt eine **positive Anpassung**, die zu einer
(7) **Superkompensation** führt (auch Mehrausgleich genannt). Durch den Mehrausgleich wird eine kurzzeitig höhere Leistungsfähigkeit des Körpers erreicht. Würde es den Mehrausgleich (die Superkompensation) nicht geben, wäre eine Leistungssteigerung durch Training nicht möglich, da man stets auf dem gleichen Niveau bleiben würde.
(8) Ohne ein neues Training (oder bei zu langer Trainingspause) kommt es zu einer **negativen Anpassung**.
(9) Die negative Anpassung führt zu einer **Rückkehr zum Ausgangsniveau**.

Trainingslehre

Beachte:
a) Bei der dargestellten Ermüdung (3) handelt es sich nicht um die kurzfristige Ermüdung während des Trainings mit der Möglichkeit einer Erholung in einer kurzen Belastungspause, sondern um die (längerfristige) Ermüdung des Körpers. Die Wiederherstellung (4) während dieser längerfristigen Ermüdung benötigt bis zu mehrere Tage (vgl. Tab. 8-2, S. 187).
b) Wird überhaupt nicht trainiert *("Couch Potato")*, findet eine weitergehende negative Anpassung statt. Insgesamt sinkt dabei die Leistungsfähigkeit des Körpers immer weiter unter das ursprüngliche Ausgangsniveau.

Das ist eine Antwort auf die auf S. 181 gestellte Frage, weshalb die WHO ein regelmäßiges Training zur Förderung der Gesundheit empfiehlt.

Aufgabe 8-16

Beobachte deinen Körper während und nach dem nächsten Training und **beantworte** folgende Fragen:
- Was wurde trainiert?
- Wann setzte deiner Meinung nach die (längerfristige) Ermüdung ein?
- Wie lange dauerte deiner Meinung nach die Regeneration?
- Ab welchem Moment fühltest du dich wieder fit für das nächste Training?

8.9 Wann ist der richtige Zeitpunkt einen neuen Trainingsreiz zu setzen?

Um einen positiven Trainingseffekt zu erreichen, d. h. um nach mehreren Trainingseinheiten ein höheres Leistungsvermögen zu erhalten (also das Ausgangsniveau (1) (siehe Abb. 8-31) zu erhöhen), muss zum richtigen Zeitpunkt der neue Trainingsreiz gesetzt werden. Man spricht in diesem Fall vom **Prinzip der optimalen Relation von Belastung und Erholung**.

8.9.1 Prinzip der optimalen Relation von Belastung und Erholung

Das **Prinzip der optimalen Relation von Belastung und Erholung** verdeutlicht die Notwendigkeit einer zeitlich richtig abgestimmten Pause zwischen den Trainingseinheiten.

Abb. 8-32

Grundlagen der Trainingslehre

Werden die Trainingspausen angemessen geplant, kommt es zu einer Steigerung des Leistungsniveaus. Der Zeitpunkt der nächsten Trainingseinheit sollte nach Möglichkeit am höchsten Punkt der Superkompensation (7) (siehe Abb. 8-31) erfolgen. Dann erfolgt die nächste Homöostaseauslenkung aus einem höheren Ausgangsniveau heraus (siehe Abb. 8-33).

Die folgende Abbildung zeigt dieses ansteigende Leistungsniveau durch zeitlich richtig gesetzte Belastungsreize.

Abb. 8-33

Verlauf des Leistungsniveaus bei zu langen Belastungspausen zwischen den einzelnen Trainingseinheiten:

Werden dagegen die Trainingseinheiten mit zu viel Abstand absolviert, kann es durch die zu lange gestaltete Belastungspause zu einem gleichbleibenden Leistungsniveau kommen. Das jeweilige Ausgangsniveau bei erneuter Belastung befindet sich dann im Gegensatz zur Abbildung 8-33 immer auf dem gleichen Niveau (vgl. Abb. 8-34).
Es stellt sich in diesem Fall, wie beschrieben, kein positiver Trainingseffekt ein. Die Belastungspause ist zu lange. Daher tritt schon wieder die negative Anpassung ein (8) (siehe Abb. 8-31). Es erfolgt eine Rückkehr zum Ausgangsniveau (9) (vgl. Abb. 8-31).

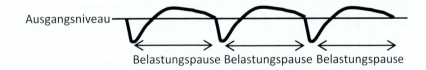

Abb. 8-34

Schematische Darstellung des gleichbleibenden Leistungsniveaus wegen zu langer Belastungspausen

Aufgabe 8-17

Bildet Gruppen mit einer Gruppengröße von jeweils 3–4 Personen.
Erstellt für jede Gruppe 4 Abzüge von folgender Kopiervorlage (Abb. 8-35).

Trainingslehre

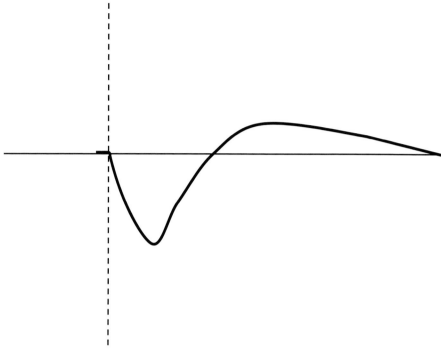

Abb. 8-35

Kopiervorlage des schematischen Verlaufs zwischen der Belastung und Anpassung.

a) **Charakterisiert** gemeinsam die wichtigsten Punkte der Abbildung (z. B. „Ausgangsniveau". Kennzeichnet dabei diese Punkte auf einer Kopie.

b) **Findet** gemeinsam heraus, wie eure Kopien aneinander gelegt werden müssen, um folgende zwei Situationen schematisch darzustellen:

   Situation 1: Verlauf des Leistungsniveaus bei zu kurzen Belastungspausen zwischen den einzelnen Trainingseinheiten.
   Das Leistungsniveau bleibt wegen zu kurzer Belastungspausen gleich.

   Situation 2: Sonderfall Übertraining:
   Das Leistungsniveau sinkt wegen viel zu kurzer Belastungspausen.
   In der Regel tritt das Phänomen des Übertrainings im Spitzensport auf. Wenn Sportler zwischen den Trainingseinheiten und Wettkämpfen über einen längeren Zeitraum viel zu wenig Zeit zur Regeneration haben, sinkt das Leistungsniveau trotz oder gerade wegen des intensiven Trainings. Dieses Phänomen ist hin und wieder auch bei Anfängern zu beobachten. Diese trainieren hoch motiviert sehr häufig, dazu teilweise mit sehr hoher Intensität und sehr hohem Umfang über eine lange Zeit hinweg. Dabei gönnen sie ihrem Körper zu wenig Zeit zur notwendigen Erholung und Wiederherstellung.

Grundlagen der Trainingslehre

Wie oben verdeutlicht wird, kann die Superkompensation nur dann richtig genutzt werden, wenn die Belastungspausen ausreichend lange durchgeführt werden. Wie lange diese Belastungspausen zwischen den Trainingseinheiten sein müssen, ist sehr schwierig zu festzulegen. Es gibt einerseits zeitliche Angaben für die **Regenerationszeiten** von einzelnen biologischen Systemen, andererseits beeinflussen **weitere Faktoren** diese Regenerationszeiten.

Im Folgenden sind zur Information und zum Überblick die Regenerationszeiten von einzelnen physiologischen Systemen aufgeführt, auf die in diesem Buch nicht näher eingegangen wird.[8-5] In der Früh- und Spätphase findet die Erholung (4) (siehe Abb. 8-31) statt. Hier wird deutlich, dass die positive Anpassung (6) und damit die Ausnutzung der Superkompensation (7) bis zu 5 Tage nach Belastungsende dauern kann!

Regenerationszeiten zu verschiedenen Regenerationsvorgängen

Tab. 8-2

Phaseneinteilung	Zeitdauer	Regenerationsvorgänge
	3–5 Minuten	Wiederauffüllung Kreatinphosphat-Speicher
Frühphase	Bis 30 Minuten	Beginn der Glykogenauffüllung, v. a. in den FT-Fasern
	1–3 Stunden	Abbau des Blutlaktats
	6 Stunden	Elektrolytausgleich (Natrium, Kalium)
Spätphase	12–48 Stunden	Aufbau kontraktiler Eiweiße (Aktin, Myosin)
	24–36 Stunden	Kompensation von Glykogen, v. a. in den ST-Fasern
	48–60 Stunden	Ausgleich verlorener Muskelenzyme
	2–3 Tage	Wiederaufbau von Struktureiweiß
Superkompensationsphase	2–3 Tage	Superkompensation der Glykogenspeicher
	2–3 Tage	Elektrolytausgleich (Magnesium, Eisen)
	2–3 (5) Tage	Ausgleich im Hormonhaushalt: Katecholamin-Resynthese

8.9.2 Welche Faktoren beeinflussen die Regenerationszeiten?

Im jeweiligen Fall hängen die Regenerationszeiten von den weiteren nachfolgenden Faktoren ab. Manche dieser Faktoren können sich selbst bei ein und derselben Person immer wieder verändern.

Trainingslehre

- **Genetische Veranlagung**
  Genetisch bedingt besitzen Menschen unterschiedliche Regenerationszeiten.

- **Verletzungsanfälligkeit**
  Menschen, die eher zu (leichten) Verletzungen neigen, benötigen in der Regel mehr Zeit, um sich von einer Belastung zu erholen.

Abb. 8-36

- **Körperliche Verfassung (Gesund sein)**
  Gesunde regenerieren viel schneller als Kranke. Bei Kranken muss der Körper seine Resourcen zwischen dem „Gesundwerden" und der Regeneration aufteilen.

- **Lebensführung (Schlaf, Ernährung)**
  Sportler, die auf ausreichend Schlaf und ausgewogene Ernährung achten (vgl. Kap. 7), weisen deutlich kürzere Regenerationszeiten auf. Beispielsweise haben Profibasketballer der NBA diesbezüglich mit Problemen zu kämpfen, da sie teilweise bei drei Spielen pro Woche zwischen den Spielen durch lange Flugstrecken weniger Möglichkeiten zur richtigen Regeneration (z. B. durch Schlaf) bekommen.

- **Trainingszustand**
  Ein besser Trainierter benötigt weniger Zeit zur Regeneration bei einer gleichen Belastung, als ein weniger gut Trainierter.

- **Belastungsart (Ausdauer, Kraft, Schnelligkeit)**
  Je nach Belastungsart benötigt der Sportler eine unterschiedliche Regenerationszeit. Beispielsweise kann ein 100-m-Läufer mehrere Läufe an einem Wochenende haben (Vorlauf, Halbfinale, Finale). Dagegen benötigt ein Marathonläufer mehr Zeit zur Erholung zwischen seinen Wettkämpfen.

- **Belastungsgefüge des Trainings (Intensität, Dauer und Umfang der Belastung)**
  Ein Ausdauertraining mit geringer Intensität kann eine Regeneration sogar noch fördern, während ein Ausdauertraining, das durch eine hohe Intensität geprägt ist, eine längere Regenerationszeit benötigt.

- **Nachbereitung der Belastung (Massagen, aktive Erholung z. B. durch Auslaufen, etc.)**
  Auslaufen, Massagen, Kälteanwendungen usw. führen zu kürzeren Regenerationszeiten.

Grundlagen der Trainingslehre

8.9.3 Wie können Trainingseinheiten in kurzer Zeit hintereinander durchgeführt werden?

Damit gibt es ein Spannungsfeld, einerseits das Training so zu planen, dass zwischen den Belastungen genügend Zeit zur Regeneration zur Verfügung steht und der Notwendigkeit (im Spitzensport), mehrere Trainingseinheiten in kürzerer Zeit hintereinander durchzuführen. Im Spitzensport ist es nicht möglich, nach jedem Training der Regeneration wegen 2–3 Tage zu warten. Beispielsweise müssen viele Wettkampfschwimmer teilweise 2–4 Einheiten am Tag trainieren, um im Wettkampf bestehen zu können!
Wie gelingt es, dass die Belastungspausen so kurz gehalten werden können und ein Übertraining vermieden wird?

- **Auf Lebensführung achten**
  Bei ausreichend Schlaf und entsprechend guter Ernährung können die Regenerationszeiten verkürzt werden.

- **Trainingszustand erhöhen**
  Je besser der Trainingszustand ist, umso kürzer fallen die Regenerationszeiten aus. Beispielsweise können Spitzensportler je nach Belastung schon nach 3 bis 6 Stunden erholt sein, während weniger gut Trainierte dafür unter Umständen 12 bis 24 Stunden benötigen.[8-2,255]

- **Richtige Wahl der Trainingsinhalte**
  Die richtige Wahl der Trainingsinhalte stellt die wirkungsvollste Maßnahme dar, um das Verhältnis zwischen Belastung und Erholung zu optimieren. Es gibt dabei verschiedene Möglichkeiten der Gestaltung, die dann mehrere Trainingseinheiten in kürzerer Folge erlauben:
  - **Anpassung an verschiedene Konstellationen:**
    Die Trainingseinheiten werden so zusammengestellt, dass die **Rahmenbedingungen** und **Gegebenheiten** mit **einbezogen werden**.
    Beispielsweise sollten Handballspieler nach einem schweren Sonntagsspiel am darauffolgenden Montag ein Regenerationstraining mit geringer Reizintensität absolvieren. Über eine ansteigende Intensität am Dienstag könnte ein hochintensives Training z. B. der Schnelligkeit am Mittwoch folgen.
  - **Regenerative Trainingsinhalte einplanen:**
    Durch Cool down, Massagen oder andere physiotherapeutische Maßnahmen, Ausgleichsgymnastik usw. wird die notwendige Erholungszeit verkürzt.
  - **Wechsel der Beanspruchung:**
    Eine andere Möglichkeit stellt eine **Schwerpunktsetzung auf einen konditionellen Leistungsfaktor** in der Trainingseinheit dar. Alle anderen konditionellen Leistungsfaktoren werden dann weniger beansprucht und können daher in der nächsten Trainingseinheit (oder den nächsten Einheiten) verstärkt angesprochen werden.

Trainingslehre

Führt z. B. ein Zehnkämpfer in einer Einheit ein intensives Krafttraining durch, kann sich währenddessen der Körper bezüglich eines anderen Leistungsfaktors verstärkt erholen. So wird das Herz-Kreislauf-System beim Krafttraining deutlich weniger als beim Ausdauertraining belastet. Nach der Krafteinheit kann kurz darauf eine Ausdauereinheit stärker in den Fokus rücken. Die Kraft tritt dabei deutlich in den Hintergrund.

- **Wechsel der Muskelpartien:**
Dabei werden in den Trainingseinheiten **unterschiedliche Muskelpartien** belastet. Wenn beispielsweise ein Schwimmer morgens mit Kniebeugen die Beinmuskulatur trainiert, kann er ohne Probleme am gleichen Tag abends den Oberkörper trainieren, während sich die Beinmuskulatur bereits von der morgendlichen Belastung erholen kann.

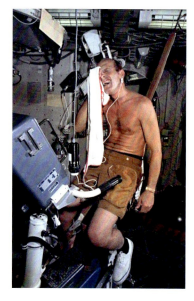

Abb. 8-37

Aufgabe 8-18

Die Pausen des Belastungsgefüges (Abb. 8-27, S. 179) unterscheiden sich zu den Pausen, die im Prinzip der optimalen Relation von Belastung und Erholung angesprochen werden (vgl. S. 184).
Erkläre diesen Unterschied.
Erläutere jeweils die Bedeutung der Pausen im Prozess einer erfolgreichen Trainingsgestaltung.

Aufgabe 8-19

Nenne, auf dich bezogen, Möglichkeiten zur Verbesserung der Regenerationszeit bei den Faktoren körperliche Verfassung, Trainingszustand und Nachbereitung der Belastung.
Reflektiere für dich, ob deine Lebensführung einen positiven Einfluss auf die Länge der Regenerationszeit hat.

8.10 Wie wird der Körper beim Sport richtig belastet?

Eine Schwierigkeit besteht darin, die richtige Reiz- oder Belastungsintensität für das jeweilige Trainingsziel zu finden. Die anderen Belastungsmerkmale ergeben sich nach dem Belastungsgefüge entsprechend (vgl. Abb. 8-27, S. 179).
Wie wird die richtige Belastung im Sport gewählt?

Grundlagen der Trainingslehre

Die zu wählende Belastungsintensität hängt von den **Trainingszielen** ab, die verfolgt werden (siehe S. 166)!

Lautet das übergeordnete Trainingsziel **„Verbesserung bzw. Maximierung der konditionellen Leistungsfaktoren"** (1) (siehe S. 171 und Tab. 8-3), kann eine Belastungsintensität von gering bis maximal richtig sein.

Dagegen ist bei den übergeordneten Trainingszielen **„Schutz vor Bewegungsmangelerscheinungen"** (2) und **„Abbau eines Leistungsdefizits"** (3) (siehe Tab. 8-3) eine Bewegungsintensität zu wählen, die nicht maximal sein darf. In diesem Fall ist eine Belastungsintensität von gering bis mittel angemessen.

> **Beachte:** Je nach Höhe der Belastungsintensität im richtigen gewählten Belastungsgefüge wird ein anderer **Trainingseffekt** erzielt!

Trainingseffekte bei unterschiedlichen Belastungsintensitäten

Übersicht über die verschiedenen Trainingseffekte bei unterschiedlichen Reizintensitäten

Tab. 8-3

Reizintensität	Trainingseffekt	Übergeordnetes Trainingsziel
Maximal	Maximalkraft, Schnelligkeit und Weitere	(1)
Submaximal	Schnellkraft, Schnelligkeitsausdauer und Weitere	(1)
Mittel	Kraftausdauer und Weitere	(1), (2), (3)
Gering	Grundlagenausdauer und Weitere	(1), (2), (3)

Nun gilt es noch, die Höhe der Reizintensität (und der anderen Belastungsmerkmale) richtig einschätzen zu können. Dazu gibt es verschiedene Möglichkeiten. Im Folgenden werden die Möglichkeiten auf das Kraft- und Ausdauertraining bezogen.

Die Möglichkeiten zur Dosierung der Belastungsmerkmale beim Krafttraining

Am einfachsten lässt sich das Krafttraining dosieren. Hier ermöglichen Krafttrainingsgeräte und Scheibenhanteln die Einstellung der Belastung exakt vorzunehmen.

Abb. 8-38

Ausgegangen wird z. B. von der Reizintensität der maximalen Last, die bei einer bestimmten Übung genau 1-mal durchgeführt werden kann (z. B. Bankdrücken, siehe Abb. 8-38).

Für diese Übung entspricht die Last, die genau 1-mal (und nur 1-mal!) aus der Ausgangsstellung (gestreckte Arme) bis zum leichten Brustkontakt und zurück zur Ausgangsstellung bewegt werden kann, 100% der Reizintensität.

In der Fachwelt wird diese Größe als **Einer-Wiederholungs-Maximum (EWM)** (oder **„one-repetition maximum" (1-RM)**) bezeichnet.

Alle Prozentangaben der Reizintensität beim Krafttraining lauten beispielsweise Intensität 50% oder genauer 50% des EWM.

Beispiel: Ein Gewichtheber weiß, dass er eine Kniebeuge genau 1 Mal schafft, wenn er eine Last von 165 kg aufgelegt hat (siehe Abb. 8-39). Er möchte diese Übung mit 30% Intensität durchführen. Somit muss er mit 49,5 kg trainieren, denn das entspricht 30% des EWM.

Abb. 8-39

Ermittlung der Höhe des Einer-Wiederholungs-Maximums

Das Einer-Wiederholungs-Maximum kann, wie oben dargestellt, ermittelt werden, indem der Sportler nach einer ausgedehnten Aufwärmphase die Last genauso hoch wählt, dass er sie ein einziges Mal in der richtigen Ausführung bewegen kann. Dieses Vorgehen ist jedoch für viele, insbesondere für Kinder und Jugendliche mit einem großen Risiko der Fehlbelastung oder Verletzung verbunden.

Daher gibt es die Möglichkeit, die Übung mit einem geringeren Gewicht mit der maximalen Wiederholungszahl korrekt auszuführen und anhand folgender Tabelle das EWM zu berechnen (vgl. Tabelle 8-4).[8-7, 636]

Folgender Ablauf ist bei dieser Methode empfehlenswert:
- Erwärmen der entsprechenden Muskelpartie.
- Höhe der Last wählen.
- Die Übung mit diesem Gewicht maximal oft wiederholen (Ermittlung der max. Wiederholungszahl).

Grundlagen der Trainingslehre

- Werden mehr als 20 Wiederholungen erreicht, sollte der Test nach einer Pause mit einem höheren Gewicht wiederholt werden.
- Die Bestimmung des EWM ist umso genauer, je niedriger die maximale Wiederholungszahl bei der Übung ist.

Die Bestimmung des Einer-Wiederholungs-Maximums aus einer maximalen ausführbaren Wiederholungszahl mit einer beliebigen Last (modifiziert nach[8-7, 636])

Tab. 8-4

Bestimmung des EWM	
Erreichte Wiederholungen	**% des EWM**
1	100%
2	95%
3–4	90%
5–6	85%
7–8	80%
9–10	75%
11–13	70%
14–16	65%
17–20	60%
21–24	55% Test möglichst wiederholen

Hinweis: Zur Bestimmung des EWM muss der Sportler eine genügend ausgeprägte Muskulatur besitzen und die Übung koordinativ richtig leisten können. Bei nicht ausreichender Kenntnis kann es zu körperlichen Schäden kommen. Führe daher die Bestimmung des EWM für dich nur nach entsprechender langer Vorbereitung und unter Aufsicht eines erfahrenen Lehrers oder Trainers durch!

Die Möglichkeiten zur Dosierung der Belastungsmerkmale beim Ausdauertraining

Zur Angabe der Dosierung beim Ausdauertraining gibt es mehrere Kenngrößen, die eine Aussage zur Reizintensität zulassen.

1. Möglichkeit:
Angabe der Herzfrequenz (HF) während der aktuellen Belastung in Schlägen pro Minute (Angabe der Größe mit der Einheit HF/min).

Trainingslehre

Vorteil:
- Die HF kann sehr leicht mit Pulsuhren oder durch Eigenmessung ermittelt werden.

Nachteil:
- Bei manchen Trainingsformen, in denen die Belastung sehr schnell und häufig geändert wird, stellt die Herzfrequenz nicht mehr unbedingt ein Abbild der aktuellen Belastung dar.

2. Möglichkeit:
Angabe der Bewegungsgeschwindigkeit (in m/s oder km/h).

Vorteil:
- Die Bewegungsgeschwindigkeit kann relativ einfach beim Fahrradfahren mit dem Tacho und beim Laufen oder Schwimmen z. B. mit einer GPS-gestützten Uhr ermittelt werden.

Nachteil:
- Das entsprechende technische Equipement wird benötigt.

3. Möglichkeit:
Angabe der minimalen Laufdauer (oder je nach Sportart, Schwimm-, Fahrraddauer) oder maximalen Laufgeschwindigkeit (in Prozent).

Nachteil:
- Die aktuelle Streckenlänge bzw. die momentane Laufgeschwindigkeit müssen während der sportlichen Betätigung verfügbar sein.

4. Möglichkeit:
Angabe der Leistung (in Watt)

Vorteil:
- Diese Kenngröße bietet die beste Aussage über die momentane Belastung bei einer sportlichen Betätigung.

Nachteil:
- Das Ermitteln dieser Größe während der sportlichen Betätigung im Freien ist in der Regel mit einem größeren technischen Aufwand verbunden und daher vermehrt im Profisport zu finden.
  Möglichkeit für den Hausgebrauch: Bei Ergometern, die zu Hause verwendet werden (z. B. Ruder- oder Fahrradergometer, siehe Abb. 8-40), wird die Leistung direkt angezeigt.

Abb. 8-40

8.11 Was ist Kraft?

> **Definition**
>
> Kraft im biologischen Sinne ist die Fähigkeit des Nerv-Muskelsystems, durch Muskeltätigkeit Widerstände zu überwinden, ihnen entgegenzuwirken bzw. sie zu halten.[8-6]

Aufgabe 8-20

Den oben in der Definition genannten Fähigkeiten der Kraft, nämlich Widerstände zu überwinden, entgegenzuwirken oder zu halten, werden in Kapitel 4.4.1 in drei Typen eingeteilt und mit bestimmten Begriffen versehen.
Ordne die in der Definition genannten Fähigkeiten der Kraft den entsprechenden Kontraktionsformen, bzw. Arbeitsweisen des Muskel **zu** (siehe Kapitel 4.4.1).
Beschreibe die drei Arbeitsweisen.

8.11.1 Sollen Kinder und Jugendliche ihre Kraft trainieren?

Diese Frage kann mit einem eindeutigen JA! beantwortet werden:[8-2, 583]

- **Kraftdefizite** und **Haltungsschwächen**, die sehr oft schon bei Kindern im Grundschulalter zu sehen sind, können größtenteils durch ein Training der Kraft ausgeglichen werden.
- Die **Leistungsfähigkeit** von Kindern und Jugendlichen in ihrer Sportart kann durch ein Training der Kraft deutlich gesteigert werden.
- Sehr oft erreichen Kinder und Jugendliche nicht ihre maximal mögliche Leistungsfähigkeit, weil sie durch ihre Sportart zu einseitig belastet werden. Beispielsweise wird im Fußballtraining die Lauf- und Sprungmuskulatur sehr stark trainiert, während die Schulter- und Rumpfmuskulatur oftmals vernachlässigt wird.
  Um die Hemmung der Weiterentwicklung zu verhindern, sollte ein **Ergänzungstraining** durchgeführt werden, bei dem die vernachlässigten Muskelgruppen gefördert werden.

„Krafttraining" im Vorschulalter:
- Die Kinder haben einen ausgeprägten Bewegungsdrang.
- Es darf kein Krafttraining im eigentlichen Sinn durchgeführt werden!
- Geeignet: Beispielsweise hangeln, klettern, stützen, ziehen – immer spielerisch, z. B. in Geräteparcours.

„Krafttraining" im Grundschulalter:
- Spielerische, vielseitige und abwechslungsreiche Kräftigung des Halte- und Bewegungsapparats (vgl. Kap. 4).
- Spielerisches Training der Schnellkraft (Kap. 8.13.1).
- Kletterparcous, Kampfspiele, Zieh- und Schiebewettkämpfe (siehe Kap. 9.5).

Krafttraining im späten Schulkindalter von 10 bis 12 Jahren:
- Mit Übungen, die oftmals das Überwinden des eigenen Körpergewichts beinhalten, werden wichtige Muskelgruppen allgemein und vielseitig gekräftigt.
- Gezielt sollten die Bauch-, Rücken- und Armmuskulatur gekräftigt werden (z. B. Liegestütz).

Krafttraining im Jugendalter:
- Die körperliche Entwicklung kann sehr unterschiedlich sein, deshalb dürfen nicht alle Jugendliche gleich belastet werden!
- Gut geeignet ist z. B. eine Kraftschulung im Zirkeltraining (Kap. 8.14.1). Der Inhalt darf schon erwachsenenorientiert sein.
- Kampfspiele (siehe Kap. 9.5).

8.11.2 Gefahren beim Krafttraining im Kindes- und Jugendalter

Kinder und Jugendliche sind keine kleine Erwachsene! Entsprechend ist der Körper für manche Übungen, die ein Erwachsener ohne Probleme durchführen kann, noch nicht bereit. Beispielsweise ist der passive Bewegungsapparat (siehe Kap. 3.1) erst zwischen dem 17. und 20. Lebensjahr so ausgebildet, dass er die gleiche Belastbarkeit wie bei Erwachsenen aufweist.[8-2, 586]

Um Schäden zu vermeiden, muss beim Krafttraining im Kindes- und Jugendalter stets die geringere Belastbarkeit berücksichtigt werden. Vor allem im Kindesalter bis ca. 12/13 Jahre muss das Krafttraining kindgemäß gestaltet werden – die Beanspruchung darf nicht zu hoch ausfallen!

8.12 Was ist Maximalkraft?

Definition

Unter der Maximalkraft versteht man die größtmögliche Kraft, die dein Nerv-Muskel-System willkürlich gegen einen Widerstand auszuüben vermag.[8-2, 371]

Grundlagen der Trainingslehre

Bei der **Maximalkraft** handelt es sich der Definition nach um die höchstmögliche Kraft, die der Sportler beabsichtigt aufbringen kann. Das Maximalkrafttraining ist oft von einer **hohen bis maximalen Reizintensität** geprägt, was eine deutliche Beanspruchung des Körpers bedeutet.

Abb. 8-41

Daher sollte das hier vorgestellte Maximalkrafttraining lediglich von trainierten und älteren Sportlern durchgeführt werden!

8.12.1 Wie wird die Maximalkraft durch das Muskelaufbautraining (Q-Training) trainiert?

Das Muskelaufbautraining stellt ein **grundlegendes Krafttraining** für alle Sportarten im Breiten- und Leistungssport dar. Der **Muskelquerschnitt** vergrößert sich bei dieser Trainingsform, d. h. der Muskel wird voluminöser.

Das Muskelaufbautraining ist geprägt von einer geringen Intensität von 40–60%. Der Umfang jeder Übung umfasst 6–4 Sätze mit jeweils 10–15 Wiederholungen. Wiederholung heißt, wie oft das Gewicht direkt hintereinander gestemmt wird. Zwischen den Sätzen sollte die Pause 2–4 Minuten betragen.
Um die Erholungsfähigkeit des Muskels zu erhalten, müssen die trainierten Muskeln nach jedem Training gedehnt werden.

Aufgabe 8-21

Zeichne das Belastungsgefüge von Abbildung 8-27 (S. 179) auf ein Blatt.
Übertrage die beim Muskelaufbautraining aufgeführten Daten in das Belastungsgefüge. **Zeichne** dabei in der richtigen Höhe eine horizontale Linie ein.

Aufgabe 8-22

Was ist im Text des Muskelaufbautrainings genau mit Intensität, Umfang und Pause gemeint?
Stelle exakt **dar**, wie das Muskelaufbautraining bei einem Kraftsportler beim Bankdrücken ablaufen muss (vgl. Abbildung 8-38), wenn sein EWM beim Bankdrücken bei 120 kg liegt (EWM siehe S. 192).

8.12.2 Wie wird die Maximalkraft durch das intramuskuläre Koordinationstraining (IK-Training) trainiert?

Wenn die **intramuskuläre Koordination** verbessert wird, können mehr motorische Einheiten gleichzeitig kontrahieren (vgl. dazu Kap. 4.2.2). Das bedeutet, dass bei einer Muskelkontraktion mehr Muskelfasern aktiviert sind – die Kraft steigt dadurch an. Der Muskelquerschnitt verändert sich beim IK-Training kaum.
Das IK-Training ist wegen der hohen Intensitäten überwiegend für den Leistungssport geeignet.
Dieses Training ist geprägt von hohen bis höchste Intensitäten (z. B. 85–100%), geringen Wiederholungszahlen (1–5) bei 6–10 Serien und Pausen von 3–5 Minuten.
Jede Wiederholung sollte dabei eine Ausbelastung mit langsamer Bewegungsausführung darstellen. Wenn z. B. von 5 Ausbelastungswiederholungen (5 AWH) die Rede ist, sollte die Höhe des Gewichts so gewählt werden, dass es gerade 5-mal direkt hintereinander gestemmt werden kann (vgl. auch S. 192 EWM).

Aufgabe 8-23
Übertrage die beim IK-Training aufgeführten Daten in das Belastungsgefüge von Aufgabe 8-21.

8.12.3 Wir wird die Maximalkraft mit der Pyramidenmethode trainiert?

Das Pyramidentraining stellt eine Mischform des Maximalkrafttrainings dar, mit der verschiedene Akzente der Maximalkraft, der Querschnitt und die intramuskuläre Koordination trainiert werden (vgl. Abb. 8-42). Dabei wird nach jeder Wieder-

Abb. 8-42

holung die Intensität, d. h. das zu bewegende Gewicht, erhöht. Da die Reizintensität erhöht wird, muss nach dem Belastungsgefüge aus Abbildung 8-28 jeweils der Umfang, d. h. die Anzahl der *Wiederholungen* reduziert werden. Bei 8 Ausbelastungswiederholungen entspricht das einer Intensität von ca. 80% (vgl. S. 198).

Damit der Trainingseffekt tatsächlich erreicht wird, muss die Pyramide in einem Training wiederholt werden. Damit ergeben sich 10 Sätze mit den Wiederholungszahlen 8-6-3-2-1-8-6-3-2-1.

Aufgabe 8-24
Nenne die fehlenden Intensitäten der Ausbelastungswiederholungen von Abbildung 8-42 in Prozent.

Aufgabe 8-25
Ergänze folgende Tabelle.

Belastungsgefüge der Maximalkraftmethode Pyramidentraining

Tab. 8-5

Intensität	
Umfang	
	Zwischen den Sätzen 1–2 Minuten
	Die Dauer der 10 Sätze mit den 1–8 Wiederholungen
	Langsame Bewegungsausführung

8.13 Was ist die Schnellkraft?

> **Definition**
>
> Die Schnellkraft beinhaltet die Fähigkeit des Nerv-Muskel-Systems, den Körper, Teile des Körpers (z. B. Arme, Beine) oder Gegenstände (z. B. Bälle, Kugeln, Speere, Disken etc.) mit maximaler Geschwindigkeit zu bewegen.[8-2, 374]

Es kommt nach der Definition auf eine höchstmögliche Kraftentfaltung in einer möglichst kurzen Zeit an. Dementsprechend ist es sinnvoll, wenn beim Training der Schnellkraft die Bewegungsgeschwindigkeit bei einer bestimmten Disziplin betont schnell durchgeführt wird. Die Reizintensität kann demnach im Mittel nur submaximal sein, da ansonsten die Bewegungsgeschwindigkeit nicht maximal sein könnte (vgl. Tabelle 8-3, S. 191).

Trainingslehre

8.13.1 Wie wird die Schnellkraft trainiert?

Ein mögliches Schnellkrafttraining stellt die **klassische Kontrastmethode** dar.[8-2, 426] Bei der Kontrastmethode folgt auf eine Serie mit 6 Wiederholungen bei einer Belastung von 60–80% eine Serie mit einer geringeren Belastung von 30–50%. Während die Bewegungsgeschwindigkeit bei der ersten Serie wegen des großen Gewichts nicht schnell sein kann, muss die zweite Serie mit maximalem Tempo durchgeführt werden. In einer Trainingseinheit sollten insgesamt acht Serien trainiert werden. Wobei fünf mit höherer und drei mit geringerer Belastung durchgeführt werden.

Diese Trainingsform beansprucht den Körper in einem hohen Maße, deshalb ist sie vor allem für **Erwachsene geeignet**. Jugendliche können Übungen ohne Zusatzgewicht durchführen, wie z. B. einen beidbeinigen Sprung aus dem Reitersitz auf eine Langbank.

Bei Kindern ab dem Grundschulalter sollte in erster Linie die Schnellkraft geschult werden.[8-2, 589] Hierfür eignet sich sehr gut ein Zirkel, bei dem einer maximalen Belastungsdauer von 20 Sekunden eine Pause von 40 Sekunden folgt (siehe auch Kap. 8.14.1). Der Zirkel sollte kindgemäße Übungen beinhalten, wie z. B. das Springen von links nach rechts über eine Langbank, bei gleichzeitigem Abstützen mit den Armen auf der Langbank. Die Übungen sollten schnellstmöglich durchgeführt werden.

8.14 Was ist die Kraftausdauer?

Definition

Die Kraftausdauer stellt die Ermüdungswiderstandsfähigkeit des Nerv-Muskel-Systems gegenüber langandauernden Kraftleistungen dar.

Der Definition nach bildet die Kraftausdauer die Schnittmenge zwischen den Kraft- und der Ausdauerfähigkeit (vgl. Abb. 8-7). Dementsprechend spielt bei der Kraftausdauer weder eine maximale Kraftentwicklung, noch eine explosive Kraftentwicklung eine Rolle. Die Reizintensität befindet sich in einem mittleren Niveau (vgl. Tabelle 8-3, S. 191). Die Notwendigkeit, eine hohe Ermüdungswiderstandsfähigkeit gegenüber langandauernden Kraftleistungen zu besitzen, wird in vielen Sportarten benötigt.

Abb. 8-43

Das Spektrum ist entsprechend groß und reicht von Sportarten mit höheren Kraftwerten bis hin zu Sportarten, bei denen die Kraftanteile geringer ausfallen:

Beispiele von Sportarten, bei denen die Kraftausdauer benötigt wird

Sportarten mit höheren Kraftwerten	Sportarten (mit ein wenig) geringeren Kraftanteilen
Rudern, Skiabfahrt, Bergauffahrt mit dem Fahrrad, Tauziehen	Crosslauf (Abb. 8-43), Zeitfahren auf der Ebene, Schwimmen, Eisschnelllauf

8.14.1 Wie wird die Kraftausdauer mit dem Zirkeltraining (auch Kreis- oder Circuittraining) trainiert?

Bei einem Zirkeltraining werden sechs bis zwölf verschiedene Stationen im Kreis durchlaufen. Es sollten insgesamt 2–3 Durchgänge absolviert werden. Nach einem Durchgang sollte eine Pause von bis zu 3 Minuten eingehalten werden. Bei der Abfolge der Stationen ist darauf zu achten, dass die Muskelgruppen, die nacheinander angesprochen werden, sich abwechseln.
Bei einem Kraftausdauerzirkel sollten die Belastungszeiten zwischen 30 und 60 Sekunden betragen. In dieser Zeit sollten 15–30 Wiederholungen möglich sein. Das Verhältnis von Belastung zur Pause zwischen den einzelnen Stationen beträgt bei besser Trainierten 1:1 und kann bei schwächer Trainierten bis zum Verhältnis von 1:2 verändert werden.

Das Zirkeltraining bietet mehrere Vorteile

- Das Zirkeltraining kann für verschiedene konditionelle Leistungsfaktoren angewandt werden.
- Verschiedene Muskelgruppen können im Verlauf des Zirkeltrainings angesprochen werden.
- Intensität und Umfang können je nach Trainingsstand der Gruppe angepasst werden.
- Die Belastung kann sogar innerhalb des Zirkels durch Selbsteinschätzung der Sportler variiert werden.
- Viele Sportler können gleichzeitig sehr gut belastet werden.
- Die Belastung kann während eines Zirkels stetig erhöht werden.
- Durch die unterschiedlichen Übungen ist ein Zirkeltraining sehr motivierend.

Beispiel eines Kraftausdauerzirkels

Im Folgenden wird eine Stationsfolge eines Zirkels mit sieben Übungen zum Training der allgemeinen Kraftausdauer vorgestellt (siehe Abb. 8-44 bis 8-50).

Trainingslehre

Übung 1: Ausfallschritte

Übung 2: Bankdrücken

Übung 3: Bauchmuskeln schräg

Übung 4: Trizeps

Übung 5: Einbeinkniebeugen (Beinwechsel nach der halben Belastungszeit)

Übung 6: Liegestützlaufen

Übung 7: Rudern

Abb. 8-44
Abb. 8-45
Abb. 8-46
Abb. 8-47

Abb. 8-50
Abb. 8-49
Abb. 8-48

Aufgabe 8-26

Ordne die Abbildungen 8-44 bis 8-50 den entsprechenden Übungen zu (Beispiel: Abb. 8-XX gehört zur Übung 8).

Aufgabe 8-27

Ergänze die folgende Tabelle.

Belastungsgefüge des Kraftausdauerzirkels

Tab. 8-6

Belastungsdauer	
Pause nach jeder Station	**Trainierte:** ___-___ Sekunden)
	Weniger Trainierte: ___-___ Sekunden)
Pause nach einem Durchgang	
Umfang	
Mittlere Bewegungsgeschwindigkeit	

Grundlagen der Trainingslehre

8.15 Was ist die Ausdauer?

> **Definition**
>
> Im Sport versteht man unter Ausdauer die **physische und psychische Widerstandsfähigkeit gegen Ermüdung** bei relativ lang dauernden Belastungen und die rasche Erholungsfähigkeit nach der Belastung.[8-6]

Abb. 8-51

Die physische Widerstandsfähigkeit zeigt sich am Beispiel eines Marathonlaufes über eine Strecke von 42,195 km, indem ein Läufer überhaupt in der Lage ist, diese Strecke am Stück schnell laufen zu können. Eine psychische Widerstandsfähigkeit liegt dann vor, wenn ein Läufer nach 30 km das Gefühl hat, „gegen die Wand zu laufen" (oder auch „Mann mit dem Hammer") und er eigentlich aufhören möchte, dann aber das Ziel trotzdem noch erreicht.

Aufgabe 8-28

Stelle dar, was sich hinter den Begriffen „gegen die Wand laufen" und „Mann mit dem Hammer" verbirgt.

8.15.1 Sollen Kinder und Jugendliche ihre Ausdauer trainieren?

Diese Frage kann mit einem eindeutigen JA! beantwortet werden:[8-2, 345]

- Das Herz-Kreislauf-System reagiert bei Kindern und Jugendlichen ähnlich wie bei Erwachsenen positiv auf das Ausdauertraining. Die Ausdauer- und Erholungsfähigkeit verbessert sich bei Kindern immens durch ein längerfristiges Ausdauertraining.
- Kinder und Jugendliche sind sehr gut für Ausdauerbelastungen im aeroben Bereich geeignet – bei Belastungen im aneroben Bereich ist das Training entsprechend dem Alter anzupassen (vgl. Kap. 8.15.2).
- Kinder, Jugendliche (und Erwachsene), die eine gut ausgeprägte aerobe Ausdauer haben, sind aufmerksamer, zeigen bessere Gedächnisleistungen und sind leistungsfähiger in der Schule als weniger Fitte.

Wenn du regelmäßig joggen, schwimmen, radfahren, ... gehst, kannst du dich in der Schule besser konzentrieren!

Aufgabe 8-29

Charakterisiere die Begriffe aerob und anaerob (siehe Kap. 7.8).

„Ausdauertraining" im Vorschulalter

- Die Kinder haben einen ausgeprägten Bewegungsdrang.
- Trainingsinhalte sollten abwechslungsreich und spielerisch gestaltet sein.
- Keine einseitiges Ausdauertraining, sondern vielfältige Angebote wie z. B. (spielerische) Dauermethode (siehe Kap. 8.16), schnelle und kurzandauernde Bewegungen, sowie vielseitige Angebote (siehe auch Kap. 8.11.1).

Ausdauertraining im Grundschulalter und späten Schulkindalter von 10 bis 12 Jahren

- Die Leistungsfähigkeit hängt sehr von der Entwicklung der Kinder ab. Entsprechend muss der Trainingsinhalt differenziert gestaltet werden. Am besten sind (spielerische) Ausdauerübungen mit mittlerer Intensität, im aeroben Bereich.
- Da Kinder das anfallende Laktat (siehe S. 208) bei anaeroben Belastungen schlecht abbauen können, sind Wettkampfläufe über Strecken um die 300/350 m bis 800/1500 m nicht geeignet.
- Sehr gut geeignet ist die (spielerische) Schulung der Grundlagenausdauer (siehe unten).

Ausdauertraining im Jugendalter

- Die Ausdauerleistungsfähigkeit muss in diesem Alter trainiert werden, da dies positive Auswirkungen auf die spätere Leistungsfähigkeit hat.[8-2, 359]
- Wegen der besseren Verträglichkeit, sollte das Training ab sofort verstärkt auch anaerobe Anteile beinhalten. Weiterhin muss dabei beachtet werden, dass die Jugendliche unterschiedlich weit körperlich entwickelt sind.

8.15.2 Welche Gefahren gibt es beim Ausdauertraining im Kindes- und Jugendalter?

„Für eine **aerobe Ausdauerschulung** gibt es höchstens einen zu späten, aber keinen zu frühen Beginn".[8-2,367] Lediglich das Training im anaeroben Bereich bis hin zur völligen Ausbelastung sollte bei Kindern und Jugendlichen sehr zurückhaltend durchgeführt werden! Kinder können bei der **völligen Ausbelastung** durch einen verstärkten Stresshormonanstieg verbunden mit einer geringeren Stresstoleranz, längerfristig **psychisch überlastet** werden.[8-2,351] Eine hohe Aussteigerquote („Drop-Out", siehe, Kap. 1.5) von Jugendlichen steht in einem engen Zusammenhang mit einem zu harten, nicht altersgemäßen anaeroben Training!
Eine Abhilfe liefern **kindgemäße Angebote**: So ist ein hochintensives (anaerobes) Fangspiel beispielsweise dann kindgemäß, wenn es Freimale hat, bei denen Kinder nicht mehr gefangen werden und sich entsprechend erholen können. Die

Kinder verhalten sich ohne weiteres Zutun richtig indem sie diese **Freimale** selbstständig aufsuchen, sobald ihr Körper eine Erholungsphase benötigt.

Aufgabe 8-30

Finde und **skizziere** mögliche Veränderungen, um bei folgenden Trainingsinhalte und Trainingsspiele eine völlige Ausbelastung zu vermeiden und sie entsprechend kindgemäß auszugestalten:
- Wer ist der Schnellste beim 400-m-Lauf?
- Fangen mit einem Fänger auf einem Basketballspielfeld
- 20 Minuten im Kreis rennen

8.16 Was ist die Grundlagenausdauer?

Der Definition nach sollte eine gut ausgeprägte Ausdauer den Sportler nicht nur in die Lage versetzen, lang andauernde Belastungen zu ertragen, sondern sich auch nach den Belastungen wieder schnell erholen. Eine Grundvoraussetzung zur Steigerung der Leistungsfähigkeit und der

Abb. 8-52

Erholungsfähigkeit über alle Sportarten hinweg bildet die **Grundlagenausdauer**, die wie oben gesehen auch im Kinder- und Jugendtraining eine große Rolle spielt.

> **Definition**
>
> Die Grundlagenausdauer ist die **sportartenunabhängige** Widerstandsfähigkeit gegen Ermüdung bei Langzeitbelastungen unter dem Einsatz großer Muskelgruppen mit mehr als $1/7$ der Skelettmuskulatur.[8-6]

Wenn laut der Definition die Grundlagenausdauer eine Widerstandsfähigkeit gegen Ermüdung bei Langzeitbelastungen darstellt, leuchtet es ein, dass man auf jeden Fall als Trainingsinhalt möglichst lange laufen, Rad fahren oder schwimmen kann. Diese Betrachtung würde jedoch das Ausdauertraining auf nur eine Trainingsmethode reduzieren, nämlich auf den kontinuierlichen Dauerlauf. In Tabelle 8-7 sind weitere Trainingsinhalte zum Training der Grundlagenausdauer dargestellt. Auf die hervorgehobenen Trainingsinhalte wird im Folgenden eingegangen.[8-2]

Trainingslehre

Tab. 8-7: Mögliche Trainingsinhalte der Dauermethode[8-2]

Trainingsmethode	Trainingsinhalte (am Beispiel des Laufens)
Dauermethode	• **Kontinuierlicher Dauerlauf** (Waldlauf, Crosslauf, Bahn) • Tempowechseldauerlauf • **Fartlek (Fahrtspiel)** • Läufe nach dem Pyramidensystem • Minderungsläufe • **Intervallmethode**

Bei dem Training der Grundlagenausdauer kommt es darauf an, eine geringe Reizintensität einzuhalten (vgl. Tabelle 8-3, S. 191). Wird während der Trainingseinheit die Intensität zu hoch angesteuert, werden verstärkt andere Ausdauerarten trainiert, die Grundlagenausdauer jedoch weniger. Allgemein gilt die Maxime für das Training der Grundlagenausdauer, dass **das Tempo tötet, nicht die Strecke**.

Wie die Reizintensität für die (extensive) Dauermethode angegeben werden kann

Das Training nach der (extensiven) Dauermethode ist vor allem für Spiel- und Ausdauersportler im mittleren Leistungsbereich und für das Training im Gesundheitssport sehr sinnvoll![8-2]

Da bei ihnen im Gegensatz zu Spitzensportlern die Belastungsdosierung nicht so genau festgelegt werden muss, kann die Reizintensität an folgenden Richtwerten, die sich aus Erfahrungswerten oder Berechnungen ergeben, ausgerichtet werden.

1. Möglichkeit:
Du läufst gerade so schnell, dass du dich mit deinem Trainingspartner nebenher noch gut unterhalten kannst.

   Vorteil:
   • Es werden keinerlei Hilfsmittel benötigt.

   Nachteil:
   • Wenn zwischen den Laufpartnern große Leistungsunterschiede bestehen, kann der Bessere zu gering beansprucht werden.

2. Möglichkeit:
Die Reizintensität wird in Abhängigkeit von der Bestzeit angegeben (% der Bestzeit).

   Vorteil:
   • Es wird lediglich eine Stoppuhr benötigt.

   Nachteile:
   • Die Bestzeiten über die Länge der Trainingsstrecke müssen bekannt sein.

Grundlagen der Trainingslehre

- Die Sportler müssen die Fähigkeit besitzen, die Geschwindigkeit mit Hilfe einer einfachen Stoppuhr einhalten zu können.
- Die Strecke muss Orientierungspunkte mit genauen Streckenlängen haben (z. B. alle 100 m oder jeden Kilometer eine Markierung).

3. Möglichkeit:
Die Reizintensität wird in Abhängigkeit vom Maximalpuls angegeben (% des Maximalpulses).

Vorteil:
- Die richtige Laufgeschwindigkeit kann stetig mit einer Pulsuhr überwacht werden.

Nachteile:
- Es wird eine Pulsuhr benötigt.
- Die Kenntnis des individuellen Maximalpulses wird benötigt.

4. Möglichkeit:
Die Reizintensität wird mit Hilfe einer „Faustformel" bestimmt (siehe Tabelle 8-8, S. 209).

Vorteil:
- Einfach zu berechnen.

Nachteile:
- Ist teilweise sehr ungenau.
- Es gibt verschiedene Faustformeln

5. Möglichkeit:
Die Reizintensität wird mit Hilfe einer Diagnostikfunktion einer Pulsuhr bestimmt.

Vorteil:
- Die ermittelten Intensitätshöhen sind recht genau und hängen von der aktuellen (Tages-)Form ab.

Nachteile:
- Es wird eine Pulsuhr mit dieser Funktion benötigt.
- Zur Bestimmung der Herzfrequenzzonen muss jedes Mal ein kurzes, ganz bestimmtes Aufwärmprogramm gelaufen werden.

Bei Spitzensportlern oder auch ambitionierten Amateursportlern muss dagegen ein größerer Aufwand betrieben werden um die Ausdauerbereiche genau bestimmen und damit die Richtwerte der Intensität genau angeben zu können. Eine abschätzende Berechnung reicht nicht aus. Zur Anwendung kommen in diesem Fall verschiedene Kontrollformen zur Leistungsdiagnose (wie z. B. ein Laktat-Stufentest), deren Ergebnisse dann zur Trainingssteuerung verwendet werden.

Trainingslehre

Exkurs: Wie wird ein Laktatstufentest zur Bestimmung der Ausdauerleistungsfähigkeit durchgeführt?

Eine Möglichkeit zur Bestimmung der Ausdauerleistungsfähigkeit ist der Laktatstufentest. Dieser wird in der Regel auf einem Fahrradergometer oder auf einem Laufband durchgeführt.

Was ist **Laktat**?

Laktat (Milchsäure) ist ein Endprodukt des anaeroben Stoffwechsels (vgl. S. 128). Es wird während der sportlichen Betätigung durch Energiegewinnung in der Muskulatur gebildet. Mit zunehmender Belastungsintensität steigt die Laktatmenge im Blut an.
Das Laktat tritt in das Blut über und kann leicht mit einem Tropfen Blut aus der Fingerkuppe oder aus dem Ohrläppchen gemessen werden. Anhand der Messdaten lässt sich durch diese Methode der optimale Trainingspuls ermitteln.

Ablauf des Stufentests auf dem Laufband

Ein *Proband* läuft einem Laufband, dessen Geschwindigkeit alle drei Minuten um 2 km/h erhöht wird (3-Minuten-Stufentest, siehe Abb. 8-53).
Die Anfangsgeschwindigkeit beträgt 6 km/h und endet mit dem Abbruch durch den Probanden (Ausbelastung).
Nach jeder Stufe wird an einem Ohrläppchen Blut zur Bestimmung des Blutlaktatwertes abgenommen und gleichzeitig die dazugehörende Herzfrequenz gemessen.
Diese Messdaten lassen bei einer Auswertung Rückschlüsse über die Ausdauerleistungsfähigkeit des *Probanden* zu und ermöglichen die genaue Ansteuerung des Trainingszieles in den nächsten Trainingseinheiten.

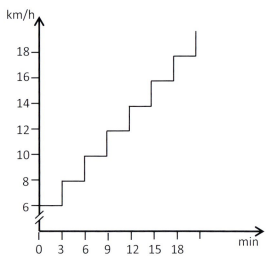

Abb. 8-53

8.16.1 Wie wird die Grundlagenausdauer mit der extensiven Dauermethode (kontinuierlicher Dauerlauf) trainiert?

Beim kontinuierlichen Dauerlauf muss, wie es der Name schon verdeutlicht, durchgehend ohne Pause gelaufen werden. Die Trainingswirkung der extensiven Dauermethode ist eine Verbesserung des Fettstoffwechsels.

Grundlagen der Trainingslehre

Belastungsgefüge des kontinuierlichen Dauerlaufs

Intensität	• In Abhängigkeit der Bestzeit: 60–80% der Bestzeit. • Kann mit folgender Faustformel berechnet werden: Maximale Herzfrequenz für dieses Training (nach Hollmann): 180 – Lebensalter.
Dauer	Abhängig von der Trainingshäufigkeit in der Woche. • Bei 3 – 4 Läufen pro Woche mindestens 40 Minuten (besser 80–120 Minuten). • Bei weniger Läufen zwischen 80 und 120 Minuten.
Umfang	Abhängig von der Laufgeschwindigkeit und der Dauer der Läufe Laufstrecken zwischen 8 und 30 km.
Pause	Keine Pause – kontinuierlicher Lauf!

Tab. 8-8: Belastungsgefüge des kontinuierlichen Dauerlaufs

Aufgabe 8-31

Berechne für dich die Herzfrequenz, die du maximal während eines kontinuierlichen Dauerlaufs erreichen solltest.
Führe einen kontinuierlichen Dauerlauf durch und überprüfe dabei stetig deine Herzfrequenz.

8.16.2 Wie wird die Grundlagenausdauer mit dem Fahrtspiel (Fartlek) trainiert?

Beim Fahrtspiel wird mit dem Tempo (Reizintensität) und den Teilstrecken (Reizumfang) „gespielt". Allgemein werden verschiedene Ausdauerbereiche angesprochen, aufgrund der Länge eines Fahrtspiels wird jedoch im größten Maße die Grundlagenausdauer angesprochen. In Abbildung 8-54 wird ein möglicher Verlauf eines Fahrtspiels dargestellt.[8-1]

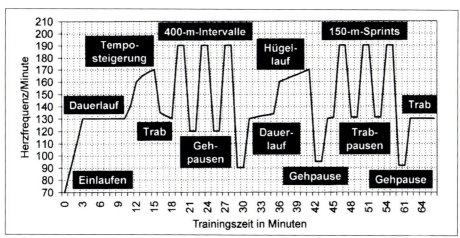

Abb. 8-54: Möglicher Belastungszyklus beim Fahrtspiel[8-1,123]

8.16.3 Wie wird die Grundlagenausdauer mit der (extensiven) Intervallmethode trainiert?

Die extensive Intervallmethode ist vor allem für Leistungssportler geeignet und wird von ihnen zur Steigerung der Qualität der Grundlagenausdauer angewandt. Dieser Methode liegt ein geplanter und kontrollierter Wechsel zwischen Phasen mit geringer bis mittlerer Intensität und lohnenden Pausen zugrunde.

Tab. 8-9: Belastungsgefüge der extensiven Intervallmethode

Intensität	In Abhängigkeit des Maximalpulses: 60–80% des Maximalpulses
Umfang	Je nach Streckenlänge Beispiel (modifiziert[8-2, 279] – nach[8-3, 175])

Strecke	Anzahl der Läufe	Gesamtumfang
200 m	20–40	4000–8000 m
400 m	20–40	8000–16 000 m
800 m	10–20	8000–16 000 m
1000 m	8–12	8000–12 000 m

Pause	Abhängig von der Laufdauer je Streckenlänge. Die Pause beträgt 1/3 der Belastungszeit. (Beispiel: Zeit für die Einzelstrecke von 400 m: 100 Sekunden. Damit steht eine Pausenzeit von 33 Sekunden zur Verfügung.)
Pausengestaltung	Traben!
Dauer	Abhängig von der Summe der Laufzeiten.

Aufgabe 8-32
Übertrage die Belastungsgefüge aus Tabelle 8-8 und 8-9 in ein Belastungsgefüge nach Art der Abbildung 8-27 (S. 179).

Exkurs: Wie entsteht Seitenstechen?

Du kennst das sicher: Du joggst durch den Wald oder spielst ein Ballspiel und plötzlich sticht es in der Höhe des Brustkorbs. Plötzlich fällt das Atmen schwer. Woher kommt das schmerzhafte und lähmende Stechen unter dem Rippenbogen? Seitenstechen im Magen-Darm-Bereich bzw. in der Leistengegend kann beim Laufen, aber auch bei anderen Ausdauersportarten wie Radfahren oder Schwimmen auftreten und dazu führen, dass die Intensität der sportlichen Betätigung redu-

Grundlagen der Trainingslehre

ziert oder sogar ganz abgebrochen werden muss. Bisher ist noch nicht genau erforscht, was dieses Seitenstechen auslöst. Es gibt eine Reihe von Theorien, die allerdings alle noch nicht endgültig geklärt sind. Eine weit verbreitete Theorie besagt, dass eine verringerte Durchblutung des Zwerchfells zu Verkrampfungen des Zwerchfells führt. Aufgrund dieser Minderdurchblutung schütten innere Organe schmerzverursachende Stoffe aus. Teilweise bestätigt wird diese Theorie durch die Beobachtung, dass Seitenstechen häufiger bei untrainierten Sportlern vorkommt und immer seltener wird, je besser der Trainingszustand ist. Häufig tritt das Seitenstechen auch bei Trainingseinheiten nach Mahlzeiten auf. Durch den verstärkten Blutstrom im Körper entsteht in Milz und Leber ein Dehnungsschmerz, daher tritt das Seitenstechen überwiegend auf der rechten Seite auf. Eine zu schwach ausgeprägte Bauchmuskulatur, zu starke Belastung, unregelmäßige Atmung und eine falsche Körperhaltung sind weitere vermutete Auslöser.

Abb. 8-55

So kannst du vorbeugen

Es gibt ein paar Tipps, wie du Seitenstechen eher vermeiden kann:

- Wenn du beim Laufen Seitenstechen bekommst, dann hast du zu schnell angefangen. Es ist dann besser langsamer zu laufen und möglichst ruhig und gleichmäßig zu atmen. Das Stechen hört dann ziemlich schnell auf.

- Es ist nicht gut, mit vollem Magen zu laufen. Da ist die Wahrscheinlichkeit von Seitenstechen viel höher, denn ein voller Bauch bindet sehr viel Blut und fördert dadurch Seitenstechen. Außerdem liegt das Essen sozusagen „schwer" im Magen und belastet damit die Aufhängung der Verdauungsorgane.

- Gut trainierte Bauchmuskeln helfen Seitenstechen zu verhindern – auch du kannst sie mit speziellen Übungen trainieren (siehe Abb. 8-56).

Abb. 8-56

Wenn es dann doch sticht?

Falls du beim Laufen dennoch Seitenstechen bekommst, dann hilft es, sich nach vorne zu beugen und die schmerzende Bauchseite anzuspannen oder mit der Hand in die Stelle hineinzudrücken. Wenn der Schmerz nachlässt, langsamer weiterlaufen. Je mehr man trainiert, desto seltener wird in der Regel das Seitenstechen.

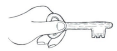

Schlüsselbegriffe
- Ausdauertraining
- Beanspruchung
- Belastung
- Belastungsgefüge
- Belastungsmerkmale
- Einer-Wiederholungs-Maximum
- enge-, weite Orientierung
- Fahrtspiel
- Grundlagenausdauer
- Homöostase
- IK-Training
- Kondition
- kontinuierlicher Dauerlauf
- Kraftausdauer
- Krafttraining
- Leistungsfähigkeit
- Maximalkraft
- physische Leistungsfaktoren
- Prinzip der optimalen Relation von Belastung und Erholung
- Pyramidenmethode
- Q-Training
- Regeneration
- Schnellkraft
- Seitenstechen
- Training
- Trainingseffekt
- Trainingsziele
- Zirkeltraining

9 Der Aufbau einer Trainingsstunde

In diesem Kapitel geht es um

- die Planung einer Trainingsstunde.
- den Aufbau einer Trainingsstunde.

Trainingslehre

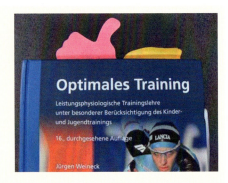

"Im Winter werden Weltmeister gemacht!" – dieser Grundsatz gilt für sämtliche Sommersportarten.
Die Leichtathleten sieht man im Kraftraum Gewichte stemmen. Triathleten ziehen Ihre Bahnen im Schwimmbad und die Radfahrer trainieren entweder in Südafrika oder zu Hause auf der Rolle.

Abb. 9-1

Viel hilft aber nicht immer viel. Es kommt auf die Qualität an. Nur wenn das Training entsprechend sinnvoll geplant und aufgebaut ist, kann sich der Erfolg einstellen.
Einerseits können dadurch Überlastungen und Fehler vermieden werden, andererseits wird das Training für alle interessanter und wirkungsvoller.

Was wird mit Trainingseinheit, Trainings- oder Übungsstunde bezeichnet?
Eine **Trainings- oder Übungsstunde** wird auch **Trainingseinheit** genannt und bezeichnet die kleinste Einheit in einem großen Gesamtplan.
Der Gesamtplan kann z. B. einen Wochen- und Jahrestrainingsplan beinhalten.
Die Trainingsstunde ist eine zusammenhängende Trainingszeit, die in der Schule in der Regel 45 oder 90 Minuten, im Verein auch entsprechend länger sein kann.

9.1 Warum müssen Trainingsstunden gut geplant werden?

Bevor die Inhalte einer Trainingsstunde festgelegt werden können und das Training stattfinden kann, müssen Planungen angestellt werden.[9-1] Mit einer richtigen Planung kann in einer Trainingsstunde kaum etwas schief gehen und der Spaß und Erfolg bei den Trainierenden stellt sich eher ein. Folgende Planungsschritte sind notwendig.

Die 7 **Was**-Fragen helfen bei der Orientierung:

1. Was soll **trainiert** (geübt) werden?

   Dies ist der erste und **zentrale Planungsschritt**. Die Beantwortung dieser Frage legt alle weiteren Planungsschritte fest.
   Beispiel: Es soll das Fangen eines Balles trainiert werden.

2. Was sollen die Trainierenden am Ende der Trainingsstunde können **(Stundenziel)**?

   Hier wird die Erwartung an das Erreichte am Ende der Trainingsstunde beantwortet.
   Beispielsweise kann ein Stundenziel sein, dass annähernd alle Trainierenden einen Ball besser fangen können.

Der Aufbau einer Trainingsstunde

3. Was für **Rahmenbedingungen** liegen vor?

   Hier setzt man sich mit den Voraussetzungen für die Trainingsstunde auseinander. Das ist sehr wichtig, da manche Inhalte aufgrund von ungeeigneten Rahmenbedingungen nicht durchführbar sind. Rahmenbedingungen sind beispielsweise die Gruppengröße, die zur Verfügung stehende Zeit, Übungsmaterial, Sporthalle oder Sportplatz usw.

   Beispiel: Für eine 30-köpfige Gruppe stehen lediglich 17 Bälle zur Verfügung.

4. Was für ein **Leistungsniveau** haben meine Trainierenden?

   Bei der Beantwortung dieser Frage beschäftigt man sich mit dem Leistungsstand der Trainierenden. Habe ich eine homogene oder eine *heterogene Trainingsgruppe* mit unterschiedlichem Leistungsniveau? Je nachdem müssen die Übungen ausgewählt werden.

   Beispiel (für eine heterogene Gruppe): Manche in der Gruppe können den Ball fangen, andere wiederum gar nicht.

5. Was für **Übungen** wähle ich aus?

   Nach den vier vorhergehenden Planungsschritten können jetzt die geeigneten Übungen ausgewählt werden. Neue Ideen gibt es aus Büchern, aus dem Internet oder auch bei Fortbildungen.

   Beispiel: Wurf gegen die Wand – der eigene Ball wird wieder gefangen.

6. Was muss ich wie **organisieren**?

   Die Übung ist gewählt. Damit jetzt die Übung sinnvoll in der Trainingsstunde umgesetzt werden kann, muss nur noch die richtige Organisationsform gefunden werden (vgl. Kap. 9.4).

   Beispiel: (Für die Übung „Wurf gegen die Wand – der eigene Ball wird wieder gefangen). Alle stehen nebeneinander und werfen ihre Bälle an die Wand oder alle stehen hintereinander, der Vorderste wirft an die Wand, fängt den Ball, prellt ans Ende der Schlange und stellt sich wieder an …

7. Was für eine **Belastung** ergibt sich aus meinen gewählten Inhalten?

   Die Belastung muss vorab abgeschätzt werden, um ein richtiges Verhältnis von Belastung und Entlastung einzuhalten (vgl. Kap. 8.9.1).

   Beispiel: Beim Werfen an die Wand ist die Belastung des Herz-Kreislauf-Systems niedrig, die Belastung des Wurfarmes dagegen hoch einzuschätzen.

Trainingslehre

Aufgabe 9-1

Finde und **nenne** weitere mögliche Rahmenbedingungen, die die Trainingsplanung und das Training an sich beeinflussen können

9.2 Wie wird eine Trainingsstunde aufgebaut?

Prinzipiell kann durch einen korrekten Aufbau der Trainingsstunde das Trainingsziel besser erreicht werden. Darüber hinaus gibt eine ähnliche Gestaltung der Trainingsstunde den Trainierenden eine Sicherheit.

Sinnvollerweise wird eine Trainingsstunde in drei Abschnitte eingeteilt: In den vorbereitenden Teil, den Hauptteil und den abschließenden Teil. Die zeitliche Gestaltung der einzelnen Abschnitte zueinander hängt jeweils vom Stundenziel ab. Die folgende Grafik stellt eine Orientierung bei einer 90 Minuten Trainingseinheit dar:

Abb. 9-2

- **Vorbereitender Teil** (auch Einleitung, Aufwärmen, Mobilisieren).

- **Hauptteil**.

- **Abschließender Teil** (auch Schlussteil, Abwärmen, cool-down).

9.3 Welche Ziele und Inhalte beinhalten die einzelnen Trainingsabschnitte und was ist dabei zu beachten?

Die Inhalte der drei Abschnitte sind miteinander verknüpft. Dabei hängt der vorbereitende- und der abschließende Teil von der inhaltlichen Gestaltung des Hauptteils ab.

Der Aufbau einer Trainingsstunde

Vorbereitender Teil

Ziele
- *Physisch:* Erwärmung des Organismus („der Puls geht hoch").
- Einstellung: Auf die nachfolgende Belastung im Hauptteil einstimmen.

Abb. 9-3

Zu beachten
- Ansteigende Belastung (siehe Kap. 8.10).
- Gemeinsamer pünktlicher Beginn.
- Kontrolle der Sportgeräte und Sportkleidung.

Inhalte
- Vielseitiges Aufwärmen (Spielformen, Gymnastik, einfache Übungen).

Hauptteil

Ziele
- Stundenziel wird angesteuert.
- Üben und Trainieren in der jeweiligen Sportart.
- Trainingszustand wird verbessert.

Zu beachten
- Hohe bis maximale Belastung (siehe Kap. 8.7).
- Richtige Reihenfolge der Inhalte.
- Richtige Belastung für die Zielgruppe beachten.

Inhalte
- Abhängig von der Zielsetzung: Z. B. Lernen einer neuen Bewegung, Üben einer bereits bekannten Bewegung, wettkampfnahes Training, Techniktraining, Ausdauer-, Kraft, Beweglichkeits-, Schnelligkeitstraining (Kap. 8.11).

Abschließender Teil

Ziele
- Cool down („der Puls geht wieder runter").
- Erholung einleiten.

Abb. 9-4

Zu beachten
- Belastung nimmt ab (Kap. 8.10).
- Gemeinsamen Abschluss schaffen.
- Gemeinsamer Abbau der Geräte.

Inhalte
- Spielformen.
- Entspannende und motivierende Übungen.
- Eventuell Dehnen.

Aufgabe 9-2

Führe beim nächsten Training an dem du teilnimmst ein Trainingsprotokoll.
Notiere dir dabei, was du gemacht hast und wie lange die einzelnen Abschnitte gedauert haben.
Stelle zu Hause deine Notizen in einer Tabelle mit den drei Spalten „vorbereitender Teil", „Hauptteil" und „abschließender Teil" **dar**.

9.4 Was muss man bei der Vermittlung einer bisher unbekannten sportlichen Bewegung beachten?

Durch das Wissen und die Beachtung von folgenden drei **einfachen Prinzipien** bei der Vermittlung, können Techniken schneller erlernt werden.

1) Vom Leichten zum Schweren.

Beispielsweise beim Volleyball zuerst Fangen und Werfen lassen, bevor man den Ball volley, d. h. direkt, ohne Fangen weiterspielen muss.

2) Vom Bekannten zum Unbekannten.

Beispielsweise beim Volleyball zuerst im Stand spielen (direktes Zuwerfen eines Balles zum Spieler), bevor sich die Spieler bewegen müssen (so Zuwerfen, dass der Spieler sich bewegen muss).

3) Vom Einfachen zum Komplexen.

Beispielsweise beim Volleyball den Ball zuerst einwerfen lassen, bevor der Aufschlag gespielt wird.

Aufgabe 9-3

Finde für die oben genannten drei Prinzipien weitere Beispiele aus deiner Sportart (oder einer von dir gewählten Sportart).

9.5 Beispiele aus der Praxis

Im Folgenden werden drei verschiedene Trainingsstunden vorgestellt. Sie sollen beispielhaft die oben genannten Punkte aufgreifen.

Beispiel 1: Leichtathletik

Allgemeine Laufschule – Rhythmisierung – Koordination, Alter 10–11 Jahre

	Zeit in Min.	Inhalt	Ziele
Vorbereitender Teil	3	Jeder zieht einen Zettel aus einem Sack. Es gibt vier verschiedene Familien: Maier, Meier, Meyer, Mayer. Nachdem jeder einen Zettel hat, müssen sich die Familien finden – dabei darf nicht gesprochen werden! Jede Familie hat einen Vater, Mutter, Sohn Peter, Tochter Susi, Dackel Waldemar und dazu hat jede Familie noch einen Bären, Affen und Tiger („Vater Maier", „Bär Maier", „Bär Meyer", usw.).	Gruppen-bildung
	15	Spiel Familie Meier geht in den Zoo. Die Schüler sitzen nach Familien geordnet auf den Bänken und laufen um alle Bänke, sobald sie ihren oder den Namen der Familie hören. Bei „Familie Meier" muss die ganze Familie laufen bei „Kinder" alle Kinder, bei „Zootiere" müssen Bär, Affe und Tiger gemeinsam laufen (Geschichte befindet sich im Anhang, Seite 229).	Allgemeines Aufwärmen und Aktivie-rung des Herz-Kreislauf-Systems
Hauptteil	10	1) Beine: Wechselschritte auf Bank (20x). 2) Beine: frontal über die Bank springen (10x). 3) Oberkörper: In Bauchlage auf der Bank liegend über die Bank ziehen (2x). Als Wettkampfform. 4) Gesamter Körper: Auf der Bank mit den Händen aufstützen, so weit wie möglich von der Bank zurückgehen, dabei weiter auf Bank stützen. 5) Liegestütze (Hände auf Bank oder je nach Können auch von der Bank).	Allgemeine Kräftigung an der Langbank
	15	Anfersen Kniehebelauf Anfersen/Knieheben abwechselnd Schaukelpferd rechts/links Fußexperimente (laufen auf Ballen, Außen-/Innenseite, mit ein-/ausgedrehten Füßen). Armexperimente (laufen ohne Armeinsatz, mit Armkreisen, mit Passgang). Rumpfexperimente: Spiel mit dem Oberkörper (Oberkörper vorwärts, rückwärts, seitwärts gebeugt) Laufschlangen in 8er-Gruppen: Abstand soll bei variierter Bewegung und unterschiedlichem Tempo immer gleich bleiben.	Allgemeine Laufschule/ Koordination Experimen-tieren
	2	Umbau: 4 Langbänke und 6 Matten werden in zwei Reihen aufgebaut.	

Trainingslehre

	Zeit in Min.	Inhalt	Ziele
Hauptteil	20	a) Paarweise: A umrundet drei Geräte nach Wahl und variiert bei jedem Gerät die Bewegungsart. B muss sich den Ablauf gut einprägen und diesen dann nachmachen, sobald A wieder am Platz angekommen ist.	Rhythmisierung
		b) Schattenlaufen auf Musik Geräte sollen dabei mit eingebaut und die Bewegungsart variiert werden.	
		c) Paarweise auf dem Hinweg über die Bänke auf dem Rückweg über die Matten laufen. Paare sollen synchron laufen. 1) laufen ohne Bewegungsvorgabe 2) re (Bank) – re zw. den Matten 3) li (Bank) – li zw. den Matten 4) re-li-re-li (Bank) – li Absprung von der Matte Absprungbein festlegen! 5) Absprungbein (Bank) – 2x Absprungbein, 1x Schwungbein. Jede Bewegungsform (mind.) 2x	Orientierung im Raum
	10	Übungen mit Langbank und Bällen a) Über die Bank laufen und Ball hoch werfen. b) Über die Bank laufen und zwei Bälle auf Boden prellen. c) Mit re auf der Bank laufen, mit li auf Boden prellen. d) Mit li auf der Bank laufen, mit re auf Boden prellen.	Gleichgewicht und Koordination
Abschließender Teil	15	Ausdauer auf Musik. Bänke und Matten werden zu einem Parcours gestellt, der umlaufen werden muss. Belastung: 6 Minuten – 1 Minute Pause – 6 Minuten. Nach jeder Runde gilt es, sich ein Wort zu merken („ich packe meinen Koffer")	Ausdauer
			Abbau

Beispiel 2: Volleyball

Festigung Pritschen und Baggern – Spiel, Alter 13–14 Jahre

Abb. 9-5

	Zeit in Min.	Inhalt	Ziele
Vorbereitender Teil	12	Zombieball: In einem abgegrenzten Spielfeld darf jeder jeden mit einem Softball abwerfen. Abgeworfene Schüler verlassen beim ersten Mal das Feld und umrunden es einmal – danach dürfen sie weiterspielen. Beim zweiten Mal müssen sie einen Volleyball 10x an die Wand pritschen, um wieder mitspielen zu dürfen.	Herz-Kreislauf-Aktivierung Gewöhnung an den Ball, vorbereitende Bewegungen für den Hauptteil
Hauptteil	15	Ballkontrolle 10erle (Ausarbeitung siehe Anhang, Kap. 10.3, S. 229)	Baggern und Pritschen selbstständig üben
	15	a) Gruppe der Schüler mit mangelhafter Baggertechnik: Baggern ohne Ortsveränderung. Baggern auf Zuwurf zu einem dritten Spieler, der den Steller simuliert und den Ball fängt oder zum Anwerfer zurückpritscht. b) Gruppe der Schüler mit ausreichender Baggertechnik: Baggern nach Bewegung. Die Schüler stehen sich paarweise gegenüber, die eine Seite mit dem Gesicht zur Wand, die anderen pritschen den Ball auf Zuruf zu, so dass die Schüler an der Wand sich umdrehen und auf den Ball einstellen müssen. c) Gruppe der Schüler mit guter Baggertechnik Bagger nach Bewegung Die Schüler befinden sich paarweise gegenüber, die eine Seite liegt auf dem Bauch und hat als Hindernis eine Bank vor sich stehen. Nachdem ihnen der Ball auf Zuruf hoch zugeworfen wird, müssen sie aufstehen und baggern.	Festigung der Baggertechnik je nach Können.

Trainingslehre

	Zeit in Min.	Inhalt	Ziele
Gemeinsamer Hauptteil und abschließender Teil	25	Kaiserspiel: Es wird auf Zeit gespielt. Die Teams wechseln die Spielfelder nach jeder Spielrunde entweder in die eine oder in die andere Richtung, je nachdem, ob sie gewonnen oder verloren haben. Ist die Zahl der Teams mit der Zahl der Spielfelder gleich, bleibt das Gewinnerteam auf einer Seite ganz außen („Kaiser") und das Verliererteam auf der anderen Seite ganz außen („Bettler") stehen. Bei Unentschieden entscheidet der nächste Ballwechsel.	Spielen

Beispiel 3: Raufen und Kämpfen

Ritual einführen – Gruppenkämpfe – Kämpfe um Gegenstände, Alter 10–17 Jahre

Abb. 9-6

	Zeit in Min.	Inhalt	Ziele
Vorbereitender Teil	7	Aufbauen: Zügiges gemeinsames Aufbauen einer großen Mattenfläche aus blauen Turnmatten.	
	3	Angrüßen: Alle befinden sich im Sitzkreis (Knie- oder Normalsitz). Erklärung des An- und Abgrüßens. Direkt nach dem Angrüßen: Ankündigen der folgenden Inhalte. An „Stopp-Regel" erinnern – wenn jemand „Stopp" ruft, müssen alle Aktionen sofort eingestellt werden.	Gemeinsamer Beginn
Hauptteil	70	**Übung 1: „Wäscheklammernfight"** Jeder gegen jeden. Jeder Schüler erhält drei bis fünf Wäscheklammern. Diese müssen sichtbar am Körper angebracht werden (nicht unter das T-Shirt, etc.). Nach dem Startsignal versuchen alle, Wäscheklammern von anderen zu ergattern. Dabei müssen die Wäscheklammern sofort wieder an der eigenen Kleidung befestigt werden. Nach dem Stopp – Signal zählen nur die Wäscheklammern, die am eigenen Körper fest sind.	Gruppenkämpfe und Kampf um Gegenstände

Zeit in Min.	Inhalt	Ziele
Hauptteil	**Übung 2: „Kampf um die Socke"** Jeder Gegen jeden. Alle müssen beim Kampf auf dem Boden bleiben. Alle versuchen sich gegenseitig die Socken auszuziehen. **Übung 3: „Wand verschieben"** Eine Weichbodenmatte wird in die Mitte gelegt. Die zwei Gruppen versuchen die Weichbodenmatte am Boden über die Mittellinie zur anderen Gruppe zu schieben. Eine Weichbodenmatte wird in die Mitte gestellt. Die zwei Gruppen müssen versuchen die Weichbodenmatte mit dem Rücken im Stehen über die Mittellinie zur anderen Gruppe zu drücken. **Übung 4: „Inselkönig"** Alle befinden sich auf einer oder zwei Weichbodenmatten. Es wird im Sitzen gekämpft. Wer bleibt als Letztes auf der Weichbodenmatte? Alle, die vollständig von der Weichbodenmatte geschoben wurden, müssen sofort die Mattenfläche verlassen. **Übung 5: „Schiffbrüchige"** Alle müssen auf dem Boden bleiben. Eine Gruppe sind die Schiffbrüchigen, die versuchen auf eine Insel (die Weichbodenmatte) zu kommen. Die andere Gruppe befindet sich auf der Insel und versucht dies zu verhindern. **Übung 6: „Musikalischen Bälle"** Maximal halb so viele Medizinbälle wie Spieler liegen verteilt auf der Matte. Alle laufen zu einer Musik durcheinander. Wenn die Musik endet (bzw. bei einem Startsignal) versucht jeder einen Ball zu erhaschen und diesen am Boden bis zum Stopp-Signal (nach ca. 20–30 Sekunden) zu verteidigen. Pro verteidigten Ball gibt es einen Punkt. **Übung 7: „Geladene Bälle"** Mehrere Schüler bilden einen Innenstirnkreis und halten sich an den Händen. In der Mitte des Kreises liegen mehrere Medizinbälle. Die Schüler müssen ab einem Signal versuchen, dass die anderen aus dem Kreis einen Ball berühren, dabei selbst aber keinen Ball zu berühren. **Übung 8: „Rugby"** Die Mannschaften versuchen, einen Medizinball hinter den Mattenrand (oder auf das Eck) einer der anderen Mannschaft abzulegen. Dabei darf nicht aufgestanden werden	
Abschließender Teil	10	Abgrüßen Matte abbauen	

Aufgabe 9-4

Diskutiere mit deinem Lehrer die Beispiele aus der Praxis.

Sind die Beispiele sinnvoll aufgebaut?
Sind die Inhalte sinnvoll gewählt?

Aufgabe 9-5

Skizziere zusammen mit einem Partner einen Teil einer Trainingsstunde. Plane dabei die Trainingsstunde nach 9.1 und beachte den Aufbau und den Inhalt (9.2 und 9.3)!

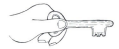

Schlüsselbegriffe
- 7 Was-Fragen
- Abschließender Teil
- drei Prinzipien
- Hauptteil
- Vorbereitender Teil

Anhang

10 Zieleinlauf

10.1 Auflistung der vom DOSB anerkannten Spitzenfachverbände (zu Kapitel 2, Stand 2015)

Spitzenverbände			
olympisch		**nicht olympisch**	
Bob- und Schlittenverband für Deutschland	Deutscher Judo-Bund	American Football Verband Deutschland	Deutscher Minigolfsport Verband
Bund Deutscher Radfahrer	Deutscher Kanu-Verband	Bundesverband Deutscher Kraftdreikämpfer	Deutscher Motor Sport Bund (DMSB)
Bundesverband Deutscher Gewichtheber	Deutscher Leichtathletik-Verband	Deutsche Billard-Union	Deutscher Motoryachtverband
Deutsche Eislauf-Union	Deutscher Ringer-Bund	Deutsche Lebens-Rettungs-Gesellschaft	Deutscher Rasenkraftsport- und Tauzieh-Verband
Deutsche Eisschnelllauf-Gemeinschaft	Deutscher Ruderverband	Deutscher Aero Club	Deutscher Rollsport- und Inline Verband
Deutsche Reiterliche Vereinigung	Deutscher Rugby-Verband	Deutscher Alpenverein	Deutscher Schachbund
Deutsche Taekwondo Union	Deutscher Schützenbund	Deutscher Angelfischerverband	Deutscher Skibob-Verband
Deutsche Triathlon Union	Deutscher Schwimm-Verband	Deutscher Baseball und Softball Verband e.V.	Deutscher Sportakrobatik-Bund
Deutscher Badminton-Verband	Deutscher Segler-Verband	Deutscher Behindertensportverband	Deutscher Squash Verband
Deutscher Basketball Bund	Deutscher Skiverband	Deutscher Boccia-, Boule- und Pétanque-Verband	Deutscher Tanzsportverband
Deutscher Boxsport-Verband	Deutscher Tennis Bund	Deutscher Dart-Verband e.V.	Deutscher Wasserski- und Wakeboardverband (DWWV)
Deutscher Curling Verband	Deutscher Tischtennis-Bund	Deutscher Eisstock-Verband	Verband Deutscher Sporttaucher
Deutscher Eishockey-Bund	Deutscher Turner-Bund	Deutscher Gehörlosen-Sportverband	Deutscher Karate Verband e.V.
Deutscher Fechter-Bund	Deutscher Verband für Modernen Fünfkampf	Deutscher Ju-Jutsu Verband	Floorball-Verband Deutschland
Deutscher Fußball-Bund	Deutscher Volleyball-Verband	Deutscher Kegler- und Bowlingbund (DKB)	
Deutscher Golf Verband	Snowboard Verband Deutschland		
Deutscher Handballbund	Deutscher Hockey-Bund		

Zieleinlauf

10.2 Spiel Familie Meier – Geschichte (zu Kapitel 9.5)

An einem schönen Sonntagvormittag saß **Familie Meier** am Frühstückstisch. **Vater Meier** sagte: Wir wollten doch schon lange wieder einmal in den Zoo, um uns die vielen **Zootiere** anzusehen. Au fein, jubelte **Peter**. Welche **Zootiere** werden wir uns ansehen? **Bären** und **Tiger** bestimmt, legte **Susi** vorlaut fest. Und doch sicherlich auch die **Affen**, verkündete **Mutter Meier**.
Und wo lassen wir **Waldemar** fragte der **Vater**? **Waldemar** muss mit, legten die **Kinder** lautstark fest. Er mag doch so sehr die **Zootiere**. Schnell wurde das Notwendigste vorbereitet. Und dann ging es los. **Vater Meier** ging mit **Dackel Waldemar** zur Garage. Dabei stolperte er zuerst über **Susis** Rad und anschließend über **Peters** Rollschuhe. **Susi** jammerte und schob alles auf **Peter**. Jetzt jammerte auch **Peter**. **Dackel Waldemar** knurrte **Vater Meier** an.
Vater und **Mutter Meier** stiegen ins Auto, **Peter** und **Susi** belegten laut schreiend ihre Plätze. Nun ging die Fahrt endlich. los. Nach wenigen Minuten fing **Susi** an zu heulen. Wo ist unser **Dackel Waldemar**? **Mutter** beruhigte die **Kinder** und **Vater** wendete das Auto. Als dann die **Familie** endlich vollzählig war, stand der Fahrt zu den **Zootieren** nichts mehr im Wege.
Am Ziel angekommen. entbrannte ein heftiger Streit. **Susi** wollte zuerst zu den **Bären**, **Peter** zuerst zu den **Affen**. **Dackel Waldemar** zog an der Hundeleine in Richtung der **Tiger**. **Mutter Meier** beruhigte mit dem Hinweis, dass sich alle **Zootiere** anschauen werden. Die **Eltern** legten die Reihenfolge **Bären**, **Affen** und **Tiger** fest.
Zwei Stunden später taten den **Eltern** die Füße weh. **Vater** und **Mutter Meier** machten eine Pause. Wie viele verschiedene **Zootiere** es hier doch gibt, jubelten die **Kinder**. **Mutter Meier** bestätigte dies mit einem müden Kopfnicken und kraulte **Dackel Waldemar** hinter den Ohren. **Susi** wollte gerne noch einmal zu den **Affen** und **Peter** zu den **Bären**. **Dackel Waldemar** bellte schon wieder in Richtung der **Tiger**. **Mutter Meier** erhob sich von der Bank und wollte nur noch nach Hause.
Auf dem Weg zum Ausgang sah die **Familie** noch einmal alle **Zootiere** in der Reihenfolge: **Bären**, **Affen** und **Tiger**. Gegen Abend fuhr die **Familie Meier** erschöpft und müde nach Hause. Die **Kinder** schliefen schnell auf ihren Sitzen ein und **Waldemar** rekelte sich auf dem Rücksitz. Zuhause angekommen, träumte **Mutter Meier** noch von den **Affen**, **Vater** von den starken **Bären** und **Dackel Waldemar** von den **Tigern**.
Nach dem der Zoo geschlossen wurde, konnten die **Zootiere** ihr Abendbrot in aller Ruhe genießen. Trotz der anstrengenden Lauferei freute sich die ganze **Familie Meier** über den unvergesslichen Sonntag mit den **Zootieren**.

10.3 Volleyball – 10erle (zu Kapitel 9.5)

10erle – Ballkontrolle, Pritschen, Baggern

Führt die Aufgaben jeweils mind. **10-mal** durch – mindestens so lange, bis Ihr Euch sicher fühlt und der Ball nicht wegspringt. **Achtet immer auf eine hohe Flugkurve des Balles!**
1. Wirf den Ball gegen die Wand. Klatsche vor dem Bauch und hinter dem Rücken. Fange den Ball.
2. Wirf den Ball gegen die Wand. Hinsetzen und dann fangen.
3. Wirf den Ball gegen die Wand. Lass ihn einmal auf hüpfen, bevor Du ihn fängst.
4. Wirf den Ball rückwärts gegen die Wand. Drehe Dich herum und fang den Ball aus der Luft.
5. Wirf den Ball gegen die Wand. Lass den Rückpraller direkt durch die gegrätschten Beine hüpfen.
6. Baggern gegen die Wand, vor dem Fangen 1x (2x, …) in die Hände klatschen.
7. Pritschen gegen die Wand, vor dem Fangen 1x (2x, …) in die Hände klatschen.
8. Baggern gegen die Wand, vor dem Fangen vor dem Bauch, hinter dem Rücken in die Hände klatschen
9. Pritsche ohne den Ball zu fangen vorwärts gegen die Wand.
10. Pritsche ohne den Ball zu fangen rückwärts gegen die Wand.

10.4 Literaturverzeichnis

Kapitel 1

1-1 Nagel, S. (2012). *Welches sind typische Vereinsziele? Wie sehen die Mitgliederinteressen aus? Was ist unter Sportvereinskultur zu verstehen?* Zugriff am 29.03.2012 unter http://www.lsvbw.de/cms/iwebs/default.aspx?mmid=974&smid=2994&swid=25

1-2 Kurz, D. (1990). *Elemente des Schulsports. Grundlagen einer pragmatischen Fachdidaktik.* Schorndorf: Hofmann.

1-3 Dober, R. (2012). *Freizeitsport/Breitensport – Leistungssport/Spitzensport.* Zugriff am 29.03.2012 unter http://www.sportunterricht.de/lksport/gesell3.html

Kapitel 2

2-1 DOSB (2011). *Definition „Sport".* Zugriff am 01.08.2011 unter http://www.dosb.de/de/organisation/philosophie/sportdefinition/

2-2 Röthig, u. a. (Hrsg.) (1992). *Sportwissenschaftliches Lexikon* (6., völlig neu bearbeitete Auflage) (S. 376). Schorndorf: Hofmann.

2-3 Göhner, U. (1992). *Einführung in die Bewegungslehre des Sports. Teil 1: Die sportlichen Bewegungen.* Schorndorf: Hofmann.

Kapitel 4

4-1 Campbell, N. A. (2000). *Biologie* (2. korrigierter Nachdruck 2000). Heidelberg: Spektrum.

4-2 Böning, D. (1995). Aktuelles zum Muskelkater. *Sportorthopädie/Sporttraumatologie, 11,* 167–170.

Kapitel 6

6-1 Roos, M. (2011). Kälte und Wintersport. *DAV Panorama, 1.*

6-2 Wilmore, J. H. & Costill, D. L. (1999). *Physiology of Sport an Exercise.* Champaign: Human Kinetics.

6-3 Spomedical (2009). Mechanismen der Wärmeabgabe. Zugriff am 04.04.2015 unter www.umrz0100.vm.ruhr-uni-bochum.de

6-4 Wikipedia (2015). Hitzeschaden. Zugriff am 10.05.2015 unter https://en.wikipedia.org/wiki/Hitzeschaden

Kapitel 7

7-1 DOSB (2007). *200.000 Freizeitsportler konsumieren Dopingpräparate.* Zugriff am 07.08.2014 unter http://www.dosb.de/ru/sportentwicklung/sportentwicklungs-news/detail/news/200000_freizeitsportler_konsumieren_dopingpraeparate/

7-2 DSJ (Hrsg.) (2004). *Sport ohne Doping. Argumente und Entscheidungshilfen für junge Sportlerinnen und Sportler und Verantwortliche in deren Umfeld.* Schnelldorf: Druckerei Michael.

7-3 Hamm, M. (1990). *Fitness Ernährung* (S. 61–66; 91). Berlin: Rohwolt.

7-4 Konopka, P. (2009). *Sporternährung* (S. 98–104). München: BLV Buchverlag.

7-5 Williams, M. H. (1997). *Ernährung für Fitness und Sport* (S. 296–342). Elsevier: Urban & Fischer.

7-6 Astrand, P.-O. (1979). Nutrition and physical performance. In M. Rechcigl (Ed.), *Nutrition and the world food problem.* Basel: Karger.

7-7 Zapf, J. (2003). Essen & Trinken am Wettkampftag. *Sports Care-Zeitschrift für den informierten Sportler, 1.*

7-8 Deutsche Gesellschaft für Ernährung e.V. (DGE) (1996). *Ernährungsbericht 1996. Neuauswertung der Nationalen Verzehrsstudie* (S. 37-53). Frankfurt a.M.: Druckerei Henrich GmbH.

7-8   Deutsche Gesellschaft für Ernährung e.V. (DGE) (2004). *Ernährungsbericht 2004*. Bad Nauheim: Institut für Sporternährung e.V.
7-9   Schulze, M. B., Linseisen, J., Kroke, A. & Boeing, H. (2001). Macronutrient, vitamin, and mineral intakes in the EPIC-Germany cohorts. *Ann Nutr Metab, 45,* 181–189.
7-10 *Nahrungsergänzungsmittel*. Zugriff am 08.08.2011 unter: http://www.isonline.de/index.php?page=nahrungsergaenzungsmittel-und-sport
7-11 Saltin, B.,& Costill, D. L. (1988). Fluid and electrolyte balance during prolonged exercise. *Exercise, nutrition, and energy metabolism* (pp. 150–158). New York.
7-12 Neuhäuser-Berthold, M., Beine, S., Verwied, S. C. & Lührmann, P. M. (1997). Coffee consumption and total body water homeostasis as measured by fluid balance and bioelectrical impedance analysis. *Ann Nutr Metab, 41,* 29–36.
7-13 Deutsche Gesellschaft für Ernährung e.V. (DGE) (2004). *Auszug aus DGE Info 04/2004 Beratungspraxis*. Zugriff am 06.03.2013 unter; http://www.dge.de/modules.php?name=News&file=article&sid=412
7-14 Grandjean, A.C., Reimers, K.J., Bannick, K.E. & Haven, M.C. (2000). The effect of caffeinated, non-caffeinated, caloric and non-caloric beverages on hydration. *J Amer College Nutr, 19,* 591–600.
7-15 Maughan, R.J. & Griffin, J. (2003). Caffeine ingestion and fluid balance: a review. *J of Human Nutr & Dietetics, 16,* 411 ff.
7-16 Linseisen, J., Schulze, M., Saadatian-Elahi, M., Kroke, A., Miller, A. B. & Boeing, H. (2003). Quantity and quality of dietary fat, carbohydrate, and fiber intake in the German EPIC cohorts. *Ann Nutr. Metab, 47,* 37–46.
7-17 Mensink, G. (2002). *Was essen wir heute? Ernährungsverhalten in Deutschland. Beiträge zur Gesundheitsberichterstattung des Bundes*. Berlin: Robert Koch-Institut.
7-18 Deutsche Gesellschaft für Ernährung e.V. (DGE) (2003). *Vitaminversorgung in Deutschland, 01.05.2003*. Zugriff am 08.04.2013 unter: http://www.DGE.de

Kapitel 8

8-1   Frey, G. & Hildenbrandt, E. (2002). *Einführung in die Trainingslehre. Teil 1: Grundlagen* (2., erweiterte und überarbeitete Aufl.). Schorndorf: Hofmann.
8-2   Weineck, J. (2010). *Optimales Training. Leistungsphysiologische Trainingslehre unter besonderer Berücksichtigung des Kinder- und Jugendtrainings.* (16., durchgesehene Auflage). Balingen: Spitta.
8-3   Schmolinsky, G. (1980). *Leichtathletik, ein Lehrbuch für Trainer, Übungsleiter und Sportlehrer.* Berlin: Sportverlag.
8-4   Krug, S., Jordan, S., Mensink, G.B.M., Müters, S., Finger, J.D. & Lampert, T. (2013). Körperliche Aktivität – Ergebnisse der Studie zur Gesundheit Erwachsener in Deutschland (DEGS1). Aus: *Bundesgesundheitsblatt, 56* (5/6), 765–771. Zugriff am 01. Januar 2014 unter http://edoc.rki.de/oa/articles/repRtQDxaXz2/PDF/29NRTMbhpOAI.pdf.
8-5   SPOMEDIAL (2013). *Regenerationstraining*. Zugriff am 14.01.2014 unter http://www.dshs-koeln.de/imb/spomedial/content/e866/e2442/e6328/e6550/e6641/e6667/index_ger.html
8-6   Friedmann, K. (2008). *Trainingslehre. Sporttheorie für die Schule*. Pfullingen: promos.
8-7   Rühl, J (1994). In B. Kolster, M. Ebelt-Paprotny & M. Hirsch (Hrsg.). *Leitfaden Physiotherapie – Befund, Techniken, Behandlungen, Rehabilitation.* Stuttgart: Urban & Fischer.
8-8   Weng, P. C. & Wai, M. K. T. (2011). Minimum amount of physical activity for reduced mortality and extended life explectancy: a prospective cohort study. *The lancelet,* Volume 378, No. 9798, 1244–1253.

Kapitel 9

9-1   Söll, W. (2003). *Sportunterricht Sport unterrichten. Ein Handbuch für Sportlehrer* (5., neu bearbeitete Auflage). Schorndorf: Hofmann.

Anhang

10.5 Abbildungsverzeichnis

Die meisten Abbildungen/Fotos in diesem Buch stammen von der Plattform „Wikimedia Commons", die unter der URL http://commons.wikimedia.org/wiki/Main_Page zu finden ist.

Herzlichen Dank an alle Fotografen, die ihre tollen Bilder der Allgemeinheit kostenlos und gemeinfrei zur Verfügung stellen und damit die Benutzung ihrer Werke auch in diesem Buch ermöglichen.

Alle Bilder wurden von den Autoren des vorliegenden Buches nach bestem Wissen und Gewissen auf die Gemeinfreiheit ausgewählt. Um den Lizenzbestimmungen zu genügen, erfolgt in diesem Kapitel eine Auflistung aller Abbildungen mit der Nennung des Urhebers und die Zuordnung zu den Lizenzbedingungen.

Zur besseren Lesbarkeit werden zuerst die Lizenzen aufgeführt, unter denen die verschiedenen Abbildungen verfügbar sind. Die Zuordnung der Bilder zu den einzelnen Lizenzen erfolgt im weiteren Verlauf in Tabellenform.

Zieleinlauf

Lizenziert sind die Abbildungen, Bilder, Fotos, Darstellung unter:

A	GNU-Lizenz für freie Dokumentation (Lizenztext siehe am Ende des Kapitels, S. 238).
B	CreativeCommons-Lizenz 2.0 France (CC-by-SA 2.0 FR) Siehe: http://creativecommons.org/licenses/by-sa/2.0/fr/deed.en
C	CreativeCommons-Lizenz 2.0 US (CC BY-SA 2.0) Siehe: http://creativecommons.org/licenses/by-sa/2.0/deed.de
D	CreativeCommons-Lizenz 3.0 Unported (CC-BY-SA 3.0) Siehe: http://creativecommons.org/licenses/by-sa/3.0/deed.de
E	CreativeCommons-Lizenz CC0 1.0 Universell (CC0 1.0) http://creativecommons.org/publicdomain/zero/1.0/deed.de
F	CreativCommons-Lizenz Attribution-ShareAlike 2.0 Generic (CC BY-SA 2.0) http://creativecommons.org/licenses/by-sa/2.0/deed.en
G	CreativCommons-Lizenz 2.5 US (CC BY-SA 2.5) http://creativecommons.org/licenses/by-sa/2.5/deed.de
H	Public domain – gemeinfrei
I	CreativeCommons-Lizenz 1.0 US (CC BY 1.0) http://creativecommons.org/licenses/by/1.0/deed.de
J	CreativCommons-Lizenz 3.0 Deutschland (CC BY 3.0 DE) http://creativecommons.org/licenses/by/3.0/de/deed.de
K	Freigabe durch Urheber – die Genehmigung liegt vor.
L	Creative Commons Attribution-Share Alike 2.5 Generic license (CC BY-SA 2.5). http://creativecommons.org/licenses/by-sa/2.5/deed.en

Kapitel 1

Abb.-Nr.	Lizenz	Urheber
1-1	D	G. Garitan
1-2	D	Standardizer
1-3	C	Keith Allison
1-4	D	Photo by www.localfitness.com.au
1-5	D	Dirk Ingo Franke
1-6	D	Münzberg
1-7	D	Dalibri
1-8	–	Eigenes Werk
1-9	E	Yoursmile
1-10	D	Bauken77
1-11	–	Eigenes Werk
1-12	–	Eigenes Werk

Kapitel 2

Abb.-Nr.	Lizenz	Urheber
2-1	F	Nic Redhead
2-2	D	Alan Light
2-3	D	censiyuan
2-4	C	Greg Westfall
2-5	D	Flipchip lasvegasvegas.com
2-6	D	Ferri Brodge
2-7	D	Olaf Kosinsky
2-8	C	José Goulão
2-9	G	AndreasF
2-10	C	Jack Fiallos
2-11	H	Wayne Short
2-12	D	Nintendere

Anhang

AbbNr.	Lizenz	Urheber
2-13	C	Andrew
2-14	I	Henning Schlottmann
2-15	D	Clément Bucco-Lechat
2-16	D	Woodoo-Master
2-17	C	parhessiastes
2-18	D	Team Lagarto
2-19	C	Julian Mason
2-20	C	Gabriel Santana
2-21	J	High Contrast
2-22	D	SportaerobicA
2-23	J	www.marathon-photos.com
2-24	C	Ragnar Singsaas

Kapitel 3

AbbNr.	Lizenz	Urheber
3-1	H	LadyofHats
3-2	C	Jan Wandelaar
3-3	L	Gray's Anatomy 1918
3-4	C	Andreas Vesalius
3-5	L	Patrick J. Lynch, medical illustrator
3-6	L	Gray's Anatomy 1918
3-7	E	Ladyofhats
3-8	H	gemeinfrei
3-9	D	Welleschik
3-10	H	Back of femur, from Gray's Anatomy from 1918
3-11	E	Andreas Fuchs
3-12	H	2. Band der 4. Auflage von Meyers Konversations-Lexikon (1885–90)
3-13	H	gemeinfrei
3-14	H	gemeinfrei
3-15	H	gemeinfrei
3-16	D	Produnis
3-17	D	Produnis
3-18	H	Wouterstomp
3-19	D	Atropos235
3-20	H	derivative work: Kuebi; Uwe Gille; Knee_diagram.svg: Mysid
3-21	–	Eigenes Werk
3-22	D	Stefan Kahlhammer
3-23	D	King of Hearts
3-24	–	Eigenes Werk
3-25	H	gemeinfrei
3-26	H	Druck von Johann Zainer
3-27	D	user:debivort
3-28	D	Dmitryi Donskoy / Дмитрий Донской
3-29	D	Jaykayfit

Kapitel 4

AbbNr.	Lizenz	Urheber
4-1	H	gemeinfrei
4-2	L	Patrick J. Lynch, medical illustrator
4-3	H	Looie496 created file, US National Institutes of Health
4-4	D	Chippolito
4-5	D	User:Polarlys
4-6	H	gemeinfrei
4-7	H	gemeinfrei
4-8	D	unknown
4-9	D	unknown

Zieleinlauf

AbbNr.	Lizenz	Urheber
4-10	H	Louisa Howard
4-11	D	Nephron
4-12	D	User:Polarlys
4-13	D	Dake
4-14	J	Deutsche Fotothek
4-15	D	Davin
4-16	D	Usien
4-17	D	Jared Preston
4-18	C	Evil Erin
4-19	D	unknown
4-20	K	Günter Frey
4-21	K	Günter Frey
4-22	B	Dokiai Aikido
4-23	F	Parma Volley Girls
4-24	H	United States Army
4-25	D	Mummelgrummel
4-26	D	Photo by Tom Theobald
4-27	H	Pearson Scott Foresman
4-28	C	Eneas De Troya

Kapitel 5

AbbNr.	Lizenz	Urheber
5-1	D	Malun112
5-2	C	Sister72
5-3	D	BrokenSphere
5-4	D	Chrisnorlin
5-5	D	Bidgee
5-6	H	TSGT Robert Whitehead
5-7	D	user: elmundo
5-8	D	Memphre
5-9	H	gemeinfrei
5-10	H	gemeinfrei
5-11	D	Connexions
5-12	H	Lusile
5-13	F	unknown
5-14	D	Kuebi
5-15	C	Mak-Ham Lam, Daniel TP Fong, Patrick SH Yung, Eric PY Ho, Wood-Yee Chan and Kai-Ming Chan
5-16	D	Kuebi
5-17	D	Uwe Gille
5-18	D	Uwe Gille
5-19	C	Worry
5-20	D	SI-Boards
5-21	C	Darren On The Road
5-22	C	greyloch
5-23	H	gemeinfrei

Kapitel 6

AbbNr.	Lizenz	Urheber
6-1	C	Leon Wilson
6-2	C	Tim Brink
6-3	D	Avda
6-4	H	H2oskiep
6-5	D	unknown
6-6	D	Worldwide Happy Media
6-7	D	Jorge Royan
6-8	D	Adha65
6-9	H	Jerzy Kukuczka
6-10	H	gemeinfrei
6-11	D	Brocken Inaglory
6-12	D	Andreas Tille
6-13	D	User:Lykaestria
6-14	–	Eigenes Werk
6-15	–	Eigenes Werk

AbbNr.	Lizenz	Urheber
6-16	H	NASA/IPAC
6-17	D	Worldwide Happy Media
6-18	H	Jennifer Rensel
6-19	C	maotx
6-20	I	Wilfredo Rodriguez
6-21	G	Dr. Dennis Cronk
6-22	C	Herve
6-23	H	USAirForce
6-24	D	RicHard-59
6-25	D	Dr. S. Falz
6-26	D	Zenit
6-27	D	OriginalK
6-28	C	flikr

Kapitel 7

AbbNr.	Lizenz	Urheber
7-1	H	Scott Bauer, USDA
7-2	H	gemeinfrei
7-3	C	Keith Allison
7-4	H	gemeinfrei
7-5	H	Peggy Greb, USDA ARS
7-6	H	BobPetUK
7-7	D	Biswarup Ganguly
7-8	D	User:TonyTheTiger
7-9	–	Eigenes Werk
7-9_1	D	Stefan64
7-9_2	C	Steve Collis
7-9_3	H	gemeinfrei
7-10	–	Eigenes Werk
7-11	–	Eigenes Werk
7-12	H	Targan
7-13	–	Eigenes Werk
7-14	–	Eigenes Werk
7-15	D	Eigenes Werk

AbbNr.	Lizenz	Urheber
7-16	D	Eigenes Werk
7-17	–	Eigenes Werk
7-18	H	Kebranch
7-19	–	Royal Canin (Erlaubnis per email)
7-20	C	petechons
7-21	C/D	Ragesoss
7-22	–	Eigenes Werk
7-23	C/D	Marlon Felippe
7-24	D	Lennert
7-25	–	Eigenes Werk
7-26	–	Eigenes Werk
7-27	I	The Photographer
7-28	D	Minghong
7-29	C	Battle Creek CVB
7-30	C/D	Usien
7-31	H	Rehgina
7-32	D	KJohansson
7-33	D	Doudoulolita
7-34	C/D	BPARiedl
7-35	H	Dominicp
7-36	D	Onderwijsgek
7-37	H	Franz Eugen Köhler
7-38	H	Wesley2048
7-39	H	LadyofHats
7-40	C	Julius Schorzman
7-41	D	By en:User:Daderot
7-42	C	babasteve
7-43	D	Henryart
7-44	F	istolethetv
7-45	H	Priwo

Kapitel 8

AbbNr.	Lizenz	Urheber
8-1	D	JRR007
8-2	D	Simon A. Eugster

AbbNr.	Lizenz	Urheber
8-3	D	Attilak
8-4	L	L. Shyamal
8-5	D	Jjskarate
8-6	F	Santi
8-7	–	Eigenes Werk
8-8	C	imagesbywestfall
8-9	D	Wolfgang Haupt
8-10	C	Martineric
8-11	F	Pablo „Teco" Salto-Weis Azevedo
8-12	H	Guety
8-13	D	Maximilian Schönherr
8-14	C	André Zehetbauer
8-15	H	Wayne Short
8-16	D	Carlos Delgado
8-17	D	Jjskarate
8-18	C	SD Dirk
8-19	C	Matt Billings
8-20	C	Thomas Faivre-Duboz
8-21	C	Richard Giles
8-22	C	Peter Harrison
8-23	C	Julian Mason
8-24	D	Ikiwaner
8-25	D	Richardkiwi
8-26	H	Goele
8-27	–	Eigenes Werk modifiziert von Frey, 2002
8-28	C	Maks D.
8-29	C	cyclonebill
8-30	–	Eigenes Werk
8-31	–	Eigenes Werk modifiziert von Frey, 2002
8-32	D	Minghong

AbbNr.	Lizenz	Urheber
8-33	–	Eigenes Werk
8-34	–	Eigenes Werk
8-35	–	Eigenes Werk
8-36	D	Lubyanka
8-37	H	NASA
8-38	C	ablight
8-39	D	http://everkinetic.com/
8-40	D	KMJ
8-41	H	Otto Acron
8-42	–	Eigenes Werk
8-43	D	Aguilarmoran
8-44	K	Martin Rall
8-45	K	Martin Rall
8-46	K	Martin Rall
8-47	K	Martin Rall
8-48	K	Martin Rall
8-49	K	Martin Rall
8-50	K	Martin Rall
8-51	D	Immanuel Giel
8-52	C	Desiree N. Williams
8-53	–	Eigenes Werk
8-54	K	Günter Frey
8-55	H	unknown
8-56	D	http://everkinetic.com/

Kapitel 9

AbbNr.	Lizenz	Urheber
9-1	–	Eigenes Werk
9-2	H	Stefan
9-3	D	Zorro2212
9-4	C	Tulane Public Relations
9-5	C	K.M. Klemencic
9-6	D	Kuldkaru

Lizenztext der GNU Lizenz für freie Dokumentation

GNU Free Documentation License
Version 1.3, 3 November 2008
Copyright © 2000, 2001, 2002, 2007, 2008 Free Software Foundation, Inc. <http://fsf.org/>
Everyone is permitted to copy and distribute verbatim copies of this license document, but changing it is not allowed.

0. PREAMBLE

The purpose of this License is to make a manual, textbook, or other functional and useful document „free" in the sense of freedom: to assure everyone the effective freedom to copy and redistribute it, with or without modifying it, either commercially or noncommercially. Secondarily, this License preserves for the author and publisher a way to get credit for their work, while not being considered responsible for modifications made by others.

This License is a kind of „copyleft", which means that derivative works of the document must themselves be free in the same sense. It complements the GNU General Public License, which is a copyleft license designed for free software.

We have designed this License in order to use it for manuals for free software, because free software needs free documentation: a free program should come with manuals providing the same freedoms that the software does. But this License is not limited to software manuals; it can be used for any textual work, regardless of subject matter or whether it is published as a printed book. We recommend this License principally for works whose purpose is instruction or reference.

1. APPLICABILITY AND DEFINITIONS

This License applies to any manual or other work, in any medium, that contains a notice placed by the copyright holder saying it can be distributed under the terms of this License. Such a notice grants a world-wide, royalty-free license, unlimited in duration, to use that work under the conditions stated herein. The „Document", below, refers to any such manual or work. Any member of the public is a licensee, and is addressed as „you". You accept the license if you copy, modify or distribute the work in a way requiring permission under copyright law.

A „Modified Version" of the Document means any work containing the Document or a portion of it, either copied verbatim, or with modifications and/or translated into another language.

A „Secondary Section" is a named appendix or a front-matter section of the Document that deals exclusively with the relationship of the publishers or authors of the Document to the Document's overall subject (or to related matters) and contains nothing that could fall directly within that overall subject. (Thus, if the Document is in part a textbook of mathematics, a Secondary Section may not explain any mathematics.) The relationship could be a matter of historical connection with the subject or with related matters, or of legal, commercial, philosophical, ethical or political position regarding them.

The „Invariant Sections" are certain Secondary Sections whose titles are designated, as being those of Invariant Sections, in the notice that says that the Document is released under this License. If a section does not fit the above definition of Secondary then it is not allowed to be designated as Invariant. The Document may contain zero Invariant Sections. If the Document does not identify any Invariant Sections then there are none.

The „Cover Texts" are certain short passages of text that are listed, as Front-Cover Texts or Back-Cover Texts, in the notice that says that the Document is released under this License. A Front-Cover Text may be at most 5 words, and a Back-Cover Text may be at most 25 words.

A „Transparent" copy of the Document means a machine-readable copy, represented in a format whose specification is available to the general public, that is suitable for revising the document straightforwardly with generic text editors or (for images composed of pixels) generic paint programs or (for drawings) some widely available drawing editor, and that is suitable for input to text formatters or for automatic translation to a variety of formats suitable for input to text formatters. A copy made in an otherwise Transparent file format whose markup, or absence of markup, has been arranged to thwart or discourage subsequent modification by readers is not Transparent. An image format is not Transparent if used for any substantial amount of text. A copy that is not „Transparent" is called „Opaque".

Examples of suitable formats for Transparent copies include plain ASCII without markup, Texinfo input format, LaTeX input format, SGML or XML using a publicly available DTD, and standard-conforming simple HTML, PostScript or PDF designed for human modification. Examples of transparent image formats include PNG, XCF and JPG. Opaque formats include proprietary formats that can be read and edited only by proprietary word processors, SGML or XML for which the DTD and/or processing tools are not generally available, and the machine-generated HTML, PostScript or PDF produced by some word processors for output purposes only.

The „Title Page" means, for a printed book, the title page itself, plus such following pages as are needed to hold, legibly, the material this License requires to appear in the title page. For works in formats which do not have any title page as such, „Title Page" means the text near the most prominent appearance of the work's title, preceding the beginning of the body of the text.

The „publisher" means any person or entity that distributes copies of the Document to the public.

A section „Entitled XYZ" means a named subunit of the Document whose title either is precisely XYZ or contains XYZ in parentheses following text that translates XYZ in another language. (Here XYZ stands for a specific section name mentioned below, such as „Acknowledgements", „Dedications", „Endorsements", or „History".) To „Preserve the Title" of such a section when you modify the Document means that it remains a section „Entitled XYZ" according to this definition.

The Document may include Warranty Disclaimers next to the notice which states that this License applies to the Document. These Warranty Disclaimers are considered to be included by reference in this License, but only as regards disclaiming warranties: any other implication that these Warranty Disclaimers may have is void and has no effect on the meaning of this License.

2. VERBATIM COPYING

You may copy and distribute the Document in any medium, either commercially or noncommercially, provided that this License, the copyright notices, and the license notice saying this License applies to the Document are reproduced in all copies, and that you add no other conditions whatsoever to those of this License. You may not use technical measures to obstruct or control the reading or further copying of the copies you make or distribute. However, you may accept compensation in exchange for copies. If you distribute a large enough number of copies you must also follow the conditions in section 3.

You may also lend copies, under the same conditions stated above, and you may publicly display copies.

3. COPYING IN QUANTITY

If you publish printed copies (or copies in media that commonly have printed covers) of the Document, numbering more than 100, and the Document's license notice requires Cover Texts, you must enclose the copies in covers that carry, clearly and legibly, all these Cover Texts: Front-Cover Texts on the front cover, and Back-Cover Texts on the back cover. Both covers must also clearly and legibly identify you as the publisher of these copies. The front cover must present the full title with all words of the title equally prominent and visible. You may add other material on the covers in addition. Copying with changes limited to the covers, as long as they preserve the title of the Document and satisfy these conditions, can be treated as verbatim copying in other respects.

If the required texts for either cover are too voluminous to fit legibly, you should put the first ones listed (as many as fit reasonably) on the actual cover, and continue the rest onto adjacent pages.

If you publish or distribute Opaque copies of the Document numbering more than 100, you must either include a machine-readable Transparent copy along with each Opaque copy, or state in or with each Opaque copy a computer-network location from which the general network-using public has access to download using public-standard network protocols a complete Transparent copy of the Document, free of added material. If you use the latter option, you must take reasonably prudent steps, when you begin distribution of Opaque copies in quantity, to ensure that this Transparent copy will remain thus accessible at the stated location until at least one year after the last time you distribute an Opaque copy (directly or through your agents or retailers) of that edition to the public.

It is requested, but not required, that you contact the authors of the Document well before redistributing any large number of copies, to give them a chance to provide you with an updated version of the Document.

4. MODIFICATIONS

You may copy and distribute a Modified Version of the Document under the conditions of sections 2 and 3 above, provided that you release the Modified Version under precisely this License, with the Modified Version filling the role of the Document, thus licensing distribution and modification of the Modified Version to whoever possesses a copy of it. In addition, you must do these things in the Modified Version:

- A. Use in the Title Page (and on the covers, if any) a title distinct from that of the Document, and from those of previous versions (which should, if there were any, be listed in the History section of the Document). You may use the same title as a previous version if the original publisher of that version gives permission.
- B. List on the Title Page, as authors, one or more persons or entities responsible for authorship of the modifications in the Modified Version, together with at least five of the principal authors of the Document (all of its principal authors, if it has fewer than five), unless they release you from this requirement.
- C. State on the Title page the name of the publisher of the Modified Version, as the publisher.
- D. Preserve all the copyright notices of the Document.
- E. Add an appropriate copyright notice for your modifications adjacent to the other copyright notices.
- F. Include, immediately after the copyright notices, a license notice giving the public permission to use the Modified Version under the terms of

this License, in the form shown in the Addendum below.
- G. Preserve in that license notice the full lists of Invariant Sections and required Cover Texts given in the Document's license notice.
- H. Include an unaltered copy of this License.
- I. Preserve the section Entitled „History", Preserve its Title, and add to it an item stating at least the title, year, new authors, and publisher of the Modified Version as given on the Title Page. If there is no section Entitled „History" in the Document, create one stating the title, year, authors, and publisher of the Document as given on its Title Page, then add an item describing the Modified Version as stated in the previous sentence.
- J. Preserve the network location, if any, given in the Document for public access to a Transparent copy of the Document, and likewise the network locations given in the Document for previous versions it was based on. These may be placed in the „History" section. You may omit a network location for a work that was published at least four years before the Document itself, or if the original publisher of the version it refers to gives permission.
- K. For any section Entitled „Acknowledgements" or „Dedications", Preserve the Title of the section, and preserve in the section all the substance and tone of each of the contributor acknowledgements and/or dedications given therein.
- L. Preserve all the Invariant Sections of the Document, unaltered in their text and in their titles. Section numbers or the equivalent are not considered part of the section titles.
- M. Delete any section Entitled „Endorsements". Such a section may not be included in the Modified Version.
- N. Do not retitle any existing section to be Entitled „Endorsements" or to conflict in title with any Invariant Section.
- O. Preserve any Warranty Disclaimers.

If the Modified Version includes new front-matter sections or appendices that qualify as Secondary Sections and contain no material copied from the Document, you may at your option designate some or all of these sections as invariant. To do this, add their titles to the list of Invariant Sections in the Modified Version's license notice. These titles must be distinct from any other section titles.

You may add a section Entitled „Endorsements", provided it contains nothing but endorsements of your Modified Version by various parties—for example, statements of peer review or that the text has been approved by an organization as the authoritative definition of a standard.

You may add a passage of up to five words as a Front-Cover Text, and a passage of up to 25 words as a Back-Cover Text, to the end of the list of Cover Texts in the Modified Version. Only one passage of Front-Cover Text and one of Back-Cover Text may be added by (or through arrangements made by) any one entity. If the Document already includes a cover text for the same cover, previously added by you or by arrangement made by the same entity you are acting on behalf of, you may not add another; but you may replace the old one, on explicit permission from the previous publisher that added the old one. The author(s) and publisher(s) of the Document do not by this License give permission to use their names for publicity for or to assert or imply endorsement of any Modified Version.

5. COMBINING DOCUMENTS

You may combine the Document with other documents released under this License, under the terms defined in section 4 above for modified versions, provided that you include in the combination all of the Invariant Sections of all of the original documents, unmodified, and list them all as Invariant Sections of your combined work in its license notice, and that you preserve all their Warranty Disclaimers. The combined work need only contain one copy of this License, and multiple identical Invariant Sections may be replaced with a single copy. If there are multiple Invariant Sections with the same name but different contents, make the title of each such section unique by adding at the end of it, in parentheses, the name of the original author or publisher of that section if known, or else a unique number. Make the same adjustment to the section titles in the list of Invariant Sections in the license notice of the combined work.

In the combination, you must combine any sections Entitled „History" in the various original documents, forming one section Entitled „History"; likewise combine any sections Entitled „Acknowledgements", and any sections Entitled „Dedications". You must delete all sections Entitled „Endorsements".

6. COLLECTIONS OF DOCUMENTS

You may make a collection consisting of the Document and other documents released under this License, and replace the individual copies of this License in the various documents with a single copy that is included in the collection, provided that you follow the rules of this License for verbatim copying of each of the documents in all other respects.

You may extract a single document from such a collection, and distribute it individually under this License, provided you insert a copy of this License into the extracted document, and follow this License in all other respects regarding verbatim copying of that document.

7. AGGREGATION WITH INDEPENDENT WORKS

A compilation of the Document or its derivatives with other separate and independent documents or works, in or on a volume of a storage or distribution medium, is called an „aggregate" if the copyright resulting from the compilation is not used to limit the legal rights of the compilation's users beyond what the individual works permit. When the Document is included in an aggregate, this License does not apply to the other works in the aggregate which are not themselves derivative works of the Document.

If the Cover Text requirement of section 3 is applicable to these copies of the Document, then if the Document is less than one half of the entire aggregate, the Document's Cover Texts may be placed on covers that bracket the Document within the aggregate, or the electronic equivalent of covers if the Document is in electronic form. Otherwise they must appear on printed covers that bracket the whole aggregate.

8. TRANSLATION

Translation is considered a kind of modification, so you may distribute translations of the Document under the terms of section 4. Replacing Invariant Sections with translations requires special permission from their copyright holders, but you may include translations of some or all Invariant Sections in addition to the original versions of these Invariant Sections. You may include a translation of this License, and all the license notices in the Document, and any Warranty Disclaimers, provided that you also include the original English version of this License and the original versions of those notices and disclaimers. In case of a disagreement between the translation and the original version of this License or a notice or disclaimer, the original version will prevail.

If a section in the Document is Entitled „Acknowledgements", „Dedications", or „History", the requirement (section 4) to Preserve its Title (section 1) will typically require changing the actual title.

9. TERMINATION

You may not copy, modify, sublicense, or distribute the Document except as expressly provided under this License. Any attempt otherwise to copy, modify, sublicense, or distribute it is void, and will automatically terminate your rights under this License.

However, if you cease all violation of this License, then your license from a particular copyright holder is reinstated (a) provisionally, unless and until the copyright holder explicitly and finally terminates your license, and (b) permanently, if the copyright holder fails to notify you of the violation by some reasonable means prior to 60 days after the cessation.

Moreover, your license from a particular copyright holder is reinstated permanently if the copyright holder notifies you of the violation by some reasonable means, this is the first time you have received notice of violation of this License (for any work) from that copyright holder, and you cure the violation prior to 30 days after your receipt of the notice.

Termination of your rights under this section does not terminate the licenses of parties who have received copies or rights from you under this License. If your rights have been terminated and not permanently reinstated, receipt of a copy of some or all of the same material does not give you any rights to use it.

10. FUTURE REVISIONS OF THIS LICENSE

The Free Software Foundation may publish new, revised versions of the GNU Free Documentation License from time to time. Such new versions will be similar in spirit to the present version, but may differ in detail to address new problems or concerns. See http://www.gnu.org/copyleft/.

Each version of the License is given a distinguishing version number. If the Document specifies that a particular numbered version of this License „or any later version" applies to it, you have the option of following the terms and conditions either of that specified version or of any later version that has been published (not as a draft) by the Free Software Foundation. If the Document does not specify a version number of this License, you may choose any version ever published (not as a draft) by the Free Software Foundation. If the Document specifies that a proxy can decide which future versions of this License can be used, that proxy's public statement of acceptance of a version permanently authorizes you to choose that version for the Document.

11. RELICENSING

„Massive Multiauthor Collaboration Site" (or „MMC Site") means any World Wide Web server that publishes copyrightable works and also provides prominent facilities for anybody to edit those works. A public wiki that anybody can edit is an example of such a server. A „Massive Multiauthor Collaboration" (or „MMC") contained in the site means any set of copyrightable works thus published on the MMC site.

„CC-BY-SA" means the Creative Commons Attribution-Share Alike 3.0 license published by Creative Commons Corporation, a not-for-profit corporation with a principal place of business in San Francisco, California, as well as future copyleft versions of that license published by that same organization.

„Incorporate" means to publish or republish a Document, in whole or in part, as part of another Document.

An MMC is „eligible for relicensing" if it is licensed under this License, and if all works that were first published under this License somewhere other than this MMC, and subsequently incorporated in whole or in part into the MMC, (1) had no cover texts or invariant sections, and (2) were thus incorporated prior to November 1, 2008.

The operator of an MMC Site may republish an MMC contained in the site under CC-BY-SA on the same site at any time before August 1, 2009, provided the MMC is eligible for relicensing.

10.6 Glossar und Sachregister

Abstrahlung	Die von einem Körper oder Gasvolumen abgegebene Wärmestrahlung.	100, 101, 102, 103
Aerob	Bedeutet eine Energiegewinnung mit Sauerstoff.	127
Agonist	(griechisch: der Tätige, Handelnde) ist der Muskel, der an der erwünschten Bewegung hauptsächlich beteiligt ist.	70, 79
Aktin	Aktin ist ein dünnes dynamisches Filament (Strukturprotein).	71, 187
Aktinfilament	ist ein wichtiger Bestandteil des Muskels.	71
aktiver Bewegungsapparat	Muskeln, Sehnen, Bänder.	46
alaktazid	Energiegewinnung ohne Laktatentstehung.	127
Aminosäuren	Aminosäuren sind die Bausteine der Proteine.	119, 130, 132, 133, 134, 139, 148, 149, 151
anabol	Körperaufbauender Prozess.	155
Anabolika	Substanzen, die den Aufbau von körpereigenem Gewebe fördern (z. B. Muskelaufbau). Gehört zu den bekanntesten Dopingmittel	155
anaerob	bedeutet eine Energiegewinnung ohne Sauerstoff.	127, 128
Anatomie	Die Lehre vom Körperbau.	48, 52, 62
Antagonist	(griechisch: der Gegenhandelnde) Gegenspieler zum *Agonist*. Wird gedehnt, wenn der *Agonist* handelt.	70, 79
Antioxidantien	Antioxidantien sind chemische Verbindungen, die eine unerwünschte Oxidation anderer Substanzen gezielt verhindert. Oxidativer Stress gilt als mitverantwortlich für den Alterungsprozess und wird in Zusammenhang gebracht mit der Entstehung einer Reihe von Krankheiten.	136, 137
Arthritis	Die Arthritis ist eine entzündliche Gelenkerkrankung.	54, 128
Atlas	Der Atlas ist der erste Halswirbel.	52
ATP	Ein energiereiches Molekül und universeller Energieträger in lebenden Organismen.	
ATP-Ase	ATP-asen (Kurzform von Adenosintriphosphatasen) sind Enzyme, die ATP in ADP und Phosphat aufspalten können.	125, 126, 127, 128, 152

Ausdauer	Physische und psychische Widerstandsfähigkeit gegen Ermüdung bei relativ lang dauernden Belastungen und die rasche Erhohlung nach der Belastung.	27, 67, 68, 146, 165, 167, 171, 172, 173, 188, 203, 205, 217, 220
Ausdauertraining	Training der *Ausdauer*.	69, 124, 188, 190, 191, 193, 203, 204, 205
Bandscheibe	Eine Bandscheibe ist eine flexible, faserknorplige Verbindung zwischen den Wirbeln bestehend aus dem äußeren Faserring und dem inneren Gallertkern.	53, 57, 58, 59
Belastung	Objektive (tatsächliche) Größe, die auf einen Menschen einwirkt.	17, 37, 44, 46, 51, 59, 62, 73, 75, 77, 78, 79, 83, 95, 96, 97, 98, 99, 102, 103, 109, 124, 125, 127, 128, 129, 136, 141, 142, 143, 148, 150, 153, 154, 164, 167, 175, 176, 177, 178, 179, 180, 181, 182, 183, 184, 185, 186, 188, 189, 190, 191, 193, 194, 200, 201, 211, 215, 217, 220
Belastungsgefüge	Stellt die Zusammenhänge der Belastungsmerkmale dar.	179, 180, 188, 190, 191, 197, 198, 199, 202, 209, 210
Belastungsintensität	Höhe der Trainingsbelastung.	190, 191, 208
Beweglichkeit	Hängt vom Aktionsradius der Gelenke und der Dehnfähigkeit der Muskulatur ab.	49, 53, 56, 57, 146, 171, 172, 173
Bewegungsapparat	Organsystem der Anatomie.	19, 43, 46, 61, 62, 63, 65, 196
Breitensport	Der Breitensport ist nicht in das organisierte Wettkampfsystem eingegliedert. Er umfasst ein sportartbezogenes Angebot, das ohne Wettkampf auskommt, sich aber auch an Wettkämpfen auf Vereins- und Verbandsebene orientiert.	25, 26, 27, 155, 169
Chronische Verletzung	Chronische Sportschäden entwickeln sich als Folge von mangelhaft geheilten, akuten Verletzungen oder Überbeanspruchung des Gewebes (Sehnen, Knochen, Gelenke).	84

Anhang

Term	Definition	Seiten
Couch Potato	Damit werden Menschen bezeichnet, die sehr viel Zeit mit Fernsehen (oder PC) auf dem Sofa sitzend verbringen und sich dabei von Junk Food ernähren.	181, 182, 184
Dehydration	Wassermangel – Eine übermäßige Abnahme der Körperflüssigkeit.	105, 117, 141, 142, 143, 145
Deutscher Olympischer Sportbund	Der Deutsche Olympische Sportbund ist eine regierungsunabhängige Dachorganisation des deutschen Sports. Sitz in Frankfurt/Main.	35, 246
diffundiert	Diffusion (lat. diffundere ‚ausgießen', ‚verstreuen', ‚ausbreiten') ist ein natürlich ablaufender, physikalischer Prozess. Er führt mit der Zeit zur vollständigen Durchmischung zweier oder mehrerer Stoffe durch die gleichmäßige Verteilung der beteiligten Teilchen.	141
Doping	Bezeichnet die Einnahme unerlaubter Substanzen oder die Nutzung unerlaubter Methoden um die sportliche Leistung zu steigern.	77, 155, 156, 158, 169
DOSB	Siehe Deutscher Olympischer Sportbund.	35, 36, 37, 38
Echtes Gelenk	Hat einen Gelenkspalt zwischen den Knochenenden.	53
Eiweiß	*Protein*	117, 119, 121, 126, 130, 131, 132, 133
Elektrolyte	(von gr. „elektrisch" und „lytikós", „auflösbar") – Mineralstoffe. Ein Elektrolyt ist ein üblicherweise flüssiger Stoff, der beim Anlegen einer Spannung unter dem Einfluss, des dabei entstehenden elektrischen Feldes, elektrischen Strom leitet.	137, 138, 143, 145
Energie	griechisch: „Aktivität", „Wirksamkeit"	67, 69, 77, 100, 101, 102, 108, 109, 116, 117, 120, 123, 124, 126, 127, 128, 129, 134, 136, 142, 149, 150, 152
Enzym	ist ein Stoff, der eine oder mehrere biochemische Reaktionen beschleunigen kann.	74, 128, 130, 139
Ephedrin	Ein Wirkstoff, der eine allgemeine Leistungssteigerung verursacht.	158
Erfrierung	Schädigung des Gewebes durch Kälteeinwirkung.	111

essentielle Aminosäuren	Lebensnotwendige Aminosäure.	130
extrazellulär	Außerhalb der Zelle.	139
Extremitäten	Gliedmaßen.	46, 49, 112
exzentrische Arbeitsweise	Ein Muskel wird unter Kraftentwicklung verlängert.	72
Faserbündel	Vereinigung von bis zu zwölf Muskelfasern.	64
Fast-Twitch	Schnell zuckende Muskelfasern.	67, 68
Faszie	Sehr feste, faserige Bindegewebeschicht die den gesamten Skelettmuskel umgibt.	64
Femur	Oberschenkel.	54
Fette	Wichtige Energiequelle für Sportler.	64, 119, 123, 124, 126, 128, 133
Fettsäuren	Die Bezeichnung „Fettsäuren" fußt auf der Erkenntnis, dass natürliche Fette und Öle aus den Estern langkettiger Carbonsäuren mit Glycerin bestehen.	119, 123, 135, 139, 151, 152
Flavonoide	Die Flavonoide sind eine Gruppe von Pflanzenstoffen zu denen ein Großteil der Blütenfarbstoffe zählen.	137
Fraktur	(Knochen)bruch.	85
Freie Radikale	Als Radikale bezeichnet man Atome oder Moleküle mit mindestens einem ungepaarten Elektron, die meist besonders reaktionsfreudig sind.	136
Freimal	Ein Ort an dem Fliehende bei einem Fangspiel in Sicherheit sind.	204, 205
Freizeitsport	Nicht wettkampforientiert, sportartübergreifend.	23, 25, 27, 28, 155, 167
Fruktose	Fruchtzucker (Einfachzucker).	149
Fuß	Untere Extremität.	49, 50, 85, 94
Fußgewölbe	„Brückenbildung" des Fußes.	50
Gegenspieler (Muskel-)	Siehe *Antagonist*	57, 69, 79, 83
Gelenkflüssigkeit	„Schmiert" das Gelenk.	51
Gelenkkapsel	Bindegewebige Hülle um *echte Gelenke*	51, 53, 89

Anhang

Gelenkkopf	Knochenende des Gelenks.	49, 51
Gelenkpfanne	Knochenende des Gelenks, Gegenstück zum *Gelenkkopf*.	49, 51
Gelenkverletzung	Schädigung des Gelenkes durch Gewalteinwirkung.	89
Gesamtumsatz oder Energieumsatz	Besteht aus dem *Grundumsatz* und *Leistungsumsatz*.	117, 118, 121
Glossar	Ist eine Auflistung und Erklärung von bestimmten Wörtern.	14
Glukose	Traubenzucker.	119, 121, 139, 149
Glykogen	Speicherform der Glucose (Vielfachzucker)	121, 122, 124, 133, 147, 187
Glyzerin	Glycerin ist in allen natürlichen Fetten und fetten Ölen als Fettsäureester (Triglyceride) vorhanden und spielt eine zentrale Rolle als Zwischenprodukt in verschiedenen Stoffwechselprozessen.	119
Grundlagenausdauer	Sportarten unabhängige Widerstandsfähigkeit gegen Ermüdung bei Langzeitbelastungen unter dem Einsatz von mind. ½ der Skelettmuskulatur.	164, 191, 204, 205, 206, 208, 209, 210
Grundumsatz	Die Energiemenge die der Körper im Ruhezustand zur Aufrechterhaltung der Grundfunktionen benötigt.	117, 118
Guarana	Guaraná (Paullinia cupana) ist eine Pflanzenart innerhalb der Familie der Seifenbaumgewächse.	148, 149
H*ämatom*	Bluterguss.	85
Hexenschuss	Volkstümliche für einen plötzlich auftretenden, stechenden und anhaltenden Schmerz, insbesondere im Lendenwirbelbereich mit nachfolgenden Bewegungseinschränkungen.	58
Hirnödem	Wasseransammlung im Gehirn.	104
Hitzeerschöpfung	Erschöpfungszustand des Körpers verursacht durch Wasser und Elektrolytverlust.	103, 105, 107
Hitzekrämpfe	Erschöpfungszustand des Körpers verursacht durch Wasser und Elektrolytverlust. Symptome sind Krämpfe der belasteten Muskulatur.	103, 107
Hitzschlag	Erschöpfungszustand des Körpers verursacht durch Wasser und Elektrolytverlust. Symptome: Kopfschmerzen, Schwindel, Übelkeit.	103, 104, 105, 106, 107

Hochleistungssport	Siehe *Leistungssport*.	27, 152, 155
homoiotherm	Gleichwarm (Säugetiere)	100
Homöostase	Bezeichnet die Aufrechterhaltung eines Gleichgewichtszustandes.	182
Hungerast	Im Ausdauersport: Gebräuchliche Bezeichnung für plötzlichen Leistungseinbruch durch Kohlenhydratmangel.	150
hypertonisch	Eine Lösung hat einen höheren osmotischen Druck als ein Vergleichsmedium.	149
Hypothalamus	Ist ein Abschnitt des Zwischenhirns. Der Hypothalamus ist das wichtigste Steuerzentrum des Nervensystems.	110, 144
Hypothermie	Unterkühlung.	110
hypotonisch	Eine Lösung hat einen geringeren osmotischen Druck als ein Vergleichsmedium.	149
Intramuskulär	Innerhalb eines Muskels.	198
intravenös	Der Begriff intravenös bedeutet „in einer Vene" oder „in eine Vene hinein".	105
intrazellulär	Innerhalb der Zelle.	139
Ionen	Ein Ion von altgr. „ión", „gehend".	137, 138
ischiocrurale Muskulatur	Rückseitige Oberschenkelmuskulatur (Hüftgelenksextensoren).	55
isometrische Arbeitsweise	Spannungsänderung eines Muskels ohne Längenänderung.	70
isotonisch	Eine Lösung hat denselben osmotischen Druck wie ein Vergleichsmedium.	149
Kälte		94, 98, 99, 108, 109, 110, 111, 112, 113
Karotinoide	eine umfangreiche Klasse an natürlichen Farbstoffen, die eine gelbe bis rötliche Färbung verursachen. Das bekannteste und am häufigsten vorkommende Carotinoid ist das β-Carotin (Karotte), das auch als Provitamin A bekannt ist.	137
Katalysator	bezeichnet in der Chemie einen Stoff, der die Reaktionsgeschwindigkeit durch die Senkung der Aktivierungsenergie einer chemischen Reaktion erhöht, ohne dabei selbst verbraucht zu werden.	134

Knie	Verbindungsgelenk zwischen Ober- und Unterschenkel.	49, 54, 55, 60, 84, 87, 88, 89, 92, 111, 167, 222
Knieverletzung	—	87
Knochenverbindung	Gelenke stellen Knochenverbindungen her.	51
Knorpel	Knorpelgewebe ist ein festes als auch biegungselastisches, gefäßloses Stützgewebe.	17, 46, 51, 53, 63, 89
Koenzym Q10	Q-10 ist eine körpereigene Substanz. Es wird zum Teil über die Nahrung aufgenommen, aber auch im Körper selbst produziert.	137
Kohlenhydrate	Biologisch und chemisch bedeutsame Stoffklasse.	119, 121, 122, 126, 128, 133, 138, 146, 147, 148, 149, 150
Kompartimente	Als Kompartimente werden (weitgehend) abgegrenzte Räume bezeichnet.	64
Kondylus	Gelenkfortsatz	55
konditionellen Fähigkeiten	Kraft, Ausdauer, Schnelligkeit, Beweglichkeit	170, 171, 172, 173, 175
Konduktion	Der Wärmefluss in einem Feststoff oder einem ruhenden Fluid infolge eines Temperaturunterschiedes.	100, 101, 102, 103, 112
konservative Therapie	In der Medizin versteht man unter konservativer Therapie die Behandlung eines Krankheitszustandes mit Hilfe von Medikamenten und/oder physikalischen Maßnahmen. Im Gegensatz hierzu ist die chirurgische Behandlung mittels Operation eines Krankheitszustandes zu sehen.	86
Kontraktion	Zusammenziehen.	17, 65, 66, 67
Konvektion	Eine Ortsveränderung von leichtbeweglichen flüssigen oder gasförmigen Teilchen, die Energie (z. B. Wärme) mit sich führen.	100, 101, 102, 103, 112
konzentrische Arbeitsweise	Der Muskel überwindet einen Widerstand und wird dadurch kürzer.	71
Körpertemperatur	In der Regel ist damit die Temperatur im Körperinneren gemeint.	99, 100, 101, 103, 104, 105, 106, 108, 109, 110, 112, 117, 141, 142, 145
Korsett	Unterschiedliche Anteile der Bauch- und Rückenmuskulatur bilden das Muskelkorsett des Rumpfes.	57

Zieleinlauf

Kraft	Fähigkeit des Nerv-Muskel-Systems, durch Muskeltätigkeit Widerstände zu überwinden, ihnen entgegenzuwirken bzw. sie zu halten.	17, 18, 64, 67, 68, 69, 70, 71, 72, 75, 76, 78, 79, 80, 85, 146, 154, 165, 169, 171, 172, 173, 188, 190, 191, 195, 196, 197, 198, 200, 214, 217
Kraftausdauer	Fähigkeit des Nerv-Muskel-Systems eine hohe Kraft über längere Zeit zu leisten.	96, 172, 174, 180, 191, 200, 201
Kraftentfaltung	Zeitliche Erhöhung der Muskelkraft.	71, 75, 76, 77, 79, 199
Krafttraining	Planmäßiger Handlungsprozess zur Verbesserung der Kraft.	96, 132, 153, 166, 178, 190, 191, 192, 195, 196, 197
Kreuzband	Gehört zum Bandapparat des Knies.	88
Kyphose	Die Kyphose ist eine Krümmung der Wirbelsäule nach hinten.	56
L*aktat*	Stoffwechselprodukt (Milchsäure).	127, 128, 204, 207, 208
Laktazid	Energiegewinnung mit Laktatentstehung.	127
Leistungsfähigkeit	Vorhandensein der Voraussetzung, um eine Leistung stabil zu erbringen.	46, 69, 87, 103, 108, 128, 140, 145, 146, 148, 168, 169, 171, 178, 181, 182, 183, 184, 195, 204, 205
Leistungssport	Der Leistungssport umfasst den organisierten Wettkampfsport („Liga") von der regionalen bis zu internationalen Ebene und schließt den Hochleistungs- oder Spitzensport mit ein.	25, 26, 27, 28, 32, 46, 149, 156, 197, 198
Leistungsumsatz	Energiemenge die bei körperlicher Aktivität benötigt wird.	117, 118, 119
Lipide	Fette.	123, 133
Lordose	Die Lordose ist eine Krümmung der Wirbelsäule nach vorne.	56
Lymphdrainage	Die Lymphdrainage ist eine Form der Physiotherapie bei der, angestaute Flüssigkeit im Gewebe (Lymphe) zum Abfluss anzuregen und gleichzeitig zu verhindern, dass mehr Flüssigkeit hineinströmt.	86, 95

*M*aximalkraft	Größtmögliche Kraft, die das Nerv-Muskel-System willkürlich gegen einen Widerstand ausüben kann.	17, 75, 77, 78, 79, 180, 191, 196, 197, 198
Meniskus	Als Meniskus bezeichnet man in der Anatomie einen scheibenförmigen (im Knie halbmondförmigen) Knorpel in einem Gelenk.	55, 88, 89
mentale Stärke	Bedeutet im Kopf (geistig) stark zu sein.	170
Metaboliten	Vom Englischen „metabolic". Das bedeutet „im Stoffwechsel entstanden" oder „stoffwechselbedingt".	157
Mineralien	Bestimmtes chemisches Element.	64, 105, 107, 137, 138, 148, 154
Mitochondrien	Die Kraftwerke der Zellen. Mitochondrien fungieren als „Energiekraftwerke", indem sie das energiereiche Molekül Adenosintriphosphat (ATP).	136
mmol	Das ist eine Stoffmenge; 10 g entsprechen 100 mmol.	122
Motoneuron	Unter dem Begriff Motoneuron oder motorisches Neuron werden die Nervenzellen zusammengefasst, die die Muskulatur des Körpers innervieren und somit Grundlage aktiver Kontraktionen der Skelettmuskeln sind.	66, 67
Motorik	Steht für die Gesamtheit der Aktionen der Muskulatur, also für ihre Bewegung.	165
Muskelarbeit	Der Energiebeitrag, der bei Bewegung der Muskelfilamente durch Kontraktion umgesetzt wird.	69, 108, 125
Muskelfaser	Zelluläre Grundeinheit der Muskulatur.	64, 65, 66, 67
Muskelfaseraktivität	Beschreibt den Aktivitätsgrad von Muskelfasern.	66
Muskelkater	Schmerzhafte, reversible Strukturschädigung des Muskels.	73, 74, 75, 98
Muskellänge	Die Muskellänge verändert sich je nach Belastung.	71, 77, 79
Muskelquerschnitt	Dicke des Muskels.	197, 198
Myofibrille	Eine Muskelfibrille, auch Myofibrille genannt, ist eine Funktionseinheit in den Muskelfasern die der Zelle eine aktive Verkürzung (Kontraktion) ermöglicht.	64

Myoglobin	Myoglobin ist ein Muskelprotein. Myoglobin kann Sauerstoff aufnehmen und wieder abgeben und ist verantwortlich für den intramuskulären Sauerstofftransport im Muskel.	68
Myosin	Myosin ist ein Motorprotein, dickes dynamisches Filament.	187
Myosinfilament	Ein Motorprotein im Muskel.	63
Myosinköpfchen	Bewegliches Element am Motorprotein.	63
Nährstoffklassen	Vitamine, Mineralien, Kohlenhydrate, Fette, Eiweiße, Wasser.	120, 121
Nahrungsergänzungsmittel	Produkte zur erhöhten Versorgung des Stoffwechsels mit bestimmten Nähr- oder Wirkstoffen.	18, 116, 137, 151, 153, 154, 158
Neuromuskulär	bedeutet die Nerven und die Muskeln betreffend.	86, 90, 91
Obere Gliedmaßen	Arme und Hände.	49
Operatoren	Operatoren sind Handlungsanweisungen im Zusammenhang mit Aufgabenstellungen.	13, 16
Orthese	Medizinisches Hilfsmittel, das zur Stabilisierung, Entlastung, Ruhigstellung, Führung oder Korrektur von Gliedmaßen oder des Rumpfes dient.	86
Osmolarität	Osmotische Konzentration.	149
Oxidation	Eine Oxidation ist eine chemische Reaktion, bei der ein Atom, Ion oder Molekül Elektronen abgibt.	135
Passiver Bewegungsapparat	Knochen, Knorpel, Gelenke.	46, 62
Patella	Kniescheibe	54
Pausenlänge	Wer im Sport seine Leistung steigern will, sollte auf die richtige Pausenlänge achten.	
Phasenübergang	Ein Phasenübergang bzw. eine Phasenumwandlung ist in der Thermodynamik die Umwandlung einer oder mehrerer Phasen eines Stoffes in andere Phasen z. B. flüssig zu gasförmig.	109

Physiologie	Die Physiologie ist als Teilgebiet der Biologie die Lehre von den physikalischen und biochemischen Vorgängen in den Zellen, Geweben und Organen aller Lebewesen.	62, 100, 187
Physiotherapeut	Siehe *Physiotherapie*	95
Physiotherapie	ist eine Form der äußerlichen Anwendung von Heilmitteln, mit der v. a. die Bewegungs- und Funktionsfähigkeit des menschlichen Körpers wiederhergestellt, verbessert oder erhalten werden soll.	95
physisch	Körperlich.	217
physischen Leistungsfaktoren	Kraft, Schnelligkeit, Ausdauer, Beweglichkeit.	146, 171, 172
Plattfuß oder Senkfuß	ist eine angeborene oder erworbene Fußfehlstellung, bei der das Längsgewölbe (die Wölbung von der Ferse zum Vorderfußballen) des Fußes eingesunken erscheint.	50
Probanden		73, 117, 208
Propiorezeption	bezeichnet die Wahrnehmung von Körperbewegung und -lage im Raum bzw. der Lage/Stellung einzelner Körperteile zueinander. Es handelt sich somit um eine Eigenempfindung.	
Proteine	Proteine oder *Eiweiße* (seltener: Eiweißstoffe) sind aus Aminosäuren aufgebaute biologische Makromoleküle. Proteine finden sich in allen Zellen und verleihen ihnen nicht nur Struktur, sondern sind auch „molekulare Maschinen", Stoffe transportieren, Ionen pumpen, chemische Reaktionen katalysieren und Signalstoffe erkennen.	64, 74, 128, 130, 138, 146, 151
Pseudoephedrin	Siehe *Ephedrin*.	158
Quadriceps	ist ein aus vier Muskelköpfen bestehender Skelettmuskel auf der Vorderseite des Oberschenkels.	55
Reduktion	Die Reduktion ist eine chemische Reaktionsart, bei der Elektronen auf ein Atom oder ein Molekül übertragen werden. Sie tritt zusammen mit dem umgekehrten Fall, der Oxidation, auf. Beide Phänomene laufen nie unabhängig voneinander ab und werden zusammen als Redoxreaktion bezeichnet.	75, 147

reflektorisch	Eine unwillkürliche, rasche und gleichartige Reaktion eines Organismus auf einen bestimmten Reiz, durch einen Reflex bedingt.	74
Regeneration	Wiederherstellung.	75, 95, 152, 156, 183, 184, 186, 188, 189
Reizdauer	Einwirkungsdauer eines Reizes.	179, 180
Reizdichte	Pause zwischen den *Belastungen*.	177, 178
Reizintensität	Siehe *Belastungsintensität*.	178, 180, 189, 191, 192, 193, 197, 199, 200, 206, 207, 209
Reizumfang	Ein rechnerischer Wert zur Ermittlung der Trainingsbelastung.	178, 179, 209
Rekrutierungsmuster	Frequentierung und Synchronisation der nervalen Muskelansteuerung (Zusammenspiel der Muskelfasern innerhalb des Muskel).	108
resorbieren	Stoffaufnahme	134
Rolle (für das Fahrrad)	Trainingsgerät, bei dem das Fahrrad teilweise eingespannt wird und ein ortsfestes Training ermöglicht.	70, 77, 107, 116, 117, 122, 126, 132, 138, 139, 142, 149, 151, 155, 169, 170, 200, 205, 214
Sarkomer	Das Sarkomer (von griech. sárx, sarkós „Fleisch" und méros „Teil") ist die kleinste funktionelle Einheit der Muskelfibrille *(Myofibrille)* und somit der Muskulatur.	65
Scheibenmeniskus	Ein Scheibenmeniskus ist eine anatomische Variante der Menisken des Kniegelenks.	89
Schnelligkeit		146, 169, 171, 172, 173, 180, 188, 189, 191
Schnellkraft		174, 191, 196, 199, 200
Sensibilisierung	ist eine krankhafte Reaktion der Haut auf Wärme o. Kälte.	110
Serien oder Sätze (beim Krafttraining)	Beispielsweise werden 5 Liegestützen am Stück durchgeführt. Wenn dieser Block von 5 Liegestützen 3-mal mit jeweils einer Pause wiederholt wird, spricht man von 3 Serien oder 3 Sätzen.	178, 179, 197, 198, 199, 200

sezieren	Eine Leiche im Rahmen anatomischer Studien öffnen und zerlegen.	64
Sinndimension des Sports	Gründe für eine Entscheidung des Menschen zur Bewegung und Sport.	29
Skelett	Knöcherne Stützstruktur.	45, 46, 48, 53
Skelettmuskel	Diejenigen Muskeln, die für eine willkürliche Bewegung zuständig sind.	63, 64, 67, 151, 152
Slow-Twitch	Langsam zuckende Muskeln.	67, 68
Spinalnerv	Auch Rückenmark(s)nerv genannt, ist der über seine Vorder- und Hinterwurzel der einen Seite eines bestimmten Rückenmarksegments zugeordnete Nerv.	58
Spitzensport	Siehe *Leistungssport*.	17, 25, 155, 156, 167, 169, 186, 189
Sportverein	Ein Zusammenschluss von sportbegeisterten Menschen.	26, 28, 31, 32
Sportverletzung	Eine körperliche Schädigung durch Sport verursacht.	54, 93
Spreizfuß	Unter Spreizfuß wird ein Auseinanderweichen der Knochenstrahlen des Mittelfußes verstanden.	50
Sprunggelenk	Das Gelenk, das den Fuß mit dem Bein verbindet.	82, 85, 86, 87, 92
Sprunggelenksverletzung	Eine Schädigung des Gelenkapparates.	85, 86
Spurenelemente	Als Spurenelemente (auch Mikroelemente) bezeichnet man von Lebewesen, im umgangssprachlichen Verständnis vor allem vom menschlichen Körper benötigte *(essentielle)* Elemente.	137, 138
Stärke	Stärke ist ein Polysaccharid und eines der wichtigsten Reservestoffe in pflanzlichen Zellen.	133
Steroide	Siehe *Anabolika*.	158
strict liability	Verschuldensunabhängige Haftung.	155
Supination		86
Synaptischer Spalt	Synaptischer Spalt ist die neurobiologische Bezeichnung für den schmalen Zwischenraum zwischen der einer Nervenendigung eines Axons einer Nervenzelle einerseits und der Membranregion einer nachgeschalteten Zelle andererseits bei chemischen Synapsen.	66

Zieleinlauf

Synergist	Unterstützt die Aktivität eines anderen Muskels.	70, 79
Synovia	Gelenkschmiere	51
synthetisieren	Ein Vorgang, mit welchem aus Elementen eine Verbindung oder aus einfach gebauten Verbindungen ein komplizierter zusammen- gesetzter ein neuer Stoff hergestellt wird.	127, 130
*T*aurin	Eine organische Säure. Der erwachsene menschliche Körper kann Taurin aus der Aminosäure Cystein selbst herstellen.	148, 149
Tendinitis	Entzündliche Erkrankung.	83
Textur	Bestimmte Gewebestruktur.	123
Thermo- regulation	Temperaturregulation des Körpers.	98
Tibia	Schienbein.	54
Training	Gezielt ablaufender Prozess, um eine veränderte Entwicklung hervorzurufen.	25, 26, 69, 74, 86, 87, 90, 91, 92, 96, 116, 117, 140, 145, 148, 164, 165, 166, 167, 169, 170, 177, 179, 180, 182, 183, 184, 189, 195, 196, 197, 198, 199, 201, 203, 204, 205, 206, 214, 216, 217, 218
Trainingseinheit	Trainingsstunde	73, 74, 92, 185, 189, 200, 206, 214, 216
Trainingsreiz	Auslösen einer Ermüdung durch eine *Belastung*.	184
Trainingsstunde	Kleinste Einheit im gesamten Trainingsplan.	19, 213, 214, 215, 216, 224
Trainingsziel	Gibt die Inhalte eines Trainings vor.	164, 166, 190, 191, 216
traumatische Verletzung	Schädigung, Verletzung oder Wunde, die durch Gewalt von außen entsteht.	83
Troponin / Tropomyosin	Eiweißbausteine des Aktinfilaments. Sie dienen gemeinsam als Regulatorproteine. Zusammen mit dem *Aktin* und *Myosin* bilden diese vier Eiweißbausteine die kontraktile Einheit des Muskels.	63

*Ü*berlastungsschäden	Schädigung von biologischen Strukturen des Körpers, hervorgerufen durch zu hohe Belastung.	83, 84
unechtes Gelenk	Knorpelige, bewegliche Verbindungen zwischen Knochen.	52, 53
untere Gliedmaßen	Beine, Füße.	49
UV-Strahlung	Umgangssprachlich auch ultraviolettes Licht oder Schwarzlicht. Ist ein, für den Menschen unsichtbare elektromagnetische Strahlung, mit einer Wellenlänge, die kürzer ist, als jene für den Menschen sichtbaren Lichtes.	104
*V*itamine	Stoffe die der Organismus nicht als Energieträger, sondern für andere lebenswichtige Funktionen benötigt.	134, 135, 136, 138, 151
*W*ADA	Die World Anti-Doping Agency organisiert weltweit Maßnahmen gegen Dopingmissbrauch.	156
Wasserhaushalt	Die Regulierung von Aufnahme und Abgabe von Wasser.	140, 142, 144, 149
Wettkampfsport	Siehe *Leistungssport*.	25
Wiederholungen (beim Training)	Bedeutet die Anzahl der Wiederholung einer Übung ohne Pause im Trainingsprozess. Siehe auch *Serien*.	178, 179, 180, 193, 197, 199, 200, 201
Wind-Chill-Effekt	Windkühle (auch Windfrösteln) beschreibt den Unterschied zwischen der gemessenen Lufttemperatur und der gefühlten Temperatur in Abhängigkeit von der Windgeschwindigkeit.	109
Wirbelsäule	Beweglich miteinander verbundene Knochen, die das zentrale Element des Skeletts darstellt.	45, 49, 56, 57, 58, 59
*Z*ellatmung	Als *aerobe* Atmung (Zellatmung, innere Atmung) werden Stoffwechselprozesse in Zellen von Lebewesen bezeichnet, bei denen durch verschiedene Stoffwechselvorgänge anfallende und an speziellen Überträgern gebundene Wasserstoffatome oxidiert werden.	140, 141
Zwischenrippenmuskulatur	Die Zwischenrippenmuskeln bewegen den Brustkorb auf und ab und gehören zur Atemmuskulatur.	56